MAR DE ESPUMA
Martí y la Literatura Infantil

COLECCIÓN POLYMITA

EDICIONES UNIVERSAL, Miami, Florida, 1995

Eduardo Lolo

MAR DE ESPUMA
Martí y la Literatura Infantil

.·EDICIONES UNIVERSAL

Primera edición, 1995

EDICIONES UNIVERSAL
P.O. Box 450353 (Shenandoah Station)
Miami, FL 33245-0353. USA
Tel: (305)642-3234   Fax: (305)642-7978

Library of Congress Catalog Card No.: 95-60426

I.S.B.N.: 0-89729-771-7

Diseño de la cubierta por Angel y María E. Martí

En la portada y contraportada se reproducen dibujos de la edición original de *La Edad de Oro*.

ESTA PRIMERA EDICIÓN DE *MAR DE ESPUMA* FUE POSIBLE, EN PARTE, GRACIAS A LA CONTRIBUCIÓN DEL "FONDO DE ESTUDIOS CUBANOS DE LA FUNDACIÓN NACIONAL CUBANO AMERICANA".

IN MEMORIAM

SILVIO LOLO ROUCO

RECONOCIMIENTO

Esta obra no habría sido posible sin la decidida guía y colaboración de Angela B. Dellepiane, secundada por José Olivio Jiménez y Juan González Millán. Fueron igualmente decisivos los consejos, opiniones y sugerencias de Rosario Rexach, Carlos Ripoll, Julio Hernández Miyares, Antonio R. de la Campa, y Leopoldo Barroso. A todos ellos, mi más profundo agradecimiento.

INTRODUCCIÓN

No hace mucho tuve la oportunidad de asistir a un simposio sobre Literatura Infantil en idioma español al que concurrieron varios de los más importantes escritores para niños de América y Europa. Al margen de las actividades programadas —sumamente interesantes todas, dicho sea de paso—, se me ocurrió en una de esas 'sesiones de pasillo' características de este tipo de evento, hacer una misma pregunta, por separado, a varios de los asistentes: "¿Qué influencia cree Ud. que haya tenido en su obra la Literatura Infantil del Modernismo?" Las respuestas, aunque no iguales, siguieron un mismo patrón de asombro: "¿La Literatura Infantil del qué...?" Luego, al cambiar la pregunta y referirme directamente a José Martí, Juan Ramón Jiménez u Horacio Quiroga, las respuestas se hicieron copiosas y hasta emotivas; todos reconocieron, en grados variables, la importancia del legado recibido de alguno o todos los autores mencionados.

Esa desarticulación entre las obras infantiles de los modernistas y el movimiento al que pertenecieron, no me tomó por sorpresa. En los estudios sobre el Modernismo, tal parece que el primer movimiento literario de factura netamente hispanoamericana quedó circunscrito a la categoría de literatura para adultos; en efecto, las obras para niños no ocupan más que unos pocos párrafos de objetivos eminentemente informativos, cuando no quedan reducidas a perdidas notas al pie de página. Los trabajos sobre Literatura Infantil, por otra parte, dan la impresión de que el Modernismo fue ajeno a dicha categoría literaria, algo así como un estilo desarrollado únicamente en las producciones para adultos al margen de las obras para niños de los mismos creadores, como si las categorías literarias fueran del todo independientes o los autores del período que incursionaron, tanto en la literatura infantil como en la de adultos, se hubiesen 'desdoblado' para saltar de una a otra.

La realidad es bien distinta: la filiación estética de todo escritor está por encima de cualquier división categórica. Cada creador cambia los requerimientos categóricos según dirija sus obras a niños o a adultos, mas no los moldes estéticos que preconiza. Estos últimos, altamente influidos por condicionantes epocales, aparecen y desaparecen según los límites cronológicos de los movimientos a los que están asociados; pero mientras mantienen vigencia, se imponen en todas las categorías literarias del período. Los requerimientos de toda categoría literaria, por otra parte, se extienden más en el tiempo que los moldes estéticos, por cuanto son el resultado de siglos de formación, pero no los determinan. Cada movimiento literario de importancia 'adapta' sus postulados estilísticos a los condicionantes categóricos contemporáneos, con resultados varios de acuerdo a numerosos y complejos elementos. Pero la dualidad categórica de la mayoría de los movimientos literarios conocidos, es algo fuera de toda duda.

El Modernismo en particular fue uno de los movimientos literarios en que más balanceada aparece esa dualidad a que hacía referencia. Las obras para niños de características estéticas modernistas resultan tan o más importantes que las dirigidas a los adultos. Es más, mientras que la vigencia de las obras modernistas para personas mayores ya casi que ha quedado reducida al mundo académico, las infantiles siguen conquistando lectores, conformando un corpus 'vivo' con cada nueva generación de niños hispanos.

Con el siguiente ensayo de análisis literario me propongo comenzar a 'desfacer el entuerto' señalado destacando la importancia del Modernismo dentro de la Literatura Infantil, y viceversa. Para ello, acudo a quien ha sido considerado uno de los iniciadores del Modernismo como movimiento literario: el cubano José Martí (1853-1895)[1], y su conocida obra para niños: *La Edad de Oro*, de 1889. Otros trabajos, en preparación, analizarán la Literatura Infantil del Modernismo después de Martí, en que incluyo, entre otros, al español Juan Ramón Jiménez y al uruguayo Horacio Quiroga.

La bibliografía crítica sobre *La Edad de Oro* acumulada comienza a raíz de la aparición del primer número de la revista y se extiende hasta nuestros días. Sin embargo, casi todos los análisis de este trabajo martiano publicados hasta ahora se ocupan de su contenido sólo parcialmente o adolecen de una excesiva centralización en la obra en sí, en detrimento de su inter-relación con el movimiento literario modernista en general y su ubicación categórica en tanto que producto de una larga sedimentación cultural de extensión internacional. Otro aspecto negativo en los estudios sobre *La Edad de Oro* editados —y particularmente los

---

[1] Cf. Iván A. Schulman, *Génesis del modernismo: Martí, Nájera, Silva, Casal* (México: El Colegio de México y Washington UP, 1966).

correspondientes a las últimas décadas—, es la forzada interpretación política de algunos de sus textos de acuerdo a postulados del todo modernos, tendiente a justificar actitudes históricas completamente anacrónicas con la época en que Martí escribió y publicó su obra. A ello únase, como se verá en este ensayo, que no pocos de dichos estudios adolecen de errores de fondo, o se basan en conceptos críticos del todo caducos en este otro fin de siglo.

Así las cosas, el presente ensayo se propone analizar lo que *La Edad de Oro* (en su totalidad) representó para la Literatura Infantil de su época en base a su militancia estilística, con especial interés en el esclarecimiento de sus fuentes y estructuras estéticas. Mi análisis crítico (entendiéndose por tal la descomposición de un texto en sus elementos constitutivos, y subsiguiente evaluación e interpretación), lo haré siguiendo preferentemente (pero no exclusivamente) el método estilístico, tal y como se le conoce en la actualidad[2]. El carácter eminentemente lírico y esteticista del Modernismo, propicia dicha selección metodológica, la cual desarrollo partiendo de sus dos grandes principios operatorios: la cuantificación estilística y la radicación subjetiva del estilo[3]. Ambas, sin embargo, aparecerán desarrolladas, dadas las dimensiones de la obra a analizar y los objetivos de este estudio, sólo de manera parcial y discriminativa, inter-relacionándose de manera tal que la cuantificación (tendiente más a la identificación que a la computación) sirva de base a la radicación, y viceversa.

Complementando esa aproximación estilística, y a fin de propiciar una (casi siempre esclarecedora) óptica histórico-literaria al análisis de los textos que conforman *La Edad de Oro*, haré hincapié (siempre que lo considere relevante) en las condiciones epocales y particulares en que esta obra martiana se halla enmarcada, aunque partiendo en todo momento de la modalidad regresiva (del texto a sus condiciones históricas) a fin de que éste, y no sus condicionantes, quede siempre como centro y partida de mi estudio. Es por ello que referencias,

---

[2] Cf. José Luis Martín, *Crítica estilística* (Madrid: Gredos, 1973); Michael Cummings, *The Language of Literature: A Stylistic Introduction to the Study of Literature* (New York: Pergamon Press, 1983); Pierre Guiraud y P. Kuentz, *La Stylistique* (Paris: Klincksieck, 1970); Marcel Cressot, *Le Style et ses techniques* (Paris: P.U.F., 1974). Para otras fuentes, véase: James R. Bennett, *A Bibliography of Stylistics and Related Criticism, 1967-1983* (New York: MLA, 1986).

[3] Cf. Carlos Reis, *Fundamentos y técnicas del análisis literario* (Madrid: Gredos, 1981) 188-95.

aclaraciones y alusiones a elementos pre-textuales y sub-textuales, completarán el análisis del texto literario en sí.

Han pasado ya unas cuatro décadas desde mi primer encuentro con *La Edad de Oro*. Entonces, como no sabía leer, tenía que apoyarme en mis mayores para tener acceso a su mundo de amor, encanto y poesía (demás está decir cuánto me sirvió de acicate para el rápido aprendizaje de las palabras escritas que ahora me rodean). Luego, como hermano mayor y, más tarde, como padre, me dio la oportunidad de iniciar a dos nuevas generaciones en el culto a la belleza, la libertad, la igualdad, la caridad y todo lo que destila de cada página de esta obra inmortal. Ahora, como crítico, retorno a ella para comprobar, luego de centenares de cuartillas emborronadas con los ineludibles tecnicismos que todo análisis literario moderno conlleva, que las imágenes prístinas de aquellas 'lecturas' infantiles —que creía perdidas—, han permanecido inalteradas. Nada han podido desvanecer el tiempo y las distancias; en el crítico maduro se repiten las mismas emociones sentidas por el niño que esperaba, ansioso, a que alguno de sus familiares pudiera descifrarle las maravillas ocultas tras aquellas enigmáticas líneas negras que contemplaba impotente, o del ya letrado que ayudaba a traducir su magia a los niños de la familia que lo siguieron. En ese sentido, todo el trabajo investigativo que este ensayo conllevó y hasta su misma redacción, significó para mí un atisbo de (cuando no un retorno a) *mi* Edad de Oro, o a la de algunos de mis seres más queridos.

Pero hay más: otra enésima lectura de los cuatro números que conformaron la revista, luego de leer mi estudio de los mismos, me sorprendió con una conclusión que para algunos resultaría frustrante: que mi trabajo dista mucho de haber agotado el análisis y las posibilidades interpretativas de *La Edad de Oro*. Mas ello es algo del todo lógico: la condición de "mina sin acabamiento" de que hablaba Gabriela Mistral refiriéndose a Martí, puede (y debe) ser aplicada a su producción infantil tanto como a sus obras para adultos. Un acercamiento diferente (por ejemplo, un análisis eminentemente semiótico, o un cotejamiento total de los textos martianos y sus fuentes en otros idiomas, siguiendo los métodos de los estudiosos de literaturas comparadas), arrojaría nuevos resultados que completarían o complementarían mis hallazgos e interpretaciones. Dejo, pues, otra (múltiples) puerta(s) abierta(s) que espero transiten los críticos que continúen este intento de extraer de la insondable mina martiana más riquezas.

La fecha en que doy a la publicidad este ensayo le aporta, por otra parte, una significación especial: la de servir de homenaje al Apóstol de la Independencia de Cuba en el Centenario de su muerte. A 100 años de su desaparición física, la obra histórica de Martí se encuentra más inconclusa que nunca. Aquella Cuba "con todos y para el bien de todos" que intentó construir aun al precio de su propia vida, continúa siendo un sueño al parecer inalcanzable. Pero que no lo es. Para convertirlo en realidad dejó Martí su legado, incluyendo —y en un sitio preferencial, por cuanto está dirigida a los hombres de mañana—, la obra aquí analizada.

Si el presente trabajo contribuyera a propiciar la recepción de ese legado, habría cumplido su más caro objetivo. Mientras, basado en todo lo recibido en los señalados decenios de lectura y relectura de esta obra, y en el amor y el cuidado que desarrollé en su análisis, no creo pecar de excéntrico o vanidoso si exclamo con orgullo —siguiendo los deseos del propio Martí—, que "¡Este hombre de *La Edad de Oro* fue mi amigo!"

New York, verano de 1994

CAPÍTULO 1: PRINCIPIO Y FIN DE *LA EDAD DE ORO*

Aunque desde el siglo XVIII los niños de América y Europa venían disfrutando de publicaciones periódicas especialmente a ellos dedicadas, no es sino en la segunda mitad del XIX que éstas pasaron a ser una oferta permanente en los estanquillos. En los Estados Unidos las más conocidas serían *Harper's Young People* y *St. Nicholas*, la última de las cuales se editaría desde 1873 hasta 1939. En Francia alcanzaría fama mundial *Magasin d'Education et Récréation*, opacando a partir de 1864 al resto de sus homólogas. En España pudo apreciarse, desde el punto de vista cuantitativo, un crecimiento proporcional al de otros países europeos; no así en cuanto a la calidad de la producción literaria, de alguna forma 'asfixiada' por las traducciones de otras lenguas[1].

La situación de los niños hispanos de América no podía ser peor. La producción autóctona era sumamente pobre y, en la mayoría de los países, de objetivos pedagógicos primarios o, simplemente, inexistente. Únase a ello el rechazo que en nuestras recién estrenadas naciones se hacía entonces de España y todo lo relacionado con ella, y se tendrá una idea de cuán escasas eran las posibilidades de que los pequeños lectores del sur del río Bravo tuvieran acceso a revistas infantiles de temas y objetivos hispanos.

Cierto que en la mayoría de los países hispanoamericanos circulaban publicaciones periódicas para niños en otros idiomas (mayoritariamente en francés); pero, aunque entonces se daba mucha más importancia que ahora al dominio de varias lenguas como consecuencia, entre otros factores, de la destacada inmigración no-hispana del período[2], el bilingüismo o el poliglotismo característico de la época no llegaba más abajo de las clases medias. La gran masa infantil de entonces —de la

---

[1] Véanse: Jean de Trigon, "La presse enfantine aprés 1880," *Histoire de la Littérature Enfantine. De Ma Mère l'Oye au Roi Babar* (Paris: Hachette, 1950) 166-75, Carmen Bravo-Villasante, *Historia de la literatura infantil española* (Madrid: Doncel, 1969) 101, y las entradas correspondientes a la época en R. Gordon Kelly, ed., *Children's Periodicals of the United States* (Wesport: Greenwood Press, 1984).

[2] En la segunda mitad del siglo XIX, 11 millones de europeos —la mayoría de ellos no hispanos— emigraron a América Latina. (Magnus Mörner, "Immigration From the Mid-Nineteenth Century Onwards: A New Latin America," *Cultures* 5.3 [1978]: 56-76).

cual únicamente una fracción estaba alfabetizada— sólo hablaba español (o, en el mejor de los casos, otra lengua nativa como el quechua o el nahualt), de manera tal que no podía disfrutar de tales publicaciones aun cuando asistiera a las lecturas colectivas (otra característica de la época, hoy prácticamente perdida) de esas revistas no hispanas.

En medio de ese desolador panorama, apareció a finales de la primavera de 1889 al menos un cartel —"cartelones", es la expresión utilizada por Martí— y una circular (anuncio en hoja suelta) donde se daba a conocer la aparición en Nueva York de una revista dirigida especialmente a los niños hispanoparlantes de América. El nombre de la publicación (*La Edad de Oro*) aunque directamente relacionado con la división en edades según la mitología greco-romana (edad prístina, en la cual la humanidad era idealmente feliz, próspera e inocente), para fines del XIX era un conocido topos romántico significando, simplemente, niñez (el cuadro de Edward Magnus que se reproduciría a manera de frontispicio del primer número, corrobora esta interpretación)[3], y fue seleccionado por el editor, A. Da Costa Gómez. Al título de *La Edad de Oro* se unía una especie de subtítulo (*Publicación Mensual de Recreo e Instrucción Dedicada a los Niños de América*) presumiblemente tomado del nombre de la más famosa revista infantil francesa de entonces (*Magasin d'Education et Récréation*) o del subtítulo o lema de algunas publicaciones norteamericanas de la época[4]. En todo caso —y como se verá más adelante— el contenido de los cuatro números de *La Edad de Oro* editados (de julio a octubre del mismo año) combinaría, recreándolos, tanto elementos franceses como norteamericanos,

---

[3] Todo parece indicar que Hesíodo fue el primero en utilizar el término. Luego Horacio, Virgilio y Ovidio lo seguirían utilizando. Precisamente los latinos, al traducir el vocablo griego *genos* (generación o raza) por el latín *sæculum* (que también significa tiempo, edad), darían paso a la versión moderna. Según Juan Ramón Jiménez (citado por Iván Schulman [1970]), en su versión romántica "este título procede de Novalis (Friedrich von Hardenberg)" (419).

[4] Además de las ya citadas, se publicaban en Nueva York en 1889 otras seis revistas para niños: el semanario *Boys of New York* y los mensuarios *Child's Paper, Judge's Youth Folks, Young Hearts, Young World* y *Junges Volk* (en alemán), sin contar otros ejemplos de los llamados Sunday School Magazines. Las tiradas variaban mucho de una publicación a otra. Por ejemplo, según cifras de ese año, *Young Heart* editaba más de 12,000 ejemplares; *St. Nicholas*, casi 72,000; *Judge's Youth Folks*, más de 100,000. Se desconoce, hasta ahora, la tirada de *La Edad de Oro*. (Véase el *N.W. Ayer & Son's American Newspaper Annual 1889* [Philadelphia: N.W. Ayer & Son, 1889] 358-76).

impregnándolos de una indiscutible hispanidad que les otorgaría vida propia.

La 'promoción' de la revista fue amplia y profunda. Se utilizaron canales distributivos ya probados con anterioridad de manera exitosa, que incluían las mejores librerías hispanoamericanas de entonces; se contactaron las más importantes autoridades educativas de cada país en busca de su ayuda y aprobación, y hasta se planificó (aunque no he podido comprobar, hasta el momento, que se haya ejecutado) incluir la "circular" entre los documentos a entregar a los asistentes de un importante congreso pedagógico. Aun cuando esto último no se haya podido lograr, semejante labor promocional resulta del todo inusitada para la época; mucho más tratándose de una revista infantil. Por lo anterior, es de presumirse que el editor estaba más que seguro del éxito de la publicación, cuando aceptaba arriesgar los gastos de tan amplia promoción, porque es el caso que *La Edad de Oro* fue, desde el punto de vista editorial y primero que todo, una costosa empresa comercial de la cual el editor esperaba recibir dividendos proporcionales con los recursos invertidos y el redactor ganarse, al menos en parte, su sustento.

El o los carteles (o "cartelones") propagandísticos, como no quede alguno subestimado en algún archivo o colección privada, se han perdido en el tiempo. No así la circular, cuyo texto reproduciría Martí al final de cada uno de los cuatro números de la revista que verían la luz y que copio a continuación, parcialmente, de la edición facsimilar[5]:

> Cada día primero de mes se publica en New York un número de *La Edad de Oro*, con artículos completos y propios, y compuesto de manera que responda a las necesidades especiales de los países de lengua española en América, y contribuya todo en cada número directa y agradablemente a la instrucción ordenada y útil de nuestros niños y niñas, sin traducciones vanas de trabajos escritos para niños de carácter y de países diversos.
>
> La empresa de *La Edad de Oro* desea poner en las manos del niño de

---

[5] José Martí, *La Edad de Oro* (La Habana: Centro de Estudios Martianos, Editorial Letras Cubanas, 1979). Todas las citas de *La Edad de Oro* que aparecerán de ahora en adelante son tomadas de esta edición. Aunque modernizo la acentuación de acuerdo a las reglas actuales y enmiendo alguna que otra errata, he dejado la puntuación y demás características originales. Otros textos de Martí citados aparecen paginados de acuerdo a la edición de sus *Obras Completas* (La Habana: Editorial Nacional de Cuba, 1963-1973), especificados primero el tomo y luego la página.

América un libro que lo ocupe y regocije, le enseñe sin fatiga, le cuente en resumen pintoresco lo pasado y lo contemporáneo, le estimule a emplear por igual sus facultades mentales y físicas, a amar el sentimiento más que lo sentimental, a reemplazar la poesía enfermiza y retórica que está aún en boga, con aquella otra sana y útil que nace del conocimiento del mundo; a estudiar de preferencia las leyes, agentes e historias de la tierra donde ha de trabajar por la gloria de su nombre y las necesidades del sustento.

Cada número contiene, en lectura que interesa como un cuento, artículos que son verdaderos resúmenes de ciencias, industrias, artes, historia y literatura, junto con artículos de viajes, biografías, descripciones de juegos y de costumbres, fábulas y versos. Los temas escogidos serán siempre tales que, por mucha doctrina que lleven en sí, no parezca que la llevan, ni alarmen al lector de pocos años con el título científico ni con el lenguaje aparatoso.

La respuesta a tamaño esfuerzo promocional de seguro cubrió las expectativas del editor: sin haber salido aún el primer número, desde la Argentina se recibió un pedido de 1250 ejemplares; a México se enviaron 500 del número inicial con la seguridad de que serían vendidos y se dejaba la puerta abierta para aumentar a más de 1000 ejemplares el envío a ese país; desde la frontera méxico-norteamericana, empezaron a llegar solicitudes; según su redactor, "por acá ha caído en los corazones" (en referencia a la colonia hispana de Nueva York) y hasta en Cuba —para asombro de exiliados cubanos de otras épocas— las autoridades colonialistas españolas permitieron su distribución.

¿A qué se debió semejante éxito inicial de una revista infantil confeccionada, en su totalidad, a miles de kilómetros de distancia de cualquiera de los países hispanoamericanos a cuyos niños iba, fundamentalmente, dirigida? La pobreza o inexistencia de publicaciones similares en el continente puede haber sido un factor influyente. Pero considero que la razón determinante fue el nombre que aparecía identificando al redactor único de la revista: José Martí.

En efecto, para 1889 Martí era un escritor más que conocido entre los medios editoriales e intelectuales de las dos Américas. Precisamente durante esa década, había sido uno de los creadores más leídos en las poco tiempo atrás independizadas colonias españolas del Nuevo Mundo, gracias, principalmente, a su labor como cronista. Además de sus versos (el *Ismaelillo* había aparecido en 1882), por esos años sus escritos eran editados en más de 20 publicaciones de lo que él llamó "Nuestra América", y hasta era uno de los pocos escritores hispanos residentes en los EEUU que había logrado 'penetrar' el mundo anglosajón al escribir (y ser editado) directamente en inglés. Atrás habían quedado los años iniciales para ganarse un espacio reconocido en las letras de su época. Para finales de los años ochenta, el poeta antillano disfrutaba del reconocimiento no sólo de sus contemporáneos más inmediatos, sino también de lo más representativo de la intelectualidad de la generación anterior y de la posterior a la suya, como lo demuestran las palabras de afecto y admiración de personajes tales como Sarmiento y Darío, por poner solamente dos ejemplos. Al mismo tiempo, Martí se desempeñaba en el mundo diplomático e intensificaba sus esfuerzos en una labor a la cual había dedicado prácticamente todos sus años de vida hasta la fecha: la independencia de Cuba.

El hecho de que un famoso escritor para adultos emprendiera, aparentemente sin antecedente anterior en su obra, la tarea de escribir profesionalmente para los niños, fue algo que sorprendió a muchos —si no a todos—, particularmente porque entonces dicha categoría literaria era considerada, en la práctica, subliteratura. Desconocían esos sorprendidos lectores decimonónicos de Martí la importancia que éste daba a los niños y su inmensa capacidad de creación. Él mismo se hace eco de tales reacciones al escribir a su amigo Manuel Mercado que

los que esperaban, con la excusable malignidad del hombre, verme por esta tentativa infantil, por debajo de lo que se creían obligados a ver en mí, han venido a decirme, con su sorpresa más que con sus palabras, que se puede publicar un periódico de niños sin caer de la majestad a que ha de procurar alzarse todo hombre. (20: 146)

Y Martí, gracias a la actitud con que encaró su nueva tarea, no cayó de esa "majestad" en las letras que se había procurado, una actitud en la que confluían, por partes iguales, rigor y amor, conservación y rebeldía, en la mejor acepción de ambos términos. En la misma carta Martí cuenta a su amigo esa

empresa en que he consentido entrar, porque, mientras me llega la hora de morir en otra mayor, como deseo ardientemente, en ésta puedo al menos, a la vez que ayudar al sustento con decoro, poner de manera que sea durable y útil todo lo que a pura sangre me ha ido madurando en el alma. (20: 146)

Para hacer duradero y útil todo aquello que le había ido madurando en el alma, Martí se da a la tarea de redactar, sin otro colaborador, todo el material de *La Edad de Oro*, que "lleva pensamiento hondo" y, según los objetivos que reconoce en la citada misiva,

> ha de ser para que ayude a lo que quisiera yo ayudar, que es a llenar nuestras tierras de hombres originales, criados para ser felices en la tierra en que viven, y vivir conforme a ella, sin divorciarse de ella, ni vivir infecundamente en ella, como ciudadanos retóricos, o extranjeros desdeñosos nacidos por castigo en otra parte del mundo. El abono se puede traer de otras partes; pero el cultivo se ha de hacer conforme al suelo. A nuestros niños los hemos de criar para hombres de su tiempo, y hombres de América. (20: 147)

Con gran éxito promocional y esos objetivos, salió en julio de 1889 el primer número de *La Edad de Oro*, seguido del segundo en agosto. La aparición de la revista provocó algo no conocido hasta entonces ante la salida de una publicación infantil: la atención de los críticos de literatura para adultos. En efecto, ya en agosto y septiembre es posible encontrar críticas y reseñas de *La Edad de Oro* debidas a las plumas de los mejores intelectuales de la época. Por ejemplo, Manuel Gutiérrez Nájera, luego de un extenso panegírico de la salida del sol, confiesa que se acordó del amanecer "porque he leído algunas páginas del alba: las páginas de *La Edad de Oro*" (1) y más adelante, analizando su contenido, llama la atención sobre "la verdad que parece cuento, el cuento que es la historia, el verso que es filosofía", para lograr lo cual, según él,

> Martí, cuyas ideas no podemos seguir a veces, porque sus ideas tienen las alas recias, fuerte el pulmón y suben mucho; Martí, en cuyo estilo mágico nos solemos perder de cuando en cuando . . . , ha dejado de ser río y se ha hecho lago, terso, transparente, límpido. Lo diré en una frase: se ha hecho niño . . . un niño que sabe lo que saben los sabios, pero que habla como los niños. . . . Y no parece que escribe para los muchachos, como si temiera que no supiesen leer aún. Parece que se los sube a las rodillas y que allí les habla. . . . Afuera [Martí] será el luchador, el combatiente: aquí es el

padre. (1)

Enrique José Varona, desde Cuba, también dedica su atención a la nueva publicación, en la cual considera que Martí "ha sabido adaptar maravillosamente su estilo vibrante y rico de color a la capacidad de los niños, y derramar los tesoros acumulados en sus vastas lecturas con abundancia y parsimonia a la vez" (2), razones por las cuales considera el número analizado "provechoso a la par para la inteligencia y el corazón" (2).

Para la colonia hispana de Nueva York la revista no podía pasar inadvertida, ya que precisamente a ella pertenecían los lectores inmediatos de *La Edad de Oro*, los únicos niños y adultos hispanoparlantes al alcance de Martí. *La América* publicó el texto casi íntegro del anuncio martiano y, a continuación, los siguientes párrafos de encomio:

> Tenemos a la vista el primer número de *La Edad de Oro*, y hallamos que él no sólo realiza las promesas del prospecto que acabamos de insertar, sino que justifica las esperanzas que los bien conocidos nombres de su redactor y de su editor hacen nacer en cuanto al valor filosófico y literario del contenido y al buen gusto y nitidez de la edición.
>
> *La Edad de Oro* puede sostener la competencia con las mejores publicaciones de su especie, y entre ellas no sabemos de ninguna en castellano que le sea comparable. Lo *maravilloso*, que en lecturas para niños es elemento principal, tendrá en *La Edad de Oro* dos nuevos veneros, que ella mejor que nadie ya ha comenzado a beneficiar, cuales son los *milagros* de la ciencia moderna, que eclipsan las imaginaciones del Oriente, y los hechos de los próceres hispano-americanos, que dejan atrás las hazañas de los héroes legendarios.
>
> *La Edad de Oro*, sin el aparato de la enseñanza técnica ni la formalidad de la amonestación moral, irá revelando todo lo cardinal de la ciencia al espíritu curioso de los lectores; y, lo que es mejor, irá formando en su corazón simpatías por todo lo justo, liberal y generoso. ¿No es ésta la verdadera educación? ¿Podría darse un auxiliar más modesto a los buenos

padres de familia y a los buenos institutores?[6]

También en Nueva York uno de los redactores de *La Ofrenda de Oro* que firmó como FS (y a quien Salvador Arias en *Acerca de La Edad de Oro*, identifica, para mí acertadamente, como Francisco Sellén), se hace eco de los temores iniciales de quienes conocían bien al poeta cubano y su obra, así como del consiguiente alivio al salir ya el primer número de la revista:

> Abrimos el periódico con verdadero temor. Lo confesamos con franqueza: el nombre de su redactor —el cubano José Martí— uno de los más notables escritores de Hispano-América, nos llenó de cierto sobresalto. Acostumbrados a la brillantez de su estilo, al esplendor de su forma, a lo pintoresco de su frase, a la novedad de las ideas y pensamientos que brotan numerosos de su pluma, y esmaltan armoniosamente sus escritos, y le imprimen un sello todo suyo, propio, original, no creímos le fuera posible descender de esas alturas en que se cierne a la sencillez, naturalidad y lisura de estilo que demanda [la niñez]. (5)

Sin embargo, acto seguido se demuestra equivocado en su preconcepción, con referencias halagadoras a los distintos trabajos del primer número, todo lo cual le hace concluir que *La Edad de Oro* "es de lo mejor que en su género hemos visto en lengua castellana, y merece por lo tanto la decidida protección de las familias hispanoamericanas..." (5)

Tal protección es reflejada por el propio Martí en la segunda entrega de la revista. En "La Ultima Página" —especie de comentario íntimo, directo, con que cerraría los cuatro números de *La Edad...*— hace la siguiente exhortación a sus pequeños lectores:

> Y ahora nos juntaremos, el hombre de *La Edad de Oro* y sus amiguitos, y todos en coro, cogidos de la mano, les daremos gracias con el corazón, gracias como de hermano, a las hermosas señoras y nobles caballeros que

---

[6]*La América* 8 124-125 (agosto 15 de 1889): 239. Esta reseña, que yo sepa no nombrada ni referida hasta ahora, me fue suministrada gentilmente por Carlos Ripoll, quien la 'descubrió' en una de sus investigaciones.

han tenido el cariño de decir que *La Edad de Oro* es buena. (32)

Así, alabada tanto por la crítica hispana neoyorquina como por la del resto del continente, acogida con amor y entusiasmo por los lectores (lo mismo grandes que pequeños) también a uno y otro extremo de las dos Américas y, como consecuencia de lo anterior, financieramente exitosa, era de esperarse una larga vida para *La Edad de Oro*. Pero no fue así. La publicación se detuvo abruptamente en el cuarto número, sin que se tenga conocimiento de nota de despedida, explicación a los suscriptores, o anuncio oficial alguno publicado. Las razones de tan inesperada e inexplicable desaparición son expuestas por el propio Martí a su amigo Manuel A. Mercado —uno de los promotores de la distribución de la revista en México— en carta fechada el 26 de noviembre de 1889:

> Va el deber del artículo laborioso, y no el gusto de la carta, porque le quiero escribir con sosiego, sobre mí, y sobre *La Edad de Oro*, que ha salido de mis manos —a pesar del amor con que la comencé, porque, por creencia o por miedo de comercio, quería el editor que yo hablase del "temor de Dios", y que el nombre de Dios, y no la tolerancia y el espíritu divino, estuvieran en todos los artículos e historias. ¿Qué se ha de fundar así en tierras tan trabajadas por la intransigencia religiosa como las nuestras? Ni ofender de propósito el credo dominante, porque fuera abuso de confianza y falta de educación, ni propagar de propósito un credo exclusivo. Lo humilde del trabajo sólo tenía a mis ojos la excusa de estas ideas fundamentales. La precaución del programa, y el singular éxito de crítica del periódico, no me han valido para evitar este choque con las ideas, ocultas hasta ahora, o el interés alarmado del dueño de *La Edad*. Es la primera vez, a pesar de lo penoso de mi vida, que abandono lo que de veras emprendo. (20: 153)

No se ha encontrado hasta ahora documento alguno del editor que nos permita conocer la versión de éste. Pero resulta evidente que tanto Martí como Da Costa Gómez mantuvieron actitudes de una intransigencia tal que hizo imposible alcanzar ningún punto medio que permitiera la continuación de la publicación. Financieramente ello implicó, para el editor, la pérdida de, al menos, parte de su inversión; para Martí, la imposibilidad de, con la empresa, "ayudar al sustento con decoro", tal y como había sido uno de sus objetivos.

Teniéndose como fuente documental única la versión martiana reproducida, el fracaso de *La Edad de Oro* ha sido explicado hasta ahora, fundamentalmente, basándolo en las supuestas contradicciones Martí-catolicismo, nacidas particularmente por la condición de krausista confeso y masón práctico del poeta antillano y por el excesivo celo dogmático de los católicos. Gonzalo de Quesada, Emilio Roig de Leuchsenring y Raimundo Lazo, entre otros prologuistas de la edición en forma de libro de *La Edad de Oro* (en 1905, 1932 y 1982, respectivamente), se suscriben, aunque sea indirectamente, a tal explicación. Incluso el primero de ellos asevera que el cierre de la revista se debió a la "falta de apoyo por los que debieron comprender lo que significaba la obra para la educación y las letras de nuestros pueblos" (vi), en lo que parece ser una velada denuncia a la alta jerarquía eclesiástica neoyorquina o al Comité Revolucionario de Nueva York (la más importante organización cubana en la ciudad), o a ambos a la vez. En todo caso se ha interpretado, y de manera recurrente, que la fuerza censora que finalmente hizo predominar sus condiciones, fue de origen hispano e ideología católica.

Volviendo a las explicaciones que diera Martí a Manuel Mercado, es evidente que para el patriota cubano el signo ideológico condicionante era cristiano. Ello se desprende de sus alusiones al "credo dominante" y a la "intransigencia religiosa" sufrida en tierras que él llamó "las nuestras", aunque no deja terminantemente aclarado si se refería solamente a Hispanoamérica o también incluía en este caso las tierras al norte del río Bravo, donde vivían no pocos lectores de su revista. La cita que hace de Da Costa Gómez es igualmente oscura (simplemente habla del "temor de Dios", que parece tomado por el editor brasileño de Si. I:11); también poco aclaradas quedan, en la lacónica explicación martiana, las razones del cambio del editor, las cuales Martí parece no haber comprendido del todo. ¿Respondían las nuevas condiciones impuestas por Da Costa Gómez a "ideas, ocultas hasta ahora" o a un "interés alarmado"? Lo primero, al parecer, no resulta del todo lógico. Si Da Costa Gómez era el inversionista único de la empresa y pretendía desde un principio hacer de *su* periódico infantil (era "el dueño", como reconoce Martí) un vehículo de adoctrinación religiosa (las "ideas, ocultas hasta ahora"), ¿por qué no impuso desde el principio sus condiciones y, por el contrario, decidió aventurarse a perder su inversión en caso de que tales "ideas, ocultas hasta ahora" no fueran aceptadas luego por Martí, como sucedería a la postre? Desde el punto de vista de las relaciones financieras, Martí, como redactor único de *La Edad de Oro*, era poco menos que un asalariado de Da Costa. Y en aquella época, probablemente por más razones que en la actualidad, un asalariado no era (por mucho talento que tuviera) el elemento determinante en los procesos inversivos financieros. ¿Por qué habría de mantener el "dueño de *La Edad*" "ocultas hasta ahora" —donde "ahora" significa luego de la salida del tercer número de la revista— las ideas religiosas adoctrinadoras que de momento, e intransigentemente, intentó imponerle a Martí? Por lo anterior considero poco probable esta razón entre las que señala el escritor cubano en su carta al amigo de México: un premeditado objetivo adoctrinador, oculto durante al menos tres ediciones de la revista para luego emerger de improviso, no parece apoyar lógicamente las inesperadas condiciones que trató de imponer el editor al redactor único de una publicación que sentía tan suya como que hasta el nombre le puso.

El signo ideológico de tales objetivos adoctrinadores tampoco son del todo aclarados por Martí. Cuando éste habla del "credo dominante", ¿se refería a la religión dominante en Norteamérica o en Hispanoamérica? Hasta ahora se ha interpretado únicamente lo segundo, con lo que las presiones censoras han sido asociadas con el catolicismo. ¿Acaso era la religión supuestamente practicada por Da Costa Gómez el signo ideológico que éste quiso imponer? Siempre se ha dejado implícito —siguiendo la interpretación actual del "credo dominante" señalado por Martí—, que el editor de origen brasileño era católico y, por ende, de tal intención el adoctrinamiento que trató de imponerle a Martí. Sin embargo, como bien señala Leopoldo Barroso, "no hay nada típicamente católico (como sería la devoción al papado, por ejemplo) en lo que, según el testimonio de Martí, su amigo brasileño pretendía" (10). Es más, ciertas investigaciones hacen presumir que A. Da Costa Gómez era judío[7]. Martí explica que "quería el editor que yo hablase del 'temor de

---

[7] Guillermo de Zéndegui, en *Ambito de Martí* (La Habana: Sociedad Colombista Panamericana, 1954) identifica al acaudalado Da Costa Gómez como un sefardita brasileño (125), lo cual da por conocido Roberto D. Agramonte, en *Martí y su concepción del mundo* (Puerto Rico: Editorial Universitaria, 1971) 459 y acepta luego Leopoldo Barroso en su trabajo "El fin de *La Edad de Oro*," *Noticias de Arte* Enero 1990: 10. Mis propias investigaciones arrojan que un sobrino del editor de *La Edad de Oro*, para poder tener amores con la joven de sus sueños (quien era cubana), tuvo que

Dios', y que el nombre de Dios, y no la tolerancia y el espíritu divino, estuvieran en todos los artículos e historias." Pero, ¿a qué Dios se refería el editor? Para Martí parece estar claro que al Dios cristiano en general, pero no especifica denominación alguna en especial y creo que aunque se demostrara la condición hebrea del editor, resultaría absurdo pensar que éste intentara hacer de *La Edad de Oro* un vehículo adoctrinador judaico, ya que entonces —como ahora— la población infantil hispanoamericana de religión judía era más que insignificante, lo cual habría hecho de su empresa un fracaso financiero total. Pero sería igualmente absurdo pensar que Da Costa Gómez, habiendo sido de religión hebrea, hubiera propiciado —y mucho menos ocultado— "la idea" de que la publicación de la cual era dueño se convirtiera en un medio adoctrinador católico.

Así las cosas, quedaría por analizar, como razón fundamental de las inesperadas condiciones que trató de imponerle el editor de *La Edad de Oro* a su único redactor, el "interés alarmado" del primero ante la carencia de algún tipo de mensaje religioso —identificado, hasta ahora, como católico— en el contenido de su publicación. Ello nos conduce a un recuento de las condiciones de la Iglesia Católica de entonces así como a un consecuente análisis de la literatura infantil de la época en busca de qué relación hubiera podido existir entre las obras para niños y los intentos católicos adoctrinadores, cuál era la tendencia general en ese sentido en las publicaciones periódicas, y otros temas afines.

---

convertirse del judaísmo al catolicismo. Teniendo en cuenta las fuertes tendencias familiares hacia la religión en el XIX, es de suponerse que el credo del sobrino haya sido también el del tío y, por lo tanto, haber sido éste uno de los miles de judíos que, durante el período, vieron en New York una nueva tierra prometida. (Véase al respecto el documentado ensayo de Moses Rischin, *The Promised City: New York's Jews, 1870-1914* [Cambridge: Harvard UP, 1962] o, de más reciente factura, el de Thomas Kessner, *The Golden Door: Italian and Jewish Immigrant Mobility in New York City, 1880-1915* [New York: Oxford UP, 1977]. Con relación al sefardismo en particular, véanse: Paloma Díaz Mas, *Los sefardíes, historia, lengua y cultura* [Barcelona: Riopiedras Ed., 1986]; Norma H. Finkelstein, *The Other 1492: Jewish Settlement in the New World* [New York: Scribner, 1989]; Stephen Birmingham, *The Grandees; America's Sephardic Elite* [New York: Harper & Row, 1971] y Marc Angel, *La América: The Sephardic Experience in The United States* [Philadelphia: Jewish Publication Society of America, 1982]).

CIUDAD, SOCIEDAD Y RELIGION

Todos los historiadores del catolicismo coinciden en que durante el siglo XIX la Iglesia trató de recuperar el poderío que, de alguna forma, había sido puesto en duda por 'las luces' dieciochescas y las revoluciones democráticas, y decididamente mermado por Napoleón. Así, a la caída del Imperio Napoleónico, el Vaticano, libre de competencia al respecto, inició todo un proceso de 'monarquización' papal, reconstruyendo una imagen del Sumo Pontífice infalible e incuestionable incluso más allá de las materias relacionados con la fe. La encíclica de 1832 de Gregorio XVI *Mirari Vos* es un buen ejemplo documental de tal proceso. En ella el Papa determinó la oposición de la Iglesia a la libertad religiosa, al estado laico y hasta a la libertad de prensa, al considerarlos muestra de indeferentismo religioso y, por lo tanto, contrarios a la orden evangelizadora dada por Cristo a sus discípulos[8]. El proceso culmina en el Concilio Vaticano I (1869-1870) en el cual la Iglesia se pronuncia decididamente contra las tendencias liberales, seculares y nacionalistas que se habían desarrollado en el seno de la sociedad occidental. Los prelados reunidos se pronuncian y legislan por una centralización de la autoridad, la infalibilidad papal, el carácter absolutista y universal de la Iglesia y el control romano de una feligresía artificialmente homogeneizada al más depurado estilo trentino[9].

Sin embargo, lo anterior no implica que las directrices vaticanas hayan sido cumplidas al pie de la letra por las diferentes iglesias nacionales. La Iglesia Católica de los EEUU, en particular, no lograría (a pesar de todos los debates al respecto) desprenderse del espíritu republicano en que se había formado. La Carta Pastoral de los Obispos Norteamericanos de 1837 ilustra tal actitud. En la misma, y en contradicción con la nombrada encíclica *Mirari Vos* de unos años atrás, los prelados estadounidenses reafirman su comprensión y aceptación de las libertades promulgadas por la república. Para ellos, las obligaciones civiles no tienen nada que ver con las obligaciones espirituales, por lo

---

[8] Véase el texto de la encíclica en el primer tomo (de los 5 con que cuenta la colección) de la recopilación de Claudia Carlen, *The Papal Encyclicals* (New York: Pierian Press, 1981) 237.

[9] Véase J. Derek Holmes, *The Triumph of the Holy See: A Short History of the Papacy in the Nineteenth Century* (London: Burns & Oates, 1978).

que aunque aceptan la supremacía espiritual del Papa, le niegan todo tipo de supremacía política o civil sobre los católicos norteamericanos, defendiendo la libertad religiosa, la libertad de prensa y demás derechos ganados por el pueblo. El debate se haría más cáustico a partir del Concilio Vaticano I (1869-1870) y en la Europa católica se vería el 'americanismo' como poco menos que una herejía[10]. En Nueva York, en particular, las olas inmigratorias de católicos irlandeses y alemanes acentuarían, inicialmente, el espíritu trentino, pero sus influencias no pasarían más allá de las parroquias y sus asociaciones, estas últimas en cierto sentido productos (y propulsoras) de comunidades convertidas en poco menos que ghettos étnicos. Y, ya para la octava década del siglo, ese mismo clero parroquial neoyorquino prácticamente se convertiría en la vanguardia del 'americanismo', ante el cual el Vaticano tuvo, en no pocas ocasiones, que claudicar (recuérdese el famoso caso del padre E. McGlynn, por ejemplo)[11].

En Europa, aunque lejos del 'americanismo' católico, las diferentes iglesias nacionales tampoco pudieron desprenderse del todo de las influencias de la Era de las Revoluciones Democráticas que trató de

---

[10] Véanse Patrick W. Carey, *American Catholic Religious Thought* (New York: Paulist Press, 1987) y "American Catholics and the First Amendment, 1776-1840," *The Pennsylvania Magazine of History and Biography* 93.3 (1989): 323-46. La carta pastoral en cuestión puede encontrarse en el primer tomo de *Pastoral Letters of the United States Catholic Bishops*, comp. Claudia Carlen (Washington [DC]: National Conference of Catholic Bishops, US Catholic Conference, 1984) 90. Una descripción del carácter republicano de la Iglesia Católica norteamericana (en contraposición con el monarcal del papado de la época) puede encontrarse en Jay P. Dolan, *The American Catholic Experience: A History from Colonial Times to the Present* (Garden City [NY]: Doubleday, 1985) 208-11. Sobre el debate en el seno de la jerarquía católica norteamericana con relación a la monarquización de la Iglesia, véase Patrick W. Carey, "Two Episcopal Views of the Lay-Clerical Conflicts, 1785-1860," *Records of the American Catholic Historical Society of Philadelphia* 87 (1976): 85-98.

[11] Con relación al catolicismo neoyorquino, véase Jay P. Dolan, *The Immigrant Church: New York's Irish and German Catholics, 1815-1865* (Baltimore: Johns Hopkins UP, 1975). Para una visión más general y actualizada, véase la compilación del mismo Dolan, en dos volúmenes, *The American Catholic History from 1850 to the Present* (New York: Paulist Press, 1987) o la de Don Brophy y Edythe Westenhaver, *The Story of Catholics in America* (New York: Paulist Press, 1978). Que Martí siguió muy de cerca la polémica entre el clero estadounidense y el Vaticano o sus representantes, colocándose siempre a favor del primero, se ve en sus crónicas "El cisma de los católicos en Nueva York" (1887), "La excomunión del Padre McGlynn" (1887), "La religión en los EEUU" (1888) y "El problema religioso en los EEUU" (1890).

conjurar el Concilio Vaticano I. Hubo, ciertamente, una vuelta al espíritu de Trento; pero muy lejos del requerido por la Curia.

A pesar de lo anterior, los esfuerzos adoctrinadores del catolicismo se intensificaron durante el período, específicamente en parte de la literatura romántica. Claro que la adoctrinación, como variante instructiva, estuvo asociada con la literatura infantil desde mucho antes de convertirse ésta en categoría literaria independiente. Sin embargo, a partir del siglo XVIII la carga adoctrinadora como característica fundamental quedó relegada a los textos escolares y a los editados directamente por las distintas congregaciones, iglesias o sectas religiosas. En España particularmente, el adoctrinamiento católico pasó a ser, en el siglo XIX (y a despecho de posibles esfuerzos eclesiásticos en sentido contrario), el argumento único e indiscutible de los llamados *catones* (hasta las *aleluyas* dejaron de lado su temática católica adoctrinadora), prevaleciendo en la literatura de ficción para niños los temas 'paganos' característicos del folklore que le servía de fuente fundamental, aun cuando tuvieran que convivir con "vidas de santos" y otros esfuerzos religioso-moralizadores semejantes. En ese sentido, los temas católicos no vinieron a disputar su sitial a la fantasía 'pagana' española como fuente ficcional sino en la segunda mitad de este siglo, con *Marcelino Pan y Vino* (1952), de José María Sánchez Silva —llevada con éxito a la pantalla en 1954— al que le seguirían, por ejemplo, narraciones tales como "El otro niño" (de la colección *Los niños tontos*, de 1956) de Ana María Matute.

Así, en las últimas décadas del siglo XIX —y a pesar de las directrices del Concilio Vaticano I— en la literatura infantil hispana de ficción no era todavía determinante el elemento católico adoctrinador que la caracterizaría después. Es más, en algunos de los populares y anónimos cuentos de Callejas —posiblemente lo más importante del período—, el personaje del cura (las pocas veces en que aparecía) no siempre era tratado con la reverencia asociada con la adoctrinación, sino que era motivo de no pocas situaciones humorísticas al estilo de un Fray Gerundio o los otros múltiples curas heredados de la novela picaresca anterior. Si algo religioso se pudiera señalar como característica general de la literatura infantil española inmediatamente anterior o contemporánea de *La Edad de Oro*, se podría asociar más bien con "la tolerancia y el espíritu divino" perseguidos por Martí antes que con el "temor de Dios" impuesto por Da Costa Gómez. Ello nos deja sin antecedentes hispanos inmediatos a la polémica redactor-editor referida, razón por la cual quienes han tratado el tema con anterioridad terminan achacándole a A. Da Costa Gómez un celo católico excesivo, nacido de la noche a la mañana, o pusilanimidad ante presiones externas no identificadas aunque hasta ahora de alguna forma asociadas con la jerarquía católica neoyorquina de la época.

Sin embargo, hay que recordar que los católicos norteamericanos en esa segunda mitad del siglo XIX, eran los principales abanderados, dentro de la Iglesia Católica, de las libertades de cultos y de prensa que les permitían, como integrantes de una religión minoritaria y 'extranjera' en los EEUU, la vigencia legal de su iglesia y su incorporación al proceso formativo de la sociedad norteamericana[12]. Además, el posible judaísmo del editor de ascendencia brasileña y la tolerancia de las autoridades eclesiásticas españolas con relación al contenido de las publicaciones infantiles, tampoco conducen a suponer, como razones válidas para el rechazado intento condicional de Da Costa Gómez, tanto un excesivo celo católico de origen hispano del "dueño" de *La Edad de Oro*, como su pusilanimidad ante presiones de la jerarquía católica. De manera tal que cuestionadas las razones que dieron al traste con *La Edad de Oro* aceptadas hasta el presente como realidades 'posibles', sólo queda por analizar, en busca de nuevas posibles razones y hasta tanto no aparezca algún otro documento esclarecedor, un aspecto poco analizado por los críticos: las condiciones del momento y lugar en que se desarrolló la polémica de marras: la ciudad de Nueva York durante la novena década del siglo XIX.

A partir de los años 40 la futura 'ciudad de los rascacielos' presenta uno de los crecimientos demográficos más grandes de su historia. Cierto que por esa época se observa en el país en general la decadencia total de la sociedad agraria y la consiguiente 'urbanización' de los Estados Unidos; pero el caso de Nueva York rebasa, con creces, a todas sus homólogas contemporáneas, por lo cual a inicios del siguiente siglo llega a convertirse, desde el punto de vista demográfico, en la segunda ciudad del mundo occidental. A la inmigración interna se unió el hecho de que, para esa época, la antigua Nueva Amsterdam se convirtió en el punto de

---

[12] Véase R. Lawrence Moore, *Religious Outsiders and the Making of Americans* (New York: Oxford UP, 1986).

entrada a América, por antonomasia, de los emigrantes europeos. La colonia hispana, aunque todavía a la zaga de sus contrapartes europeas, también se hizo sentir[13], y Manhattan pasó a albergar misiones diplomáticas de las naciones más importantes del momento. Todo ello condujo a que, en menos de un siglo, Nueva York pasara a ser, de una ciudad de segunda clase en tiempos de la Independencia de las 13 Colonias, a una de las más importantes del mundo.

Sin embargo, tal abrupto crecimiento fue pagado por los neoyorquinos (tanto nuevos como viejos) con un deterioro tal de sus condiciones de vida que hizo exclamar a Walt Whitman (a quien nadie podría achacar ideas puritanas y mucho menos que estuviera prejuiciado en contra de la ciudad) que el New York de entonces era "one of the most crime-haunted and dangerous cities in Christendom"[14]. Las características generales de ese New York de la segunda mitad del siglo XIX pueden sintetizarse en: corrupción política, alta tasa de desempleo y criminalidad, relajamiento de los valores morales (de acuerdo a los patrones judeo-cristianos) ante la práctica abierta de la prostitución y otras formas de promiscuidad sexual, los juegos ilegales, el abuso infantil, etc. (cualquier parecido con el Nueva York de fines del siglo XX no es pura coincidencia). A ello súmese una insuficiente infraestructura sanitaria (con sus consiguientes epidemias), la popularidad del anarquismo como ideología 'alterna' (o, en el extremo contrario, las

---

[13] Todo parece indicar que no va a ser posible determinar el número de hispanos residentes en New York en 1889, ya que "until the 1970 Census, the concept of Hispanic as a group barely existed and the Bureau [of the Census] did not separate the data it collected in a way which would clearly identify the population of Spanish origin" (Frank L. Schick and Renee Schick, eds., *Statistical Handbook on U.S. Hispanics* [Phoenix: Oryx Press, 1991] 1). Sin embargo, el número de publicaciones en idioma español editadas en Nueva York por ese entonces es más que significativo al respecto y sorprendente para los hispanos de esta ciudad de un siglo después. En efecto, en 1889 se publicaba un periódico diario (*Novedades*) y una docena de revistas de periodicidad varia, aunque mayoritariamente mensuales. Las tiradas rara vez superaban los 5,000 ejemplares, pero aún así es evidente la importancia de la colonia hispana decimonónica en New York. (La relación que dan N.W. Ayer e hijo en su anuario *N.W. Ayer & Son's American Newspaper Annual 1889* [Philadelphia, 1889] 358-76, está incompleta. Faltan, al menos, dos revistas hispanas publicadas en New York ese año: *La Ofrenda de Oro* y *La Edad de Oro*.)

[14] Esta opinión la expresó Whitmam en un artículo aconsejando a los turistas aparecido en la revista *Life Illustrated* en 1856. Yo la tomo de su reproducción en la antología *New York. An Illustrated Anthology*, ed. M. Marqusee (Topsfield [MA]: Salem House Publishers, 1988) 99-100.

poderosas sociedades de prevención y supresión de vicios) y hasta fenómenos climatológicos extremos, y se comprenderá perfectamente bien la queja del cantor de Manhattan y sus conciudadanos a pesar de los importantísimos monumentos y obras de ingeniería construidos en la ciudad durante el período[15]. Desde el punto de vista literario la ciudad no ofrecía una imagen mejor. Comenta David S. Reynolds:

> The kinds of violence and sex that pervade the mass media today were just coming to the fore in Whitman's time. Improved printing technology and book distribution opened huge markets for sensational writings. Writers like George Lippard and George Thompson wrote hugely popular novels picturing America's wealthy classes engaged in various forms of sexual misbehavior. Thompson, who produced some 100 pamphlet novels, dealt with sex of all kinds: group sex, pedophilia, transvestism.[16]

Paralelamente a semejante 'literatura de estanquillo' para personas mayores y las obras de los grandes autores de literatura infantil del período, se vendía una literatura para niños del todo opuesta en su contenido a la de adultos señalada por Reynolds aunque no muy diferente en calidad, según nuestra óptica actual. Ésta consistía, mayoritariamente, en conversaciones imaginadas entre un adulto y un niño en las cuales el infante hacía preguntas claves que el adulto respondía con largos párrafos informativos que podían cubrir desde el paraíso hasta el último adelanto tecnológico, de acuerdo al tema seleccionado. Otros patrones más cercanos a la ficción seguían objetivos moralizadores no menos rígidos

---

[15] Cf. Luc Sante, *Low Life. Lures and Snares of Old New York* (New York: Farrar Straus Giroux, 1991); Edward Pessen, "A Variety of Panaceas: The 'Social Problem' and Proposed Solutions to It in Mid-Nineteenth Century New York State," *New York History* 59.2 (1978): 198-240; Paul S. Bayer, *Urban Masses and Moral Order in America, 1820-1920* (Cambridge: Harvard UP, 1978); Timothy J. Gilfoyle, "The Moral Origins of Political Surveillance: The Preventive Society in New York City, 1867-1918," *American Quarterly* 38.4 (1986): 637-52; Ezra Bowen, "At 100, Still the Champ of Winter's Snowy Olympics," *Smithsonian* March 1988: 70-81; Pierre Provoyeur, June Hargrove, et al, *Liberty. The French-American Statue in Art and History* (Cambridge: Harper & Row, 1986) y David G. McCullough, *The Great Bridge* (New York: Simon and Schuster, 1972).

[16] David S. Reynolds, "Of Me I Sing: Whitman in His Time," *The New York Times Book Review* 4 Oct. 1992: 28.

(de raíz religiosa o patriótica, o de combinaciones socio-religiosa o socio-patriótica, según el caso), que tampoco lograron sobrevivir en el siglo XX[17].

Después de la Guerra Civil hubo cierta mejoría en el campo político, pero a las condiciones decadentes propias de Nueva York señaladas, vinieron a sumarse las inherentes al decadentismo característico del nuevo espíritu de *fin du siècle* que hacía estragos sociales en Europa. La decadencia foránea, sumada a la local, hizo de la ciudad, para los 80, un lugar mucho más infernal que el denunciado por Whitman unos años antes y, para hacer más crítica la situación, sin el desarrollo artístico paralelo que por ese tiempo caracterizó a las grandes ciudades de Europa.

Claro que no todos los neoyorquinos de entonces aprobaban y compartían la atmósfera en que estaban obligados a vivir. Específicamente los grupos religiosos de todas las denominaciones que entonces convivían en la ciudad —liderados por la mayoría protestante—, hicieron del decadentismo de la época el tema principal de sus críticas, imponiendo una igualdad entre los valores religiosos y los sociales en general, y morales en particular, largo tiempo atrás olvidada. Entre esos grupos, los más cáusticos en sus ataques fueron los puritanos (no tan poderosos como al principio de la colonización, pero aún fuertes), quienes finalmente lograron imponer, por su influencia en el resto de las denominaciones protestantes, su visión de que el hombre nacía potencialmente lleno de pecados, potencialidad que había que conjurar desde la más temprana edad a fin de purgarla del todo antes de la adultez, etapa a la que debía llegarse sin semejante lastre original. Con ello se destruía por completo el concepto de infancia impuesto antes por los románticos: el de la edad de la inocencia, libre de pecados y toda impureza, que había permanecido sólo en el vestuario. Los aspectos humanos negativos que los románticos ubicaron 'después' de la infancia,

---

[17] Véanse Anne Scott MacLeod, *A Moral Tale. Children's Fiction and American Culture 1820-1860* (Hamden [CT]: Archon Books, 1975); Bernard Wishey, *The Child and the Republic* (Philadelphia: U of Pennsylvania P, 1968); Ruth M. Elson, *Guardians of Tradition: American Schoolbooks of the Nineteenth Century* (Lincoln [NE]: U of Nebraska P, 1964); Jacob Blanck, "A Twentieth Century Look at Nineteenth Century Children's Books," *Bibliophile in the Nursery*, ed. William Tag (Cleveland: World Publishing Co., 1957) 427-51 y John C. Crandall, "Patriotism and Humanitarian Reform in Children's Literature, 1825-1860," *American Quarterly* 21 (1969): 3-23.

los puritanos los identificaron (e impusieron tal identificación) 'antes', haciendo a cada niño heredero natural de todos los pecados cometidos con anterioridad a su nacimiento, desde el mismo 'original', hasta la folclórica soez expresión con que el padre (¿borracho?) celebró su llegada a la vida[18].

Tal igualdad de los valores sociales en general y morales en particular con los valores religiosos (de acuerdo a la óptica judeo-cristiana) pasó, de los púlpitos[19], a la letra impresa, y no solamente en las ediciones religiosas encaminadas a propiciar el 'arrepentimiento' de los 'adultos pecadores'. Las publicaciones infantiles norteamericanas de la época comenzaron a reflejar primero y a enfatizar destacadamente después (por los años ochenta), esa igualdad ideológica, entroncada en la responsabilidad paternal —según la óptica protestante victoriana— de imponer restricciones morales sobre sí mismos y sus hijos por el bien de la sociedad[20]. Tal similitud religioso-moral era el tema fundamental no sólo de los "Sunday School Magazines", sino que incluso se reflejaba en la ficción, haciendo hincapié en el llamado "héroe misionero" y en cómo la fe religiosa conducía a una mejoría de las relaciones sociales. Publicaciones como *Harper's Young People* y *St. Nicholas* prácticamente no tienen ningún número durante la década de los ochenta libre de algún tipo de adoctrinación religiosa encaminada a promover valores sociales. Era la respuesta de una sociedad enferma en busca de una medicina preventiva: lograr que los niños, debidamente adoctrinados por el binomio de valores religioso-sociales, no se sumaran a la decadencia de sus mayores, en práctica que se extendió en los Estados Unidos más allá

---

[18] Véanse Claude Welch, *Protestant Thought in the Nineteenth Century* (New Haven: Yale UP, 1972) y Robert T. Handy, *A Christian America. Protestant Hopes and Historical Realities* (New York: Oxford UP, 1971). Sobre la vigencia romántica en el vestuario infantil, véase Karin Calvert, *Children in the House. The Material Culture of Early Childhood, 1600-1900* (Boston: Northeastern UP, 1992).

[19] Véase Sandra Sizer, *Gospel Hymns and Social Religion: The Rhetoric of Nineteenth Century Revivalism* (Philadelphia: Temple UP, 1978). Para un análisis del fenómeno en especial dentro de la Iglesia Católica, véase Jay P. Dolan, *Catholic Revivalism: The American Experience, 1830-1900* (Notre Dame [IN]: U of Notre Dame P, 1978).

[20] Véase Stephen Kern, "Explosive Intimacy: Psychodynamics of the Victorian Family," *History of Childhood Quarterly: The Journal of Psychohistory* 1.3 (1974): 437-62.

de esas últimas décadas del siglo XIX[21].

En medio de semejante atmósfera de marcada adoctrinación religiosa
puritana encaminada a la recuperación de perdidos valores sociales, sale
a la luz *La Edad de Oro*. Su mismo nombre (recuérdese que fue
seleccionado por el editor) refleja la concepción romántica de la niñez,
entonces de alguna forma aceptada todavía por el catolicismo
norteamericano por coincidencia histórica[22], pero negada desde hacía
tiempo por el puritanismo editorial de las publicaciones infantiles
norteamericanas. Y su contenido no podía ser más antagónico: ¿acaso
Martí no adoctrinaba a los niños para quienes escribía en el amor a
personas/civilizaciones carentes de los valores socio-religiosos entonces
en boga, encaminados —según los editores neoyorquinos— a promover
el bien público?

Todo lo anterior permite inferir otra razón posible del cierre de *La
Edad de Oro*: las presiones, sobre A. Da Costa Gómez, del medio en
que se publicaba. Conjeturo que tales presiones pudieron haber tenido
diferentes fuentes, todas ellas lógicamente inter-relacionadas, aunque no
necesariamente asociadas de manera directa con el catolicismo, a la sazón
la corriente religiosa más débil de la ciudad y todavía en franca
recuperación luego de los ataques nativistas[23]. Entre dichas fuentes
considero a los lectores inmediatos y más cercanos de la revista: los
niños (o mejor: los padres) hispanoamericanos de Nueva York,
plenamente imbuidos del espíritu puritano de las publicaciones infantiles

---

[21] Véanse John Gilliver, "Religious Values and Children's Fiction," *Children's Literature in
Education* 17.4 (1986): 215-25; Mary June Roggenbuck, "Twenty Years of *Harper's Young People*,"
The Horn Book Magazine 53.1 (1977): 24-35; Anthony Kearny, "The Missionary Hero in Children's
Literature," *Children's Literature in Education* 14.2 (1983): 104-12; Marianna Brown, *The Sunday
School Movement in America* (New York: F. Revell, 1901) y Maureen Nimon, "From Faith to Good
Fellowship: Sunday School Magazines in the Late Nineteenth Century," *Children's Literature in
Education* 19.4 (1988): 242-51. Para tener una idea general de los antecedentes inmediatos en el
tiempo de tal tendencia en las publicaciones infantiles norteamericanas, véase John B. Crume,
"Children's Magazines 1826-1857," *Journal of Popular Culture* 6.4 (1973): 698-706.

[22] Véase Patrick W. Carey, "American Catholic Romanticism, 1830-1888," *The Catholic
Historical Review* 74.4 (1988): 590-606.

[23] Cf. John Talbot Smith, *The Catholic Church in New York: A History of the New York Diocese
from Its Establishment in 1808 to the Present Time* (New York: Hall & Locke Co., 1905) y Ann
Taves, *Household of Faith: Roman Catholic Devotions in Mid-nineteenth Century America* (Notre
Dame [IN]: U of Notre Dame P, 1986).

norteamericanas (por cuanto éstas fueron, hasta ese momento, prácticamente las únicas de que dispusieron) y testigos —cuando no víctimas—, de las terribles condiciones de vida en Nueva York, provocadas (según la óptica de la época) por la falta de valores socio-religiosos de los que *La Edad de Oro* supuestamente también carecía. Otra de las fuentes de las posibles presiones ejercidas sobre Da Costa Gómez, la supongo formada por los editores de las otras revistas infantiles publicadas en Nueva York, ejecutores conscientes de la ideología puritana que todos veían como única posibilidad de 'salvación' de la ciudad. La opinión negativa de sus pares y de clientes inmediatos (el "miedo de comercio"), pudo haber sido razón más que suficiente para el brusco cambio editorial que Da Costa Gómez quiso dar a su revista a fin de atemperarla y producir lo que en su medio se consideraba —más allá de cualquier credo particular— una buena publicación infantil.

Martí, en su carta explicatoria a Manuel Mercado expresa "¿Qué se ha de fundar así en tierras tan trabajadas por la intransigencia religiosa como las nuestras?". Si por tierras "nuestras" se refería a Hispanoamérica, es evidente que pensaba en el catolicismo (el "credo dominante") como elemento "trabajador" de intransigencia religiosa, por lo que a pesar de haber reconocido la importancia de sus lectores inmediatos, hay que interpretar que, como redactor, no constituían su objetivo primario. ¿O también consideraba de "intransigencia religiosa" los esfuerzos religioso-sociales de los protestantes —representantes del "credo dominante" de Nueva York—, que permeaban las publicaciones infantiles norteamericanas de la época?

A más de un siglo de diferencia y sin otro documento a mano que la citada carta a Manuel Mercado, sólo se puede conjeturar al respecto. Sí resulta evidente que las diferencias Martí-Da Costa Gómez estaban bien lejos de ser el resultado de una disputa sectaria, y no solamente porque sabemos que el cubano siempre se mantuvo aparte de todo sectarismo, sino porque a pesar de lo señalado acerca de la impuesta igualdad puritana de valores religiosos y valores sociales, la década del 80 no era, precisamente, una época de marcada intolerancia religiosa —con su consiguiente censura— en los EEUU, como podría pensarse a partir de la polémica entre el redactor y el editor de *La Edad de Oro*. Ya para ese entonces habían quedado atrás las ideas nativistas que dieron como resultado el nacimiento, en 1850, del Know-Nothing Party (o The Order of the Star Spangled Banner), fundado en Nueva York por Charles B.

Allen y que llegó a hacer elegir de entre sus filas, unas tres décadas antes de la salida de *La Edad de Oro*, a ocho gobernadores de estado, más de cien congresistas, alcaldes de ciudades tan importantes como Boston, Filadelfia y Chicago y contara entre sus militantes con políticos norteamericanos de la talla de Ulyses S. Grant, Henry Wilson, Millard Fillmore y otros muchos más[24]. Para 1889 formaban parte de las sociedades de supresión o prevención de los vicios, feligreses de todas las denominaciones, incluyendo los minoritarios y románticos católicos que, aunque practicantes de ritos considerados por la mayoría como poco menos que superstición o idolatría[25], trataban de ganar un espacio más allá de los 'ghettos' étnicos parroquiales aunque tuviese que ser a fuerza de milagros[26]. Se editaban entonces en New York, incluso, hasta diversas publicaciones religiosas inter-denominacionales (o "unsectarian", como se les llamaba en inglés) de las cuales se infiere que el afán adoctrinador religioso iba más allá de objetivos sectarios; era un medio, no un fin. El verdadero fin era conjurar la decadencia social de una ciudad que se había vuelto prácticamente inhabitable.

Por lo anterior es que sería válido preguntarse si la señalada fricción entre el editor brasileño y el redactor antillano no rebasaría los límites del marco teológico señalado por el segundo. Teniendo en cuenta las relaciones entre el discurso religioso y los objetivos políticos en el ámbito norteamericano decimonónico, ¿habría oculta una diferencia política en la disputa que dio al traste con la revista? Martí conocía perfectamente las publicaciones infantiles norteamericanas de la época —de las cuales toma no pocos elementos— y estaba más que enterado de las recién señaladas relaciones entre el discurso religioso y los objetivos políticos en los EEUU de su tiempo, al menos por su conocimiento del

---

[24] Cf. Tyler Anbinder, *Nativism and Slavery. The Northern Know Nothing and Politics of the 1850's* (New York: Oxford UP, 1992) y Ray A. Billington, *The Protestant Crusade: A Study of the Origins of American Nativism, 1800-1860* (New York: MacMillan, 1938). Para una visión más general y completa del pensamiento protestante de la época, véase Claude Welch, *Protestant Thought in the Nineteenth Century* (New Haven: Yale UP, 1972).

[25] Cf. Ann Taves, "Context and Meaning: Roman Catholic Devotion to the Blessed Sacrament in Mid-Nineteenth-Century America," *Church History* 54.4 (1985): 482-95.

[26] Véase Robert Emmett Curran, "'The Finger of God is Here': The Advent of the Miraculous in the Nineteenth-Century American Catholic Community," *The Catholic Historical Review* 73.1 (1987): 41-61.

discurso lincolniano[27]; es más, como veremos más adelante, él mismo
desarrollaría tales relaciones en algunos de sus trabajos para los niños.
¿Estarían los agentes del colonialismo español, directa o indirectamente,
tras la intransigente actitud de Da Costa Gómez? Todo esto, como es
lógico, pertenece al mundo de las conjeturas; nada de ello puede
entreverse en la misiva de Martí, circunscrita a la lacónica y nada clara
explicación religiosa ya citada.

Mas ese laconismo y esa falta de claridad creo que pueden
justificarse si recordamos que estamos en presencia de una carta personal
a un amigo residente en un medio lejano y diferente. Así las cosas, se
me ocurre que, en su carta a Manuel Mercado, Martí se refería
únicamente al impacto negativo que, de haber él aceptado las nuevas
condiciones de Da Costa Gómez, habría tenido el contenido de *La Edad
de Oro* para los niños de Hispanoamérica, en donde la adoctrinación de
valores socio-religiosos habría constituido un paso atrás al XVIII[28] y,
dadas sus diferencias sociales con la futura Gran Manzana, ni siquiera
hubiese podido esgrimirse, como justificación válida para semejante
esfuerzo adoctrinador extemporáneo, la crisis de los valores sociales
existente en el Nueva York de ese tiempo. Supongo lo anterior porque,
entre otras cosas, era un lugar de "Nuestra América" (México) en donde
se encontraba —y había propiciado la circulación de la revista— el
destinatario de su carta, para quien cualquier otra consideración fuera de
su medio habría resultado intrascendente a los efectos de la explicación
martiana. Pero ello no implica que Martí desconociera la tónica
adoctrinadora de las publicaciones infantiles norteamericanas de entonces,
de las cuales —como analizaremos más adelante— toma el redactor
único de *La Edad de Oro* al menos el estilo, aunque sea paródico. Para
Martí las condiciones que trató de imponer Da Costa Gómez habrían sido
extremadamente negativas en Hispanoamérica, verdaderamente
"trabajada", desde tiempos de la colonia, por una muy marcada
"intransigencia religiosa". Pero ése no era el caso del Nueva York de

---

[27] Véase el trabajo de Franklin I. Gamwell, "Religion and the Public Purpose," *The Journal of Religion* 62.3 (1982): 272, donde éste destaca cómo "in the judgment of many historians, no other [US] president has reflected more profoundly upon the relation between religion and politics than Abraham Lincoln."

[28] Véase Charles C. Noel, "Missionary Preachers in Spain: Teaching Social Virtue in the Eighteenth Century," *The American Historical Review* 90.4 (1985): 866-92.

finales del siglo XIX; antes bien, la falta de tal 'trabajo' religioso era identificado como una de las causas de sus negativas características contemporáneas; de ahí que, siguiendo el orden lógico de este conjeturar, Martí, en su carta a Manuel Mercado, no hiciera mención alguna al impacto que semejante cambio editorial habría tenido en los niños hispanos de los EEUU —quienes no constituían su objetivo básico— a no ser que, por lógicas razones de herencia cultural y medio ambiente familiar, les haya imaginado las mismas características de sus homólogos del sur del río Bravo, cosa muy difícil de concebir en un pensador de la profundidad de Martí.

Todo este análisis y sus consiguientes conjeturas, nos permiten entonces comprender mejor la ruptura Martí-Da Costa más allá de las "ideas, ocultas hasta ahora" y más cercana al "interés alarmado del dueño de *La Edad*." El redactor, aunque incorporó (como veremos después) algunas de las características de las publicaciones infantiles norteamericanas de la época, escribía, fundamentalmente, para cubrir las necesidades de los niños de lengua española que vivían en Hispanoamérica. El editor, aparentemente demasiado permeado de su medio multilingüe neoyorquino (dejo de lado, por falta de datos o tan siquiera una pista, la 'explicación' política), tal parece que vio a "Nuestra América" como una extensión social de la ciudad y, por lo tanto, necesitada del adoctrinamiento religioso (léase: social) que supuestamente sus clientes inmediatos y colegas le recriminaron que *La Edad de Oro* necesitaba para ser considerada una buena publicación infantil.

Sólo así se justifica que, a pesar de las buenas opiniones que el poeta cubano tenía del editor, no hubieran podido llegar a acuerdo alguno. Martí no percibió que *su* revista era, aunque fuera accidentalmente, una publicación neoyorquina. Da Costa Gómez no se percató de que *su* revista, aunque publicada en Nueva York, estaba dirigida, fundamentalmente, a los niños de Hispanoamérica. La raíz romántica de *La Edad de Oro* (típica del Modernismo hispano y de alguna manera todavía aceptada y compartida por el catolicismo de la época y, al menos inicialmente, por Da Costa Gómez), era algo del todo incongruente con las nuevas direcciones ideológicas de las publicaciones infantiles norteamericanas de 1889, dominadas por una ideología protestante de raíz puritana. Al final, las apremiantes necesidades del medio local se impusieron a las necesidades —mayores pero lejanas— que intentaba cubrir *La Edad de Oro*; venció, como consecuencia del criticado utilitarismo norteamericano, el *hoy* y el *aquí* de la revista, mas bastaron los 4 números editados para ganarle a su redactor un *siempre* y un *allá* extendido desde entonces por todos los tiempos y lugares hispanos, incluyendo *aquí* y *hoy*.

LA EDAD DE ORO: ¿REVISTA O LIBRO?

Mas precisamente esa permanencia de una revista nos conduce directamente a otra aparente incongruencia. Las publicaciones periódicas no se crean para que sobrepasen un entorno temporal bastante limitado, quedando solamente como puntos de referencia en hemerotecas y colecciones privadas. En general, no se hacen re-ediciones de revistas y mucho menos se cambia su formato, ya que éste (incluyendo el material gráfico) forma parte integral de su naturaleza. Sin embargo, *La Edad de Oro* ha tenido múltiples re-ediciones en los más disímiles formatos, muchos de ellos con dejación parcial —cuando no total— del material gráfico original, ya que todas han sido en forma de libro. Así las cosas cabe preguntarse, ¿era *La Edad de Oro*, realmente, una revista?

La respuesta es: sí y no. Fue originalmente una revista por cuanto seguía el ritmo de producción y entrega de las publicaciones periódicas, amén de sus características formáticas. También lo era por su división en unidades perfectamente delimitadas e inter-referenciadas progresivamente y su multiplicidad genérica. Pero, a diferencia de las otras revistas —incluyendo las infantiles de entonces— tuvo una característica no asociada con las publicaciones periódicas: un redactor único. El mismo Martí hace referencia a posibles colaboraciones, pero ellas nunca llegaron a publicarse. Los cuatro números de *La Edad de Oro* reflejan únicamente las ideas, opiniones y concepciones de José Martí. Una vez que se intentaron cambiar o variar tales ideas, opiniones y concepciones, la revista desapareció. La firme negativa martiana no puede asociarse con la actitud que debe esperarse de *un redactor* (en definitiva, un simple empleado del editor, escribiendo por encargo), sino de *un autor*. Tal actitud estaba presente en los objetivos del supuesto redactor desde mucho antes de la aparición del primer número. Recuérdese que en la "Circular" que sirvió de propaganda a la revista, Martí hablaba de una empresa que tenía por objetivo "poner en las manos del niño de América *un libro* que lo ocupe y regocije..." El subrayado (mío) es más que significativo. Luego, Martí orientó a los niños a re-leer parte de su revista (algo del todo fuera de lo que se supone que se haga con una publicación periódica), y poco antes de partir para Cuba, vía Santo Domingo, tiene mucho cuidado en adicionar los cuatro números editados a los materiales seleccionados por él mismo como sus "Obras Completas".

Así, pues, *La Edad de Oro* fue y no fue una revista, ya que independientemente de las características formáticas y administrativas originales, Martí siempre la vio (la 'sintió'), incluso desde antes de su aparición, como libro. Habiendo iniciado el periodismo literario en Hispanoamérica para adultos (característica fundamental del Modernismo), Martí amplía la modalidad, conscientemente, a la Literatura Infantil. Como consecuencia de ello, ya a partir de la segunda edición —y primera en forma de libro— de 1905, fue fácilmente aceptada como tal: una obra multigenérica de autor único, libre de las ataduras temporales de la prensa periódica. El fenómeno, dicho sea de paso, no era del todo nuevo: dentro de la misma categoría literaria hay un ejemplo precedente de características parecidas: *Magasin des Enfants* (1757), de Leprince de Beaumont, hoy hasta con pérdida total del título original. Pero ese caso extremo no ha sido el de *La Edad de Oro*. Además del mantenimiento de su nombre, los 4 números de *la revista* de Martí se convirtieron en igual número de unidades independientes pero inter-relacionadas en *el libro* de Martí. Mientras que los cuentos de Leprince de Beaumont han sido editados en diferentes órdenes y selecciones, las reediciones de *La Edad de Oro* mantienen el orden que originalmente le dió su autor y, a pesar de las dudas expresadas por éste, también el texto íntegro[29]. Texto que, por unidades, tiene la siguiente —y

[29] Poesías y cuentos sueltos o combinados de *La Edad de Oro* han sido editados formando parte de numerosas selecciones de lecturas infantiles, con objetivos predominantemente pedagógicos. De tales ediciones parciales son de destacar las de Bibi Arenas, *De los niños de América a Martí* (Madrid: Ediciones Lulú, 1983) y *Muñeca Negra y Merengue de Fresa: Cuentos y Recuentos* (Madrid: Ediciones Lulú, 1984), en que la recientemente desaparecida crítica caribeña edita tres artículos o crónicas y tres cuentos, respectivamente, de *La Edad de Oro*, con ejercicios interpretativos y creativos. En el último de los títulos nombrados también presenta una versión teatral de "La Muñeca Negra".

genéricamente discutible— conformación[30]:

Numero 1
."A los Niños que lean 'La Edad de Oro'." (Artículo editorial introductivo).
. "Tres Héroes." (¿Artículo? ¿Crónica? ¿Cuento?).
. "Dos Milagros." (Poesía).
. "Meñique." (Re-escritura de un cuento de E.R. Lefebvre de Laboulaye).
. "Cada Uno a su Oficio." (Poesía. Re-escritura de una fábula de R.W. Emerson).
. "*La Ilíada*, de Homero." (¿Cuento? ¿Crónica?).
. "Un Juego Nuevo, y Otros Viejos." (Crónica).
. "Bebé y el Señor Don Pomposo." (Cuento original).
. "La Ultima Página." (Artículo editorial conclusivo).

Número 2
. "La Historia del Hombre, contada por sus casas." (Crónica).
. "Los Dos Príncipes." (Poesía. Re-escritura de un poema de Helen Hunt Jackson).
. "Nené Traviesa." (Cuento original).
. "La Perla de la Mora." (Poesía).
. "Las Ruinas Indias." (Crónica).
. "Músicos, Poetas y Pintores." (Crónica basada en un trabajo de Samuel Smiles).
. "La Ultima Página." (Artículo editorial conclusivo).

Número 3
. "La Exposición de París." (Crónica).
. "El Camarón Encantado." (Re-escritura de un cuento de E.R. Lefebvre de Laboulaye).
. "El Padre Las Casas." (Crónica. ¿O artículo?).
. "Los Zapaticos de Rosa." (Poesía. ¿O cuento?).

---

[30] Los títulos los copio, literalmente, de los cuatro sumarios originales, aunque en vez de subrayarlos (como hizo Martí) los reproduzco entre comillas para seguir la práctica actual y evitar malentendidos.

. "La Ultima Página." (Artículo editorial conclusivo).

Número 4
. "Un Paseo por la Tierra de los Anamitas." (Crónica).
. "Historia de la Cuchara y el Tenedor." (Crónica).
. "La Muñeca Negra." (Cuento original).
. "Cuentos de Elefantes." (¿Cuento? ¿Crónica?).
. "Los Dos Ruiseñores." (Re-escritura de un cuento de H.C. Andersen).
. "La Galería de las Máquinas." (Artículo).
. "La Ultima Página." (Artículo editorial conclusivo).

Una lectura atenta de los contenidos de los cuatro números llama inmediatamente la atención por varias razones. Primeramente, porque habiendo sido *La Edad de Oro* en su forma original una revista para niños, no se dedica particularmente a cuentos y poemas, tal y como podía esperarse de ese tipo de publicación. En efecto, el género más recurrente es la crónica, el género periodístico-literario modernista por excelencia, como veremos más adelante.

Otro aspecto que también llama la atención, es la ambigüedad genérica de algunos de los textos. He expresado mi perplejidad en los casos más sobresalientes; pero el carácter ambiguo de la mayoría de ellos es indudable. Por ejemplo, ¿"Las Ruinas Indias" es una crónica o un cuento? Igualmente, "La Galería de las Máquinas" (que rotulé como "artículo"), ¿no puede considerarse un pie de grabado ampliado o una nota editorial o una combinación de ambos o restos de un sub-género hoy perdido? La ubicación genérica puede cambiar, incluso, de un párrafo a otro de un mismo trabajo, característica modernista típica sin antecedente alguno en la Literatura Infantil como no sea en el binomio cuento-poesía, como veremos cuando analicemos las poesías en particular. Y la combinación no es sólo genérica, sino hasta categórica: Martí va del periodismo a la literatura (como categorías tradicionales) con la misma facilidad que lo hace de un género a otro. El resultado de ello (ya madurado por el mismo autor en sus escritos para adultos), es el periodismo literario, otra característica modernista típica que, por primera vez, hace su aparición en los escritos para niños. Esto todo es, además, muy postmoderno, ya que la división en géneros se ha ido borrando cada vez más.

Así, del simple análisis del género de los textos de *La Edad de Oro*, se desprende que estamos en presencia de la primera obra infantil del Modernismo. A pesar de la raíz romántica de su concepto de niñez —tal y como se infiere del título— y otros semejantes que iremos señalando, Martí inserta la categoría literaria infantil dentro de ese movimiento de renovación y búsqueda que había venido conformando desde hacía más de una década. Como antes había dicho a su hijo, con relación al *Ismaelillo* (1882), ahora podía haber expresado a todos los niños de América: "si alguien les dice que estos escritos se parecen a otras páginas, díganles que los amo demasiado para profanarlos así". Todo lo cual se desprende del estudio del contenido de *La Edad de Oro* que, por géneros debidamente introducidos y de acuerdo a la metodología anunciada en mi "Introducción", sigue a continuación.

CAPÍTULO 2: LAS CRÓNICAS

Las primeras manifestaciones de lo que luego los críticos llamarían Movimiento Modernista, aparecieron no en la poesía, sino en la prosa. Y, dentro de ésta, específicamente en los escritos que crearon figuras como José Martí y Manuel Gutiérrez Nájera para ser editados en publicaciones periódicas de carácter general, tales como diarios y revistas no literarias de la época.

El hecho de que las raíces de un movimiento literario se encuentren en la prensa diaria y no en la literatura propiamente dicha, obedece a diversos condicionantes epocales, muchos de ellos extra-literarios. Entre estos últimos son de destacar los adelantos tecnológicos producidos en la segunda mitad del siglo XIX (el telégrafo, la rotativa, el linotipo, etc.), los cuales permitieron la ampliación, rapidez y profundidad en la cobertura noticiosa de la prensa, hasta llegar a ser el medio masivo de comunicación que es hoy.

Paralelamente a dichas nuevas características de los medios noticiosos —e íntimamente ligado a ellas—, se desarrolló en la prensa de la América hispana un proceso de autonomía editorial que le permitió alejarse de la estrecha óptica partidista y/o gubernamental que hasta entonces había determinado la 'postura' de cada publicación, ahogando por completo la diversidad, el debate y la objetividad noticiosa en sus entregas. Los más importantes periódicos dejaron de ser 'órganos' oficiales o extraoficiales de grupos de poder e iniciaron —tímidamente al principio, con mayor fuerza después— la búsqueda de caminos propios, más acordes con las necesidades de los lectores, de quienes empezaron a depender directamente desde el punto de vista económico.

Pero, para cubrir —tanto cualitativa como cuantitativamente— esa demanda de diversidad y debate, los editores hispanos se vieron necesitados de voces nuevas, fuera de los círculos aristocráticos que les habían servido de gratuita fuente tradicional. Aparecen entonces los poetas hispanoamericanos del período, una fuerza de pensamiento nueva y altamente tecnificada desde el punto de vista artístico que, con su incorporación asalariada a la prensa, da inicio a la profesionalización del periodismo más allá del personal de talleres y los mecanizados redactores de mesa.

Sin embargo, esos poetas y escritores hispanoamericanos que

empezaron a hacer de la prensa un medio de vida, no dejaron en ningún momento de ser artistas. En vez de pasar a formar parte de la anodina nómina de las redacciones, decidieron mantener su autonomía convirtiéndose en corresponsales, imponiendo en sus correspondencias (íntimamente ligadas a la popularidad de los libros de viajes) un alto nivel artístico faltante en las mesas de redacción tradicionales.

Tal independencia, unida a la decadencia de las letras hispanas del período y a las posibilidades de contacto que tenían los escritores latinoamericanos con los nuevos movimientos que entonces se desarrollaban en Francia, permitió el nacimiento, mediante un complejo proceso sincrético-creador, de un nuevo género dentro de las letras hispanas: la crónica modernista.

El éxito de la nueva modalidad, entre los lectores, fue inmediato. Por ejemplo, las crónicas martianas llegó un momento en que aparecían en más de 20 periódicos americanos de la época, aunque Martí se queja de que no todos le pagaban (de ahí su apoyo a Mark Twain en la fundación de lo que hoy llamamos "syndicated writer"). Poetas de la talla de Julián del Casal, Rubén Darío, Amado Nervo, Luis G. Urbina, Juan José Tablada y otros, fueron cronistas. Y figuras tales como los prosistas Enrique Gómez Carrillo y Vargas Vilas, aunque no relacionados directamente con la poesía, serían capaces de desarrollar en sus crónicas una prosa poética de alto nivel.

Precisamente, esa presencia de la poesía se convertiría en una de las más importantes características de la prosa de la crónica modernista. A la misma habría que añadir la búsqueda de la novedad, la atracción, la rareza, la incursión en otras disciplinas, el constante afán de originalidad[1] y la rapidez en convertir en crónica lo acaecido en el instante o lo recién leído. Por ello, no pocas veces las crónicas modernistas no son más que re-escrituras artísticas de textos noticiosos o, incluso, de otras crónicas anteriores combinadas; la originalidad no venía dada tanto por el tema (muchas veces recurrente) como por la 'nueva' visión que había aportado el cronista sobre el mismo.

Esa recurrencia temática a que hacía referencia, era propiciada por la tendencia, unánime entre los cronistas del modernismo, hacia lo

---

[1] Cf. Angel Rama, "Los poetas modernistas en el mercado económico," *Rubén Darío y el modernismo* (Caracas: Universidad Central de Venezuela, 1970) 76.

exótico, lo audaz, lo atractivo, lo 'decadente' —según el significado decimonónico del vocablo—, sin por ello abandonar el material noticioso emergente de los acontecimientos de cada día. Un terremoto, un baile en un club importante, una representación teatral, la inauguración de una obra de ingeniería, celebraciones religiosas, fenómenos climatológicos, exposiciones y hasta disturbios sociales se cuentan entre los temas de las mejores crónicas modernistas. Cuando los despachos noticiosos no aportan nada, quedan entonces los viajes (hechos o soñados), los recuerdos o las lecturas (comunes) como fuentes temáticas, etc.; las nuevas rotativas lo engullían todo siempre que el cronista no mermase la calidad artística del texto.

Las influencias extranjeras y la profundidad de las crónicas variaron extraordinariamente de uno a otro cronista y de una época a otra. En Martí, por ejemplo, son más destacadas las influencias norteamericanas y la profundidad de su pensamiento; en Nájera se aprecia más la influencia francesa, en tanto que Urbina lleva la crónica a su nivel más frívolo. En Darío se tropieza con Martí a cada paso; en Quiroga, con Lugones; en Santos Chocano, con Whitman, etc. Desde el punto de vista cronológico, la tendencia temática general fue de lo profundo a lo intrascendente, lo cual a la postre daría lugar —junto al abuso y repetición de ciertos patrones estéticos— a la decadencia del género hacia la tercera década del siglo XX[2].

---

[2] Estas consideraciones sobre la crónica modernista quedan en deuda con mis notas de clase del curso sobre el Modernismo que impartía el profesor Antonio R. de la Campa en el City College de la Universidad de la Ciudad de Nueva York. Para más sobre el tema, véanse: José O. Jiménez y Antonio R. de la Campa, "Introducción," *Antología de la prosa modernista hispanoamericana* (New York: Eliseo Torres & Sons, 1976) 8-39; Aníbal González Pérez, *La crónica modernista hispanoamericana* (Madrid: Porrúa Turanzas, 1983); Carlos Monsiváis, *A ustedes les consta. Antología de la crónica en México* (México: Biblioteca Era, 1980); Angel Rama, "Los poetas modernistas en el mercado económico," *Rubén Darío y el modernismo* (Caracas: Universidad Central de Venezuela, 1970) 49-79; Jorge Marban, "Evolución y formas en la prosa periodística de José Martí," *Revista Iberoamericana* 55.146-147 (1989): 211-22; David Viñas, "De los 'gentlemen'-escritores a la profesionalización de la literatura," *Literatura argentina y realidad política* (Buenos Aires: Jorge Alvarez, 1964) 259-308; Frida Weber, "Martí en *La Nación* de Buenos Aires," *Archivo José Martí* (La Habana: Ministerio de Educación, 1953) 458-81; María L. Bastos, "La crónica modernista de Enrique Gómez Carrillo o la función de la trivialidad," *Sur* 350-351 (1980): 66-84, etc. El 'matrimonio' del periodismo con la literatura se venía perfilando desde hacía tiempo y no fue un fenómeno particular de las letras hispanas, sino que aparece por la misma época en todas las

Pero mucho antes de llegar a esa etapa decadente, Martí incorporaría la nueva modalidad a una categoría literaria en donde había sido, hasta entonces, desconocida: la Literatura Infantil. Claro que trabajos no-ficcionales existían dentro de la literatura para niños desde hacía siglos. Sin tener en cuenta las obras de intenciones primarias pedagógicas o escritas en latín, casi todos los historiadores literarios señalan a *Le contenances de la table* (atribuido a Jean Du Pré y publicado en 1487), como el primer libro impreso dirigido a los niños en especial, otorgándole la primicia dentro de la Literatura Infantil. Al mismo seguiría toda una serie de nuevos y más sofisticados textos de 'modales' o 'maneras' que alcanzaría su más alta popularidad en la sociedad victoriana y se extendería hasta bien entrado este siglo. En español, si aceptamos como Literatura Infantil los llamados 'tratados de príncipes', tenemos ejemplos muy anteriores escritos por autores tan conocidos y respetados como el Marqués de Santillana (1398-1458), —cuyos *Proverbios de gloriosa doctrina y fructuosa enseñanza* (1437) fueron escritos por encargo de Juan II para su hijo, el entonces infante Príncipe Enrique— o, incluso, por monarcas mismos, como Don Sancho IV (1257-1295), autor de *Los castigos y documentos para bien vivir* (1293)[3].

La modalidad se dilataría, al menos en los idiomas occidentales, hasta cubrir todos los aspectos del conocimiento humano. La intención didáctica aparecería siempre más destacada que en las obras de ficción, aunque no tanto como en los libros de textos escolares. En realidad, la sociedad ha otorgado a los trabajos no-ficcionales dentro de la Literatura Infantil el rol de complemento de la enseñanza institucionalizada.

Diversos sub-géneros pueden ser fácilmente identificados dentro de esta modalidad: biografías, episodios históricos, textos informativos de índole científica —el mundo animal, la industria, etc.—, aficiones

---

literaturas y se habría de mantener hasta hoy. Véanse al respecto: José Acosta Montoro, *Periodismo y literatura* (Madrid: Ediciones Guadarrama, 1973); Franco Falqui, *Giornalismo e letteratura* (Milano: U. Mursia, 1969); Robert Meyer, *Novelle und Journal* (Stuttgart: Steiner Verlag Weisbaden, 1987); Robert Escarpit, "Le discours journalistique: travail inaugural d'un project de recherche sur 'naturalism et journalism'," *Beranger Seminaries 1977* (Talance: Univ. de Bordeaux, 1978) 221-308; Shelley Fisher Fishkin, *From Fact to Fiction: Journalism & Imaginative Writing in America* (Baltimore: Johns Hopkins UP, 1985), etc.

[3] Véase el estudio de María A. Galino, *Los tratados sobre educación de príncipes* (Madrid: C.S.I.C., 1948).

—juegos, deportes, etc.— y hasta juramentos de organizaciones.
En todos los casos, esta literatura infantil no-ficcional busca la identificación del niño con el tema tratado: la vida del biografiado (santo, héroe o científico), la naturaleza (animales, el planeta mismo), la sed de conocimiento (exploraciones, descubrimientos) o la cultura —extinguida o vigente— que lo identifique como parte de un núcleo social específico. Esta modalidad enfatiza, de manera directa o indirecta, los deberes del niño; de ahí su amplio desarrollo victoriano.
En los cuatro números editados de *La Edad de Oro* aparecen —en discutible selección genérica, lo admito— las siguientes crónicas:

En el Número 1:
. "*La Ilíada*, de Homero."
. "Un Juego Nuevo, y Otros Viejos."

En el Número 2:
. "La Historia del Hombre, contada por sus casas."
. "Las Ruinas Indias."
. "Músicos, Poetas y Pintores."

En el Número 3:
. "La Exposición de París."
. "El Padre las Casas."

En el Número 4:
. "Un Paseo por la Tierra de los Anamitas."
. "Historia de la Cuchara y el Tenedor."
. "Cuentos de Elefantes."

El 'cuento' de *La Ilíada* en la primera entrega de *La Edad de Oro* es algo que ha intrigado a todos los críticos. Es evidente que Martí no trató de hacer una 'versión' o 'adaptación' de la obra homérica (las diferencias tanto genéricas como de volumen son demasiado grandes), aunque tampoco, y a pesar de todos sus análisis y elogios, una simple reseña o crítica del original a fin de propiciar la lectura de su texto. Fina García Marruz justifica esta crónica basándose en el objetivo martiano de que "el niño pudiera perderle el miedo y jugar de nuevo con el casco de Héctor" (304). Si se analizan sus palabras tan sólo como una referencia a ciertos objetivos lúdicos indiscutiblemente presentes en el texto por su carácter de Literatura Infantil, tal parece que la escritora cubana se quedó corta en su análisis, ya que no considero que tales objetivos por sí mismos justifiquen la crónica. Herminio Almendros es mucho más profundo —o, al menos, más claro— al respecto y asevera que

> yo no creo que la intención de Martí fue dirigirse a los jóvenes y quizás también a los padres, a los mayores que recibieran la revista, para presentarles con la información de los grandes méritos de la obra famosa, una visión de una época histórica de la cultura de Occidente. Tomando como pretexto y base los hechos guerreros que en el poema se cantan, Martí lleva a los lectores a contemplar los ideales y las creencias del pasado con el ejemplo de los de una civilización tan prestigiosa como la griega clásica, señalando lo que entonces era ideal de la vida, y esclareciendo lo que no se podría comprender en nuestra época. (152-3)

Comparto a medias la interpretación de Almendros. Sí creo en el objetivo martiano de llevar "a los lectores a contemplar los ideales y las creencias del pasado . . . señalando lo que entonces era ideal de la vida, y esclareciendo lo que no se podría comprender en nuestra época", pero no creo que ello excluya la intención de presentarles, "con la información de los grandes méritos de la obra famosa, una visión de una época histórica de la cultura de Occidente". Precisamente, la intención excluida por Almendros es una de las características modernistas de esta crónica, de claras raíces parnasianas. Max Henríquez Ureña, analizando la reiteración temática helénica dentro del Modernismo, hace hincapié en

> la frecuente evocación de la antigua Grecia, que proviene, en buena parte, de la influencia parnasiana. Es la Grecia de Chénier. Es la Grecia de Maurice de Guérin. Es también la Grecia de Renan cuando eleva su *Oración sobre la Acrópolis*. Es igualmente la Grecia de Leconte de Lisle y de Louis Ménard. En suma, la Grecia apolínea. (19)

Esa Grecia apolínea quedó del todo oculta para Almendros y, al parecer, disfrazada de objetivos lúdicos para Fina García Marruz, pero constituye una de las justificaciones más evidentes (una vez que se inserta *La Edad de Oro* dentro del movimiento literario para adultos que su creador gestó) de la existencia de esta crónica —de lectura nada fácil para niños de corta edad— ya en el primer número de la revista.

El otro posible objetivo de Martí al escribir esta crónica, según el análisis de Almendros, (llevar "a los lectores a contemplar los ideales y las creencias del pasado . . . señalando lo que entonces era ideal de la vida, y esclareciendo lo que no se podría comprender en nuestra época"), está íntimamente ligado (lo cual escapó a la crítica de Almendros) a las llamadas "reducciones bíblicas", tan en boga entonces —particularmente en las "Sunday School Magazines"—, de objetivos adoctrinadores. Martí intenta, con su crónica de otra obra básica de la civilización occidental, hacer lo mismo pero con signo ideológico si no del todo contrario —como veremos más adelante—, al menos diferente. Las reducciones bíblicas y textos similares de las "Sunday School Magazines" intentaban la contemplación adoctrinadora de los ideales y las creencias del pasado judeo-cristiano —también esclareciendo lo que no podían comprender los niños decimonónicos del ideal de vida de esa época— a fin de hacer, lograda su comprensión, más aceptables tales ideales y creencias. Martí trata 'lo mitológico' con igual intensidad e importancia que sus modelos lo hacían con 'lo religioso', igualando a ambos y, por lo tanto, de alguna forma parodiando —con su crítica implícita— el carácter místico de los trabajos similares de las reducciones bíblicas. Almendros habla de "explicaciones y comentarios que hacen adquirir un sentido realista y racional a lo imaginario y fantástico" (153), en señalamiento que bien pudiera hacerse de cualquiera de los textos en inglés que pretendían igualar los valores religiosos a los sociales. En ese sentido Martí incorpora a la literatura infantil en español, aunque con signo adoctrinador diferente, el molde norteamericano prevaleciente en su época.

Pero esta crónica es compleja no solamente desde el punto de vista de su contenido y objetivos supuestos o evidentes. Estructuralmente, "*La Ilíada* de Homero" es una mezcla sub-genérica de proporción varia donde Martí va incorporando el cuento, paulatinamente, hasta que lo deja como el sub-género final dominante. Una lectura atenta de este texto arroja el siguiente análisis genérico-estructural:

Martí comienza su crónica como una reseña literaria en la que introduce al autor de la obra y hace algunos juicios al respecto, entre ellos su creencia de que la teoría del autor múltiple es errónea (pár. 1, 17). En el segundo párrafo Martí hace un brusco cambio sub-genérico y pasa al cuento, específicamente al cuento infantil de aventuras, el cual abandona prontamente ya en el siguiente. Aquí el reseñador vuelve a aparecer ocupando el lugar que, momentáneamente, había correspondido al contador de cuentos. Pero no se mantiene por mucho tiempo.

En el siguiente párrafo (el cuarto, 18-9), es en el que más evidente se hace la influencia de los textos característicos de los "Sunday School Magazines", con su mensaje adoctrinador encaminado al tiempo presente, basado en la historia antigua que sirve de base temática al texto en su conjunto. En ese párrafo, es de destacar el parangón que hace el poeta antillano entre las actitudes egocéntricas de helenos y judíos, igualando elípticamente las creencias religiosas de ambos pueblos y, por lo tanto, reduciendo al menos parte de la base teológica hebrea (piedra fundamental del cristianismo) a la categoría de mitología. Aquí Martí también aprovecha la ocasión para instilar su mensaje anti-monárquico y denunciar la complicidad de las jerarquías eclesiásticas con las monarquías.

Luego, en el quinto párrafo (20-1), Martí mezcla los tres sub-géneros utilizados en los anteriores, en lo que parece ser una combinación sumaria en la que enfatiza con tal fuerza el carácter místico de los dioses, que en una de las ediciones de *La Edad de Oro* que he manejado, el anotador trata de 'enmendarle la plana' al poeta cubano con una nota en la cual aclara que "Martí se refiere a los dioses mitológicos, no al Dios de las grandes religiones monoteístas"[4], en franca contradicción con lo que el propio Martí había dicho en el párrafo anterior con relación a la religión hebrea.

En el sexto párrafo (20) Martí vuelve a su labor de reseñador, pero haciendo más hincapié en su admiración por la civilización griega, la cual será el motivo principal del siguiente párrafo (20-1) y continuará en el octavo (21), en el cual, al culto helénico unirá el de la cultura francesa contemporánea, con claras referencias al parnasianismo que sirve de molde estético-temático a la crónica (incluso nombra a Leconte de Lisle, de quien dice "que hace los versos a la antigua, como si fueran de mármol" [21] en su traducción homérica). También en ese octavo párrafo es de destacar cómo Martí refleja el poliglotismo de la época con sus opiniones y recomendaciones sobre las diversas traducciones de *La Ilíada*

---

[4] José Martí, *La Edad de Oro*, Estudio preliminar y notas de Carlos Alberto Merlino (1974; Buenos Aires: Editorial Kapelusz, 1986) 61.

entonces disponibles, en lo que sí parece ser una indicación orientada hacia los padres.

En este punto de su crónica, una vez establecidos sus juicios críticos, desarrollados sus objetivos adoctrinadores e identificadas sus justificaciones culturales ancladas en el parnasianismo, parece que Martí creyó llegado el momento de continuar con 'el cuento' de la aventura homérica, iniciado al principio de la crónica e interrumpido a fin de dar a sus lectores 'herramientas' interpretativas básicas. De esta manera el redactor lograría los objetivos lúdicos, adoctrinadores y culturales presentes en su visión de la epopeya helénica. A partir del noveno párrafo (21) y hasta el décimo quinto y último (24), hay una unidad genérica sin interrupción alguna. Martí recrea la anécdota de *La Ilíada* para lectores ya debidamente preparados en los ocho primeros párrafos.

Desde el punto de vista estilístico, "*La Ilíada* de Homero" es una crónica sumamente esteticista y plástica, como corresponde a una prosa determinada, fundamentalmente, por los postulados parnasianos en combinación con los impresionistas. El mismo Martí nos impone la visión de la obra literaria en imágenes (incluso habla directamente de las escenas de la obra homérica como cuadros), en las que la piedra pasa, de los muros troyanos, a los propios soldados, a las palabras mismas, como si fueran de mármol (siguiendo a Lisle). Y aunque no hay una ausencia absoluta de la subjetividad y la emoción poética (como correspondería a un texto parnasiano típico), es posible advertir cierto 'distanciamiento' entre la tragedia contada y su narrador: los llantos de Aquiles y Príamo nunca llegan a mojar las mejillas del aeda infantil.

A partir del párrafo 12 (23) y hasta el final de la crónica, hay un consciente y excesivo uso de la conjunción y como elemento conexivo, no sólo entre las frases de una misma oración o entre oraciones de un mismo párrafo, sino que Martí utiliza la conjunción, incluso, para abrir los cuatro párrafos finales anafóricamente, coordinándolos todos en una relación aditiva que llega, en determinados momentos, a una especie de aliteración. Este marcado uso de una conjunción, con valor expresivo, entre dos o más términos, es fácilmente asociable con el recurso retórico del polisíndeton. Mas no debe olvidarse que tal 'abuso' de la y como conjunción (que Martí repetirá, aunque no tan marcadamente, en otras muchas partes de *La Edad de Oro*), es una característica del lenguaje infantil —eminentemente paratáxico— y, por extensión, de la literatura infantil y hasta del lenguaje homérico y del bíblico, al menos por lo que estos últimos tienen de oralidad[5]. De ahí que esta característica estilística de 'cierre' de la crónica cumple, según mi interpretación, objetivos múltiples. Por un lado, terminar 'el cuento' de La Ilíada para niños con la mayor fidelidad posible al lenguaje infantil, logrando, por medio de este artificio, que sea un niño quien 'cuente' a los demás la parte final (y más interesante) de la historia que Martí había comenzado como crítico reseñador adulto. Pero, además, el poeta cubano refuerza con ese consciente abuso del polisíndeton señalado, la igualdad Ilíada-Biblia como fuentes fundamentales de la civilización occidental y, en consonancia con ello, igualar sus dioses o, al menos, la interpretación humana de éstos más generalizada en su tiempo.

---

[5] Hay mucho escrito sobre las características del lenguaje infantil y la raíz oral del lenguaje literario, específicamente el homérico y el bíblico. Sobre el primero de los temas, independientemente de los trabajos desarrollados al respecto en el campo pedagógico, véanse: Virginia C. Gathercole, "More and More and More About More," *Journal of Experimental Child Psychology* 40 (1985): 73-104; Ana Nicolaci Da Costa y Margaret Harris, "Redundance of Syntactic Information: An Aid to Young Children's Comprehension of Sentential Number," *The British Journal of Psychology* 74 (1983): 343-52. Tomando como objeto de análisis el español, véase David K. Carson y Omar Silva, "Pre-clausal Patterns in Language Acquisition: A Study of Spanish-speaking Children in Chile," *Perceptual and Motor Skills* 68 (1989): 963-7. Sobre la oralidad tanto del lenguaje bíblico como del homérico, véase John Miles Foley, *Oral Formulaic-Theory: An Introduction and Annonated Bibliography* (New York & London: Garland, 1985) en el que éste provee los sumarios de más de 1800 libros y artículos sobre la oralidad en la literatura. Algunos trabajos más recientes que los compilados por Foley tratan el tema desde nuevas ópticas, tales como Werner Kelber, *The Oral and the Written Gospel* (Philadelphia: Fortress Press, 1983); Paul J. Achtemeir, "Omne Verbum Sonat: The New Testament and the Oral Environment of Late Western Antiquity," *Journal of Biblical Literature* 109 (1990): 3-27; Joanna Dewey, "Oral Methods of Structuring Narrative in Mark," *Interpretation* 43 (1989): 32-44; y "Mark as Interwoven Tapestry: Forecast and Echoes for Listening Audience," *The Catholic Biblical Quarterly* 53 (1991): 221-36. Con relación a la oralidad en el lenguaje homérico, entre los trabajos publicados luego de la bibliografía de Foley, véase William C. Scott, "Oral Verse-Making in Homer's Odyssey," *Oral Tradition* 4.3 (1989): 382-412. Y por supuesto que la literatura española no ha sido una excepción a la regla: Ruth House Webber, "Hispanic Oral Literature: Accomplishments and Perspectives," *Oral Tradition* 1.2 (1986); Bruce A. Beatie, "Oral-Traditional Composition in the Spanish Romancero of the Sixteenth Century," *Journal of the Folklore Institute* 1 (1964): 92-113; Diego Catalán y S.G. Armistead, comp., *El Romancero en la tradición oral moderna* (Madrid: Cátedra Seminario Menéndez Pidal, 1972). La importancia de la oralidad en la literatura infantil en general viene dada por sus propias fuentes. Para más consideraciones al respecto, véase el número monotemático "Orality and Children's Literature," *The Children's Literature Association Quarterly* 13.1 (1988).

Por todo lo anterior es que "*La Ilíada*, de Homero", puede ser catalogada como una combinación de elementos franceses y norteamericanos unidos a la raíz hispana; o lo que es igual: prosa de corte modernista típico. Pero prosa infantil, dirigida a los niños a pesar de las 'digresiones' críticas encaminadas, según interpretación generalizada, a estimular en los mayores la lectura del texto original.

En "Un Juego Nuevo, y Otros Viejos" Martí hace uso de la atracción lúdica —estrechamente vinculada tanto al niño como a la cultura en general y a la recepción artística en particular[6]— para continuar algunos de los temas y objetivos tratados en la crónica anterior, pero ahora desde una óptica más festiva y contemporánea. Conviviendo con tal continuación temática y adoctrinadora, el poeta antillano incorpora elementos nuevos en relación con "*La Ilíada*, de Homero", algunos de los cuales repetiría en otros números.

Entre los elementos presentes en "*La Ilíada*, de Homero" que Martí continúa en "Un Juego Nuevo, y Otros Viejos" —aunque vistos desde ángulos no necesariamente semejantes—, están el culto a la antigua Grecia y su conexión con la Francia decimonónica (o, en otros términos, la 'conexión parnasiana'), el carácter místico de los dioses como instituciones sociales, la falsa creencia en la superioridad de algunos pueblos (y, consecuentemente, la igualdad de los hombres), así como la decadencia de las monarquías.

A ellos adicionaría Martí un tema relacionado con los anteriores que, a la postre, posiblemente sea el más recurrente de todos los desarrollados en *La Edad de Oro*: la vindicación del aborigen americano. Martí conforma su tesis adoctrinadora, tomando como punto de partida la actividad infantil más importante en todos los tiempos: el juego. Y no el juego en forma general, sino el que en esos momentos estaba de moda entre sus lectores inmediatos: los niños hispanoamericanos de los EEUU (lo cual evidencia que, al menos en esta crónica, ellos constituían el objetivo básico o la fuente vivencial fundamental de Martí). A partir de "el juego del burro", Martí presenta ante sus pequeños lectores una

---

[6]Cf. Rodrigo Caro, *Días geniales o lúdricos* (Sevilla: Mercantil Sevillano, 1884); Johan Huizinga, *Homo Ludens: A Study of the Play-Element in Culture* (1944; London: Routledge & Kegan Paul, 1980); Peter Hutchinson, *Games Authors Play* (London-New York: Methuen, 1983); Wolfgang Iser, *The Act of Reading: A Theory of Aesthetic Response* (Baltimore: Johns Hopkins UP, 1978).

visión panorámica de cómo jugaban los niños de culturas y tiempos tan disímiles como la antigua Grecia, la Francia de Enrique III, Nueva Zelandia y el México precolombino, conectándolos todos con la actividad lúdica contemporánea y, consecuentemente, igualándolos. La "danza del palo" constituirá el juego más desarrollado, con matices folclóricos nada disimulados por la rescritura modernista que caracteriza la crónica en su conjunto. Tales matices, directamente relacionados con las fuentes tradicionales de la literatura infantil, estaban asociados hasta entonces con la ficción. Martí, en su labor sincrética iniciada tiempo atrás en la literatura para adultos, los utiliza en igual forma, pero en el sub-género modernista por excelencia: la crónica.

Es también de señalar en "Un Juego Nuevo, y Otros Viejos" el uso martiano de la *ekfrasis* (descripción en palabras de imágenes pictóricas, según el significado moderno del término). El recurso no era nada nuevo en el siglo XIX: los críticos lo han identificado desde los textos homéricos hasta nuestros días, si bien casi siempre en la poesía, donde se le denomina *bildgedicht*[7]. En la prosa, aunque no del todo ausente en períodos anteriores, la *ekfrasis* vino a ocupar un lugar destacado en la segunda mitad del siglo XIX, particularmente dentro del llamado periodismo literario. En los EEUU constituyó el elemento básico de lo que se llamó —siguiendo a los ingleses— "illustrated journalism". En su uso del recurso Martí va más allá de la tendencia parnasiana a la descripción plástica y no necesita 'ver' primero las escenas descritas en palabras y luego describirlas plásticamente. Muy al contrario, Martí describe directamente los grabados que acompañan la crónica en su edición original y que, indiscutiblemente, forman parte integral de la misma. Esta integridad texto-ilustración, por otra parte, es característica no sólo del periodismo (donde ha quedado reducida al 'pie de grabado' y la foto o ilustración), sino igualmente de la Literatura Infantil. En su vertiente hispana se entronca con las *aleluyas* y, consecuentemente, se ubica en la misma rama que, con el tiempo, desembocaría en los *comics*. Sin embargo, muchos editores y los analistas de las obras martianas, no

---

[7] Véanse: A. Kibédi Vorga, "Criteria for Describing Word-and-Image Relations," *Poetics Today* 10.1 (1989): 31-53; Gisbert Kranz, *Das Bildgedicht* (Cologne: Bohlau, 1981); Wendy Steiner, *The Colors of Rhetoric: Problems in the Relation between Modern Literature and Painting* (Chicago: U of Chicago P, 1982); Emile L. Bergmann, *Art Inscribed: Essays of Ekphrasis in Spanish Golden Age Poetry* (Cambridge: Harvard UP, 1979), etc.

han tenido esto en cuenta y reproducen y/o analizan solamente el texto de "Un Juego Nuevo, y Otros Viejos", fracturando así la unidad formada por palabras e ilustraciones. Esta descripción lingüística de imágenes plásticas reales se hace más evidente en otras crónicas que analizaré de inmediato, y no constituye un elemento limitado a Martí ni a los modernistas hispanos. La prensa neoyorquina de la segunda mitad del XIX —por influencia de la europea—, está llena de tales descripciones. Esta práctica, directamente relacionada con el impresionismo y el simbolismo, y propiciada por las nuevas técnicas impresoras, salió de las crónicas de arte para alcanzar vida propia como sub-género, al punto de constituir por los años 80, el 'plato fuerte' de la prensa occidental. Tales descripciones se ampliaban con comentarios del tema representado y —lo que se ha perdido de vista— eran acompañadas por la reproducción del cuadro o el grabado descrito, muchas veces a página completa (y hasta a doble página), de manera tal que el lector iba leyendo la descripción y, al mismo tiempo, observando la obra o 'escena' pictórica descrita (a veces de actualidad, i.e., noticiosa)[8].

---

[8] El "illustrated journalism" en los EEUU, aunque con antecedentes tales como Benjamin Franklin, vino a cobrar fuerza gracias a Frank Leslie quien en 1855 editó el *Frank Leslie's Illustrated Newspaper*, primero de una serie de publicaciones periódicas del mismo editor. El *Harper's*, que un tiempo atrás (1850) había comenzado como mensuario, en el 57 inició su edición semanal ya del todo ilustrada. La modalidad alcanzó tal popularidad y perfección técnica, que desde finales de los años setenta se empezó a considerar un sub-género independiente del resto de sus pares. Como ejemplo de crítica de arte de la época en que se describían los cuadros (además de reproducirse), véase, Theodore Child, "American Artists at the Paris Salon," *Harper's Weekly. A Journal of Civilization* 20 April, 1889: 321-4 & 334. Como ejemplo del perdido sub-género de descripción-reproducción de la imagen, véase en la edición del 3 de agosto de 1889 de la misma publicación, "A Wet Day on the Parisian Boulevard - Drawn by W.T. Smedley" (456-457) y su anónima descripción "A Wet Day on the Boulevard" (460). A veces la descripción se presentaba como un gigantesco 'pie de grabado', como puede apreciarse en el mismo *Harper's Weekly* del 27 de abril de 1889 en el conjunto grabado-descripción "The Grant Relics" (332). Algunas figuras como John La Forge, Joseph Pennel y Howard Pyle, eran ilustradores y escritores al mismo tiempo, de manera tal que hacían el grabado y escribían su descripción-ampliación. El sub-género alcanzó tal popularidad en las décadas finales del siglo, que en 1893 Harry C. Jones fundó el *Quarterly Illustrator*, donde re-editaba las mejores ilustraciones de la prensa norteamericana y las comentaba. Su éxito fue tal, que al año tuvo que aumentar la periodicidad de su publicación, convirtiéndose entonces en el *Monthly Illustrator*. El sub-género desapareció a inicios del siglo XX con la perfección de la fotografía, la cual a la postre sustituiría definitivamente a los grabados, reduciéndose

Las relaciones de Martí con la pintura, además de como resultado de las influencias francesas y norteamericanas ya señaladas, venían cimentándose desde su adolescencia. Se conoce que en 1867 se matriculó en *Dibujo Elemental* en la famosa escuela de artes plásticas habanera de San Alejandro, aunque no terminó el curso. Luego, durante su estancia en México, se inició en la crítica de arte en la *Revista Universal*, la cual continuaría ejerciendo en Nueva York en *The Hour*. Pero, siguiendo la tónica epocal, Martí extendió la descripción plástica más allá de las crónicas de arte y cultivó el perdido sub-género descripción-ilustración del "illustrated journalism", con fina sensibilidad poética dentro de textos mayores y, no sé si por imposibilidad de reproducir la imagen o premeditadamente, a veces truncó el sub-género y publicó la descripción sin la ilustración, como se verá en la misma obra que analizo. En todo caso, las relaciones de Martí con la pintura, el dibujo y demás artes plásticas, fueron constantes y profundas. Él mismo dibujaba, aunque sin pretensiones profesionales. Y es conocida su máxima estilística de que "el escritor ha de pintar como el pintor."[9]

Por todo lo anterior, resulta una mutilación mayor el publicar "Un Juego Nuevo, y Otros Viejos" sin las ilustraciones originales. En el texto Martí describe no sólo "La danza del palo, en Nueva Zelandia", sino también "Los niños griegos y la diosa Diana", "Enrique III y sus bufones, jugando al Boliche", y hasta obras que no aparecen reproducidas en la edición original, como el cuadro de los bufones de Eduardo Zamacois (1840-1870) y el de la fiesta mora "Fantasía" de

---

la otrora descripción-ampliación textual a lo que hoy todavía llamamos "pie de grabado" -nótese que se mantiene el término-. (Véanse los dos últimos volúmenes de la obra de Frank Luther Mott, *A History of American Magazines*, 4 vol. (1938; Cambridge: Harvard UP, 1957), así como las antologías de crónicas y reportajes del período *New York. Tales of the Empire State*, comp. Frank Oppel (Seacaucus [NJ]: Castle, 1988) y *New York. A Collection from Harper's Magazine* (New York: Gallery Books, 1991).

[9] Véanse: Felix Lizaso, *Martí, crítico de arte* (La Habana: Cuadernos de Divulgación Cultural, 1957) y Antonio R. Romero, "José Martí y la pintura española," *Clavileño* 5.26 (1954): 56-60. Para un análisis más reciente y actualizado, véanse Carlos Ripoll, "La pintura y el pintor en José Martí," *Diario las Américas* 16 Agosto, 1987: 12A, 13A, y Florencio García Cisneros, comp., *José Martí y las Artes Plásticas. Antología de su crítica de arte* (New York: Ed. Ala, 1972). Sobre el uso del color en la obra martiana, lo mejor sigue siendo el documentado estudio de Iván A. Schulman, *Símbolo y color en la obra de José Martí* (1960; Madrid: Gredos, 1970).

Mariano Fortuny (1838-1874). La descripción de este último, aunque más breve que la de "La danza del palo...", constituye uno de los momentos culminantes de la crónica. Aquí Martí adiciona al cuadro en su descripción, movimiento y hasta sonido, ¿adelantándose en seis años al lenguaje cinético de los hermanos Lumiere?

Por último, y en consonancia con el espíritu festivo del juego, llama la atención el cierre humorístico de "Un Juego Nuevo, y Otros Viejos". Tal toque de humor no es único en *La Edad de Oro* y está relacionado directamente con la literatura infantil española del período, la cual precisamente por entonces intensificaba tal característica en la categoría, hoy plenamente reconocida[10].

"La Historia del Hombre, contada por sus casas", "Las Ruinas Indias" y "El Padre Las Casas" forman un tríptico unido por un objetivo fundamental: la defensa de los indios. Tal defensa no era nada nuevo en el XIX; en efecto, el indio como sujeto y objeto narrativo, había sido un aporte del romanticismo a la literatura hispanoamericana. Directamente influidos por los románticos franceses, los escritores indianistas buscaron (y encontraron) en la naturaleza del Nuevo Mundo, toda la carga de exotismo que necesitaban para desarrollar una visión cándida e inocente del indio, convertido entonces en el 'buen salvaje' que luego, según señaló con mordacidad Carlos Rangel, 'evolucionaría' hasta convertirse en el 'buen revolucionario'[11].

El movimiento indianista, entre otros aspectos, presentó la destrucción de un *status* estable (el del indio) por parte de una fuerza ajena (la del blanco), que vino a violar impunemente un equilibrio eco-social prácticamente paradisíaco. La 'justicia' aparece como prostituida al poder (blanco) establecido y sus cultivadores buscan la manera de autenticar sus narraciones evocando personajes ancestrales con algún respaldo histórico, muchos de ellos entresacados —si no directamente, al menos en espíritu— de la Conquista. A Colón y al Padre las Casas, en lo que a raíces temáticas se refiere, los indianistas unen Voltaire y Fenimore Cooper, en la visión general, y Rousseau en el espíritu de las historias narradas. Con respecto a la religión, estos autores románticos

---

[10] Véase el número monotemático "Children's Literature and Humor," *The Children's Literature Association Quarterly* 15.3 (1990).

[11] Carlos Rangel, *Del buen salvaje al buen revolucionario* (Caracas: Monte Avila, 1976).

de nuestro continente lograron, por lo general, un extraño equilibrio en la dicotomía cristianismo-paganismo, en que el primer elemento del binomio quedó como religión 'buena' y el segundo como exotismo, aunque muy pocas veces con carga negativa[12].

Además de las influencias que pudo haber recibido Martí de los escritores indianistas continentales, de su misma área caribeña recibiría el legado del *Enriquillo* (1882) de Manuel de J. Galván —del cual tenía la mejor de las opiniones, según consta— y de *Guatimozín, último emperador de Méjico* (1845) de Gertrudis Gómez de Avellaneda. Sin embargo, la reivindicación del indio en las crónicas de *La Edad...*, va más allá de los postulados románticos que le precedieron en el tiempo y puede ubicarse plenamente dentro de la polémica entre Civilización y Barbarie que, a partir de Sarmiento, ha constituido una temática recurrente en nuestras letras y que colocó al patriota cubano —pese a la admiración mutua que se profesaban— frente a frente al argentino[13].

Podría señalarse a Rousseau y su "hombre natural" como la 'génesis cultural' de la reivindicación indígena martiana. Pero, aunque ha quedado constancia de la admiración de Martí por los enciclopedistas franceses, no debe olvidarse que el poeta cubano, a diferencia de casi todos sus contemporáneos, no puso nunca la vista en Europa como fuente única (o, al menos, la más categórica) de pensamiento. Además, en Rousseau la dicotomía civilización y barbarie (de polaridad opuesta a la de Sarmiento) es sólo implícita, mientras que Martí la desarrolla, prácticamente, en su enteridad.

Al parecer, la raíz intelectual del indigenismo martiano, la que le proporciona el recurso retórico dicotómico que emplea con tanto fervor, se encuentra mucho más cerca. Ya Antonio Sacoto ha señalado,

---

[12] Véanse: Concha Meléndez, *La novela indianista en Hispanoamérica (1832-1889)* (San Juan de Puerto Rico: Ed. Cordillera, 1970) y Antonio Sacoto, *The Indian in the Ecuadorian Novel* (New York: Las Americas Publishing, 1967).

[13] Cf. Antonio Sacoto, "El indio en la obra literaria de Sarmiento y Martí," *Cuadernos Americanos* 156.1 (1968): 137-63; Jaime Alazraki, "El indigenismo de Martí y el anti-indigenismo de Sarmiento," *Cuadernos americanos* 140.3 (1965): 135-157; Alfredo L. Palacios, "Civilización y Barbarie. Dualismo simplista inaceptable," *Cuadernos Americanos* 105.4 (1959): 162-202. La polémica indirecta resultante se ha extendido a través del tiempo, como puede apreciarse en el conjunto de ensayos "Civilización y Barbarie en pensadores latinoamericanos," *Revista Interamericana de Bibliografía* 41.1 (1991): 33-119.

refiriéndose a Martí, que "los Cronistas de Indias constituyen su principal fuente de información a la que recurre con apasionamiento de verdadero estudioso"[14]. Sin embargo, una de ellas fue algo más que una fuente de información: el padre las Casas. En efecto, la presentación antitética de dos opuestos a través de la inversión del juego retórico bíblico de Ovejas VS Lobos Feroces que desarrolla, en sus críticas a la Conquista Española, Bartolomé de las Casas, creo constituye la base fundamental sobre la cual construiría Martí su dicotomía Civilización y Barbarie de polaridad inversamente proporcional a la de Sarmiento[15].

De ahí que no resulte extraño que haya sido precisamente el fraile español el único personaje histórico a quien Martí dedica todo un trabajo en *La Edad de Oro*. Ni siquiera Bolívar, el cura Hidalgo o San Martín (por quienes el patriota cubano sentía una gran veneración), logran que su admirador les dedique una crónica de manera individual, sino que se ven agrupados en un mismo trabajo, aunque a la postre fuera uno de los más destacados. (Los que conocen algo de labores editoriales, saben la importancia de este dato).

El retrato que presenta Martí del padre las Casas se caracteriza por su plasticidad y alto vuelo poético. En el Sumario[16] Martí presenta la

---

[14] Antonio Sacoto, *El indio en el ensayo de la América española* (Cuenca: Casa de la Cultura Ecuatoriana, 1981) 74.

[15] Véase la Carta del Padre las Casas al Consejo de Indias de 1531, o su *De Unico Vocationis Modo* o, con el díptico "ovejas-lobos" ya más desarrollado, la *Brevísima Relación de la Destruición de Las Indias* (1552). En la edición de esta última de la editora española Cátedra, 1982, véase el texto lascasiano en las páginas 72-73 y el análisis que del mismo hace el prologuista (André Saint-Lu) entre las páginas 29 y 33. El texto bíblico original puede encontrarse en Mateo 10:16 y Lucas 10:3. Todas estas consideraciones sobre el indigenismo y la dicotomía Civilización y Barbarie, quedan en deuda con mis notas de clase de los cursos sobre la novela indigenista y el ensayo hispanoamericano que impartía el profesor Antonio Sacoto en el Centro de Estudios Graduados de la Universidad de la Ciudad de Nueva York.

[16] Los sumarios de los cuatro números de la revista han sido, hasta ahora, ignorados en todos los análisis de esta obra martiana; es más, en las ediciones modernas simplemente no se publican, pasándose por alto el hecho de que —al igual que el anuncio— fueron, obviamente, escritos por Martí y forman parte integral de la obra. En el Sumario del primer número, Martí es muy escueto y se limita a señalar, en algunos casos, solamente el género del trabajo y, en otros, la existencia de ilustraciones. En el segundo y tercer números es más explícito, particularmente con las crónicas. El Sumario de la cuarta y última entrega de la revista es casi tan breve como el de la primera y en él, a diferencia de los sumarios de todos los números anteriores, no hace Martí anuncio alguno del

crónica como "Vida y tiempos del Padre Las Casas, con escenas de la época de la conquista y de las desgracias de los indios: con el cuadro *El Padre Las Casas*, del pintor Parra", anunciando de antemano las características plásticas ("escenas") y su intersección con la ilustración propiamente dicha. Herminio Almendros lo califica de "vivo, ardiente y conmovedor como un aguafuerte" (216). Cuando Martí escribió esta crónica (cuyo título es: "El Padre Las Casas"), ya existía una amplia (para la época) bibliografía positiva sobre el religioso español[17]. El propio Martí se refiere a Juan A. Llorente y a lo que parece ser su introducción a los dos tomos de la *Colección de las obras del venerable Obispo de Chiapa, don Bartolomé de las Casas* editada en París en 1822. Pero de seguro eran también de su conocimiento los trabajos de sus compatriotas José A. Saco y Antonio Bachiller y Morales, así como los debidos a otras famosas plumas de entonces tales como el alemán Alexander Von Humbold, el historiador español Manuel J. Quintana, y los norteamericanos Robert Anderson Wilson y Arthur Helps. Como fuente indirecta —pero sumamente emotiva— pudiera señalarse el *Enriquillo* de Galván, cuya lectura por parte de Martí (y su reacción) ha quedado documentada[18].

Desde el punto de vista estilístico, la crónica en su conjunto se caracteriza por el abuso del imperfecto y, en menor medida, por el del gerundio. Parecería que Martí, ampliando el entorno temporal de la acción y dejando sin aclaración tanto su inicio como su final (características del tiempo verbal empleado), intentó acercar la narración tanto como pudo al presente, casi incluyéndolo, para lo cual se apoyó también en el efecto de progresión del gerundio. La tarea, por lógicas

---

contenido de la siguiente entrega de la revista, por lo que resulta lógico pensar que, para entonces, se había producido la ruptura —ya analizada— entre el redactor único y el editor de la revista. En el presente estudio haré mención, siempre que lo considere pertinente, a los sumarios de Martí, por encontrarse en ellos las ideas centrales de los trabajos —según su propio autor— y/o lo que éste quería subrayar de los mismos. (Según la edición facsimilar que uso como edición básica de cita y análisis, los sumarios aparecieron cada vez en el reverso de la portada, sin paginación; de ahí que siempre señalaré el número a fin de posibilitar su ubicación.)

[17] Véase Berta Becerra de León, *Bibliografía del padre Bartolomé de las Casas* (La Habana: Sociedad Económica de Amigos del País, 1949).

[18] Véase la carta de Martí a Galván desde Nueva York, fechada el 19 de setiembre de 1884 (7: 299).

razones cronológicas, no resultaba fácil. El mismo Martí, al comienzo de la crónica, reconoce las distancias que se propone reducir y, de inmediato, el por qué de tal reducción:

> Cuatro siglos es mucho, son cuatrocientos años. Cuatrocientos años hace que vivió el Padre las Casas, y parece que está vivo todavía, porque fue bueno. (88)

A partir de ese momento, el 'parecer' que el fraile español está vivo, será la tónica central de la crónica. Martí describe cómo el padre las Casas "se levantaba", "se apretaba las sienes", "andaba a grandes pasos", "iba", "les abría los brazos [a los indios]", "andaba echando en cara a los encomenderos la muerte de los indios", "esperaba . . . caminando de prisa", etc. Otras veces, con el subterfugio del lenguaje indirecto, Martí trae al presente aquellas condiciones de la época contemporánea que más le interesaban —la dependencia cubana al poderío colonial español— y, de esta forma, las señala:

> Y si el rey en persona le arrugaba las cejas [a las Casas], como para cortarle el discurso, crecía unas cuantas pulgadas a la vista del rey, se le ponía ronca y fuerte la voz, le temblaba en el puño el sombrero, y al rey le decía, cara a cara, que el que manda a los hombres ha de cuidar de ellos, y si no los sabe cuidar, no los puede mandar . . . (91)

Martí conforma toda una epopeya pro-indigenista en la presente crónica usando una descripción marcadamente etopéyica de la vida de las Casas, que incluye hasta sus gustos culinarios vegetarianos. La carne, la sangre, las bestias, el desgarramiento, son asociados por Martí con aquellos otros españoles, los "conquistadores asesinos" que "¡...debían venir del infierno, no de España!" (89), expresión esta con la que Martí se alineaba a los conocidos postulados de Bello contra el miso-hispanismo de la época. En franca contraposición, Martí reserva para las Casas el color blanco, la piel "de lirio" por efectos de la bondad, el sol que "veía él siempre salir sobre cubierta" (89), etc. Resulta de un alto patetismo la descripción anafórica por oposición que hace Martí de la actitud de los conquistadores. Enfatizando qué *no* hacía las Casas, deja implícito, como aspecto lógico de la oposición, lo qué *sí* hacían los otros españoles que no debían venir de España, sino del infierno:

él [las Casas] no salía por las islas lucayas a robarse a los indios libres: .
. . él no los iba cazando con perros hambrientos, para matarlos a trabajo en
las minas: él no les quemaba las manos y los pies cuando se sentaban
porque no podían andar, o se les caía el pico porque ya no tenían fuerzas:
él no los azotaba, hasta verlos desmayar, porque no sabían decirle a su amo
dónde había más oro: él no se gozaba con sus amigos, a la hora de comer,
porque el indio de la mesa no pudo con la carga que traía de la mina, y le
mandó cortar en castigo las orejas: él no se ponía el jubón de lujo, y aquella
capa que llaman ferreruelo, para ir muy galán a la plaza a las doce, a ver
la quema de los cinco indios. (89)

Martí enfatiza la soledad del padre las Casas en su labor
reivindicadora y la actitud combativa de aquélla, la que el "hombre de
La Edad de Oro" califica, repetitivamente, de "pelea":

Entonces comenzó su medio siglo de pelea, para que los indios no fuesen
esclavos; de pelea en las Américas; de pelea en Madrid; de pelea con el rey
mismo: contra España toda, él solo, de pelea. (90)
Solo estuvo en la pelea; solo cuando Fernando, . . . solo cuando Carlos
V, . . . solo cuando Felipe II . . . (92).

En esto de la soledad de las Casas en su "pelea", no hay duda de que
Martí exageró un tanto. Es posible que su afán de agigantar al máximo
la estatura histórica del "Defensor de los Indios", haya sido el motivo de
su extraña omisión de los esfuerzos —no tan destacados en cuanto al
volumen de denuncias y la calidad literaria de sus escritos o sermones,
pero igualmente valientes y encomiables— de otros religiosos españoles
tales como fray Antón de Montesinos, fray Pedro de Córdoba y decenas
de otros 'hombres de sotana' (primordialmente dominicos y franciscanos)
o simples laicos, quienes denunciaron airadamente, algunos con
antelación a las Casas, las atrocidades de la colonización española[19]. Pero
también puede conjeturarse que con ello Martí intentó separar a las Casas
—amparado en el volumen e importancia de sus obras— del resto de los
evangelizadores españoles.

---

[19] Cf. Carlos Ripoll, *José Martí y la Conquista de América* (New York: UCE, 1992), en especial
18-9.

En la crónica analizada hay otras 'pistas' de este supuesto intento martiano de 'distanciar' a las Casas de sus pares, algunas sumamente sutiles como cuando, refiriéndose a su atuendo, lo llama "túnica blanca" (88), en vez de sotana o hábito. Con ello, tal parece que Martí trató de 'helenizar' el vestuario religioso de su biografiado, presentándolo a sus lectores infantiles como algo 'distanciado' de los representantes del clero católico que, en la vida real, usaban tal indumentaria. Pero donde más se destaca la posible intención de 'secularización' de las Casas, es en las razones que presenta Martí para justificar el hecho de que las Casas hubiera adquirido los hábitos. Dice al respecto:

De abogado no tenía autoridad, y lo dejaban solo: de sacerdote tendría la fuerza de la iglesia, y volvería a España, y daría los recados del cielo, y si la corte no acababa con el asesinato, con el tormento, con la esclavitud, con las minas, haría temblar a la corte. (90)

Es decir que, según Martí, las Casas decidió hacerse sacerdote, simplemente, por razones estratégicas: ya que como abogado no podía hacer efectiva su defensa de los indios, cambió a otra profesión que le permitiera ganar en efectividad. En la crónica martiana no hay mención a vocación religiosa alguna, o a la intención misionera del fraile, expresadas una y otra vez por el propio las Casas en sus escritos y reconocidas por sus otros biógrafos o comentadores[20]. El mismo tiempo verbal seleccionado por Martí en su redacción del párrafo citado, es del todo congruente con esta interpretación 'oportunista' de la incorporación lascasiana a la Iglesia. El uso del condicional para expresar el futuro de una acción en pasado, crea la sensación de que Martí está describiendo los pensamientos de las Casas en su proceso de toma de conciencia por el cambio de profesión señalado, algo así como una especie de *stream of consciousness* 'inventada' por el cronista más de cuatro siglos después de que se 'produjera', con lo que las razones del cambio de profesión aducidas por Martí quedan, de alguna forma, 'autenticadas' por el mismo fraile. En consonancia con lo anterior, no asombra, en su descripción del

---

[20] Cf. M. M. Martínez, "El padre las Casas, promotor de la evangelización de América," *Estudios lascasianos. IV Centenario de la muerte de Fray Bartolomé de las Casas* (Sevilla: Escuela de Estudios Hispano-Americanos, 1966) 91-108.

día en que las Casas se había ordenado, el hecho de que "las indias le echaron al pasar [las Casas] a sus hijitos, a que le besasen los hábitos" (90) no por razones religiosas, sino por "asombro de que tomara aquella carrera [la defensa de los indios, según se desprende de lo que antecede] un licenciado de fortuna" (90). Esa defensa de los indios es lo que, según la crónica martiana, hace objeto de adoración (como que mitifica) a las Casas; sus votos religiosos, por el contrario, quedan relegados a un plano tan inferior que, prácticamente, terminan siendo omitidos.

La raíz de esta aparente manipulación histórica por omisión en "El Padre Las Casas" es sumamente compleja y, a la distancia histórica a que nos encontramos de la fecha de publicación de la crónica, sólo admite conjeturas interpretativas, por muy avaladas por conocimientos históricos que estén. Entre tales conjeturas puede aducirse lo que se ha llamado 'anticlericalismo' en el pensamiento martiano, que no fue más que la lógica reacción del independentista cubano por antonomasia (y, por ende, anti-monárquico total) a la tendencia monárquica de la Iglesia Católica de entonces, asociada, por comunión histórica, con el colonialismo. La forma en que Martí desarrolló el mensaje, por otra parte, revela claramente la influencia de las ya nombradas relaciones entre los objetivos políticos y el discurso religioso que caracterizaba a las letras estadounidenses del período.

Pero hay más: una lectura atenta de la crónica, asociada a un conocimiento de la vida de su autor y de las condiciones del momento en que la escribió, arroja otra interpretación-conjetura de índole personal: que Martí, al menos a un nivel sub-consciente, refleja en la vida y las acciones lascasianas que narra, su propia vida y acciones. De alguna forma él se sentía un nuevo las Casas o, al menos, un cabal continuador. Las referencias personales son muy sutiles, aunque extremadamente significativas, como cuando señala que las Casas "aprendió en España a licenciado, que era algo en aquellos tiempos" (89), en clara referencia a que en 'estos' tiempos (fines del siglo XIX) no era mucho para otro que también hizo su licenciatura en España: el propio Martí. En igual dirección podría interpretarse el énfasis que pone Martí en que los progenitores de las Casas eran, como los suyos propios, españoles (89). De todos es sabido que España se ha caracterizado por ser un país de emigrantes, de manera tal que la posibilidad de que un español tuviera padres extranjeros era tan poco común que no tiene ningún sentido hacer tal observación a no ser que se persiguiese alguna implicación o inferencia más allá del dato histórico en sí, en este caso la nacionalidad de los padres de Martí. La ira del joven las Casas ante el atropello de los indios, tiene muchos puntos de contacto con la ira del niño Martí ante trato semejante a los esclavos negros en Cuba. La imagen conciliatoria de los oidores (90) dada por el cronista, en mucho se parece a la que él mismo sufría en cuanto a los autonomistas criollos; el crecer "unas cuantas pulgadas" (91) en medio del calor de la oratoria reivindicadora, es fácilmente asociable con el mismo Martí, de corta estatura física. Son otras muchas las referencias o inferencias personales que pueden encontrarse en la crónica; sirvan, a manera de ejemplos, la constancia y métodos en la "pelea" ("O hablaba, o escribía, sin descanso"), los conocimientos ("religión y leyes, y autores latinos"), el hábil uso de tales inteligencias "para defender el derecho del hombre a la libertad, y el deber de los gobernantes a respetárselo" (91), y hasta la forma de escribir "con letra fuerte y desigual, llena de chispazos de tinta, como caballo que lleva de ginete a quien quiere llegar pronto, y va levantando el polvo y sacando luces de la piedra" (93), características todas aplicables tanto a las Casas como a Martí. Y aunque el fraile español no estuvo nunca solo en la "pelea", es el caso que el patriota antillano sí se sintió solo e incomprendido en más de una ocasión, sentimiento que proyectó en las Casas, adicionando a la vida de su biografiado una soledad que le era propia, un sangrar de sus propias heridas, para sanar las cuales Martí transmite a los niños la medicina que él mismo se aplicaba:

> El hombre virtuoso debe ser fuerte de ánimo, y no tenerle miedo a la soledad, ni esperar a que los demás le ayuden, porque estará siempre solo: ¡pero con la alegría de obrar bien, que se parece al cielo de la mañana en la claridad! (92)

Este incorporarse a sí mismo en el retrato de otros, aunque sea de manera sumamente sutil, no era nada nuevo en Martí[21] y lo encontraremos en otros textos de *La Edad de Oro*. De ahí que la imagen de las Casas entregada en esta crónica, recuerda más a un soldado

---

[21] Véase lo que señala al respecto Carlos Ripoll en "La pintura y el pintor en José Martí," *Diario las Américas* 16 de agosto 1987: 12A-13A.

(aunque sea de la palabra, como lo fue Martí), que a un sacerdote. Si algo hay de sacerdocio en este las Casas según Martí, está más relacionado con la adoración a la libertad y a la dignidad humanas (en este caso, de los indios), que a un dios en particular.

En "La Historia del Hombre, contada por sus casas" y "Las Ruinas Indias", Martí continúa esa adoración y los elementos estilísticos ya apuntados en "El padre Las Casas". La segunda de las crónicas mencionadas está llena de descripciones de imágenes, como anuncia el mismo autor ("De México trataremos hoy, porque las láminas son de México", 52) las cuales pueden ser encontradas en las fuentes que el poeta antillano da, profusamente, dentro del texto[22]. De todas ellas Martí toma y desarrolla una idea que venía madurando en la mente de la época, entroncada en el darwinismo, pero ya desprovista del racismo positivista: la unidad de la especie humana[23]. El original del grabado que aparece en la edición príncipe de "Las Ruinas Indias" acompañando al texto, puede encontrarse en la página 323 del libro de Désiré Charnay, *Les anciennes villes du Nouveau Monde: voyages d'explorations au Mexique et dans L'Amerique Centrale 1857-82* (Paris, 1885), como también las descripciones, dentro del texto martiano, de las ilustraciones de las páginas 322 y 419. Precisamente, en esta crónica aparece la descripción plástica más lograda de todas las de *La Edad de Oro*: la de la ciudad de Tenochtitlán (53-4), 'titulada' por Martí en el Sumario del número 2 como "Una mañanita de mercado en Tenochtitlán, antes de la conquista." Esta descripción, según Fina García Marruz, "se levanta naturalmente de la página" (306), dando la impresión de estarse frente a un "mural rico y abigarrado, que parece anticipar a los de Diego Rivera" (306).

Pero la crónica martiana, en tanto que rescritura de tan disímiles fuentes, aporta, más allá de las descripciones plásticas, algo inexistente en todas ellas dado el género a que pertenecían: poesía. Martí, desde un principio, anuncia su objetivo de escribir la crónica en prosa poética:

---

[22] En efecto, Martí hace referencia o cita a varios arqueólogos o cronistas. Entre ellos los guatemaltecos Francisco Fuentes y Guzmán y Domingo Juarrós, los franceses Augustus Le Plongeon, Claude J. Désiré Charnay, Charles Etienne Brasseur de Bourbourg y Jean François Albert du Pouget, Marqués de Nadaillac, al norteamericano John Lloyd Stephens, etc.

[23] Unos años después Nadaillac, en *Unité de l'espèce humaine prouvée par la similarité des conceptions et des créations de l'homme* (Louvain: Polleunis, 1897), resumiría lo que habían venido 'cocinando' en la década anterior él y demás viajeros y arqueólogos citados por Martí.

No habría poema más triste y hermoso que el que se puede sacar de la historia americana. (50)

Y Martí saca ese poema con alegorías como la del quetzal (50-51), paralelismos de semejanza como en sus descripciones etopéyicas de los indios ("Ellos fueron inocentes, supersticiosos y terribles. . . . Todo lo suyo es interesante, atrevido, nuevo. Fue una raza artística, inteligente y limpia.", 50), o símiles tales como cuando considera a Chitchen-Itzá "un libro de piedra. Un libro roto, con las hojas por el suelo, hundidas en la maraña del monte, manchadas de fango, despedazadas" (55).

A fin de ilustrar a sus pequeños lectores en esa unidad de la especie humana que ya venían presentando los antropólogos, Martí no escatima esfuerzos para hacer ver la vida india como lo más parecido a la europea de la antigüedad, haciendo referencia a personajes no asociados, hasta entonces, con las culturas indias, aunque sí del todo con el mundo europeo ("Allí hay héroes, y santos, y enamorados, y poetas, y apóstoles", 51). Los paralelismos acrónicos que traza entre las culturas americanas precolombinas y otras reconocidas entonces como 'civilizadas', lo llevan a las antiguas civilizaciones de Egipto, Grecia, Israel, Roma, aunque el matiz helénico termina opacando a los demás. En efecto, Martí destaca de la cultura india desde "robos de princesas que pusieron a los pueblos a pelear hasta morir" (52), hasta esculturas "de nariz recta y barba larga" (56) —o, como señala de inmediato, "perfil firme" (56)—, pasando por indios "recitando versos" (50) y vestidos de "túnicas" (53) o reunidos en coro alrededor de una especie de *rapsodas* itinerantes (54).

Tales paralelismos le permiten a Martí paliar uno de los más escabrosos temas que confrontaba todo aquél que había intentado defender a los indios: los sacrificios humanos. Martí, de manera del todo intencional, reduce la importancia y volumen de éstos entre los indios y, por el contrario, da la impresión de aumentarlos en las civilizaciones que utiliza a manera de comparación. Y, omitiendo de un plumazo las gigantescas distancias temporales, justifica la existencia de tales prácticas basándose en la superstición y en la ignorancia que "hacen bárbaros a los hombres en todos los pueblos" (52). Al final llega, incluso, a dar una idea del todo romántica de los sacrificios humanos, como cuando cuenta a los niños acerca de aquellas vírgenes hermosas, que morían en ofrenda a su dios, sonriendo y cantando, como morían por el dios hebreo en el circo de Roma las vírgenes cristianas, como moría por el dios egipcio, coronada de flores y seguida del pueblo, la virgen más bella, sacrificada al agua del Nilo. (56)

La presencia de la muerte a través de toda *La Edad de Oro* es un tema que ha llamado la atención de los críticos y sobre el cual volveremos después. Por el momento, baste señalar la aparente función mítico-social de la muerte en los ejemplos señalados y su carencia de toda negatividad, ¿acaso no iban las jóvenes al sacrificio "sonriendo y cantando" y "coronada[s] de flores y seguida[s] del pueblo"?

"La Historia del Hombre, contada por sus casas" permite a Martí continuar el desarrollo del tema de la unidad de la especie humana, con claros objetivos reivindicatorios a favor del indio americano. Según Salvador Arias (1989), "es una sagaz ampliación de un fragmento de 'La Exposición de París'" (22). En realidad es mucho más que eso. Para la época en que Martí escribió esta crónica (no más allá de junio de 1889), considero —lo cual explicaré más adelante— que Martí no había escrito todavía "La Exposición de París". Sin embargo, no está del todo despistado Arias: "La Historia del Hombre..." sí se relaciona con la Exposición de París de 1889, posiblemente el acontecimiento más importante del año desde el punto de vista internacional. La misma tuvo un amplio proceso de preparación y estuvo abierta al público de mayo a noviembre de ese año, en que fue visitada por más de 25 millones de personas de todas partes del mundo.

Uno de los pabellones más populares de dicha exposición fue "L'Histoire de l'Habitation", en el cual el arquitecto francés Charles Garnier preparó 44 construcciones representativas del habitáculo humano desde la gruta pre-histórica hasta la época contemporánea. En la prensa de la época abundan las crónicas sobre la Exposición de París en general y esta sección en particular, información toda a la que estaba expuesto Martí. Sin embargo, de un análisis comparado de la crónica martiana y lo publicado en la época, se desprende que el cubano partió de dos trabajos publicados en París en un periódico y una revista dedicados a la Exposición, de los cuales tomó también la mayor parte de las ilustraciones que reproduce en la suya: la larga crónica de P. Legrand, "L'Habitation Humaine. Histoire de la Maison à travers les siècles" (*L'Exposition de Paris de 1889. Journal Hebdomadaire* 13 (25 de mayo,

1889): 98-100; 14 (1° de junio, 1889): 110; 15 (8 de junio, 1889): 119-20; 16 (15 de junio, 1889): 127-8; 20 (13 julio, 1889): 138; 21 (20 julio, 1889): 163; 22 (27 julio, 1889): 171) y la de Victor Champier, "Les 44 habitations humaines" (*Revue de L'Exposition Universelle de 1889* 1: 115-25). *L'Exposition de Paris de 1889. Journal Hebdomadaire* comenzó a publicarse el 15 de octubre de 1888 y afirmaba que editaría 40 números en igual número de semanas. Sin embargo, fue tal su éxito, que en el mes de agosto (durante el apogeo de la exposición), llegó a publicarse cada tres o cuatro días. El periódico estuvo saliendo hasta febrero de 1890 en que alcanzó el número 79, y fue luego editado (más bien simplemente encuadernado) en forma de libro (en dos volúmenes) como *L'Exposition de Paris (1889) publiée avec la collaboration d'écrivains spéciaux* (Paris: Librairie Illustré, 1889-90). La *Revue de L'Exposition Universelle de 1889* fue publicada por la misma época que el periódico. La colección completa de esta revista se editó luego (también en dos volúmenes) bajo el mismo título (Paris: Librairie des Imprimeries Réunis et Librairie d'Art, 1889-1890), pero sin las portadas, de manera tal que no me ha sido posible determinar las fechas de los números individuales. De estas publicaciones periódicas parisinas dedicadas a la Exposición Universal de ese año, tomaría Martí los temas para varios de los trabajos de *La Edad de Oro* así como muchas de las ilustraciones, por lo que más adelante volveremos a ellas.

Por lógicas razones cronológicas, Martí no tuvo tiempo, durante la redacción de "La Historia del Hombre...", de conocer el texto de Legrand íntegro[24]; pero sí utilizó todas las ilustraciones que le fueron posible, sacando de la de Champier otras. Sin embargo, Martí fue mucho más allá que sus fuentes galas. Las crónicas francesas se proponían, simplemente, contar lo que la sección de Garnier exponía; el cubano, basado en las explicaciones de Legrand y Champier y otras fuentes iguales o similares a las señaladas en "Las Ruinas Indias", intenta 'hacer el cuento' de la historia del género humano a través de las descripciones de sus diferentes habitáculos. Aquí Martí no escatima esfuerzos en

---

[24] Todo parece indicar que el último número de *L'Exposition de Paris* que tuvo Martí a su disposición antes de terminar esta crónica, fue el 16 (del 15 de junio), por cuanto concluye su crónica con "El Renacimiento" (véase el Sumario del número 3), que es la última descripción del fragmento de la crónica de Legrand publicada hasta ese número: "l'époque de la renaisance" (127).

continuar su labor de mostrar a los niños los paralelos entre las vidas de los indios y las de otros pueblos y civilizaciones, para llegar a la idea central de la crónica:

> Estudiando se aprende eso: que el hombre es el mismo en todas partes, y aparece y crece de la misma manera, y hace y piensa las mismas cosas, sin más diferencia que la de la tierra en que vive. . . . (35) Y otra cosa se aprende, y es que donde nace el hombre salvaje, sin saber que hay ya pueblos en el mundo, empieza a vivir lo mismo que vivieron los hombres de hace miles de años. (36)

No obstante, es de destacar que en ningún momento Martí aboga por el aislacionismo de los pueblos 'atrasados'; antes bien, y desde el mismo Sumario, viene hablando, como de una unidad, de "Todos los pueblos, desde el Egipto hasta el ruso de hoy" y de "Cómo han ido conociéndose y juntándose los pueblos". Y ello era de esperarse: un intelectual como él, que supo aprovechar lo mejor de la cultura de su tiempo en una destacada labor sincrética que dio inicio al primer movimiento literario hispanoamericano, y que preconizaba la igualdad del hombre como género, no iba a negar la necesidad de los pueblos (en tanto que suma de individuos) a tomar de otros aquellos elementos que los superasen. Es por eso que aclara que

> pero los pueblos de ahora crecen más de prisa, porque se juntan con los pueblos más viejos, y aprenden con ellos lo que no saben; no como antes, que tenían que ir poco a poco descubriéndolo todo ellos mismos. (37)

Entre las igualdades del hombre que Martí señala en esta crónica, está una que es tema recurrente en todas las entregas de *La Edad de Oro*: la de las creencias religiosas, como cuando iguala las imágenes de los *teúles* con los ex-votos católicos:

> En el techo [de las casas de los indios mexicanos] había como escalones, donde ponían las figuras de sus santos, como ahora ponen muchos en los altares figuras de niños, y piernas y brazos de plata . . . (38)

Martí califica el Renacimiento como una época en que "los cristianos empezaron a no creer en el cielo tanto como antes" (44), y de ahí el retorno a los patrones arquitectónicos griegos. Porque es el caso que Martí mantiene en esta crónica, aunque en menor proporción, el elemento helénico ya señalado en otras. A tal efecto, sus descripciones de las construcciones greco-latinas superan las de otras civilizaciones (41-43), sigue, asímismo, calificando el vestido masculino de los indios como "túnicas" (38) y, hablando de Europa, no puede dejar de aclarar que los hombres

> vinieron a Grecia, buscando la libertad y la novedad, y en Grecia levantaron los edificios más perfectos del mundo, y escribieron los libros más bien compuestos y hermosos. (39)

Es de destacar que dedica a los hebreos un solo párrafo (40), sin referencia religiosa alguna. También, la continuación del culto a Francia, "en lo más hermoso de la edad de hierro, con su torre Eiffel que se entra por las nubes" (37). El final alentador y optimista de la crónica es del todo desusado en la obra martiana y, por lo tanto, muy significativo:

> Ahora todos los pueblos del mundo se conocen mejor y se visitan: y en cada pueblo hay su modo de fabricar, según haya frío o calor, o sean de una raza o de otra; pero lo que parece nuevo en las ciudades no es su manera de hacer las casas, sino que en cada ciudad hay casas moras, y griegas, y góticas, y bizantinas, y japonesas, como si empezara el tiempo feliz en que los hombres se tratan como amigos, y se van juntando. (45)

"La Historia del Hombre, contada por sus casas" posiblemente sea el más 'pedagógico' de todos los textos de *La Edad de Oro*. Quizás por ello es que la oralidad constituye el elemento estilístico más destacado. En esta crónica, más que en otras, se advierte el objetivo martiano —expresado en el "anuncio" ya citado— de enseñar sin fatiga, de que los artículos resulten cuentos, de que los temas "por mucha doctrina que lleven en sí, no parezca que la llevan, ni alarmen al lector de pocos años con el título científico ni con el lenguaje aparatoso." En ese sentido, Martí hace de esta crónica un cuento, y un cuento de características orales tan marcadas que se me ocurre que resulta más efectivo al ser escuchado que leído en silencio. Y ello no debe extrañarnos: la lectura en voz alta (colectiva) era una práctica todavía generalizada a finales del siglo XIX y el propio Martí provenía de un país donde tal tipo de lectura tenía, entonces, tanta importancia, que ella habría de mantenerse vigente, aunque de manera residual, incluso hasta en la actualidad.

Sin embargo, esa destacada 'oralidad' de "La Historia del Hombre, contada por sus casas" no implica que el resultado final carezca de calidad artística. Muy al contrario, la 'sencillez' del texto es sólo aparente y forma parte del 'acabado' estético del mismo. Véase, a manera de ejemplo, cómo Martí compara la Tierra con un pastel de hojaldre. El símil no podía ser más sencillo a la hora de ser interpretado por los lectores infantiles; pero tampoco más poético y simbólico:

> la tierra es como un pastel de hojaldres, que tiene muchas capas una sobre otra, capas de tierra dura, y a veces viene de adentro, de lo hondo del mundo, una masa de roca que rompe las capas acostadas, y sale al aire libre, y se queda por encima de la tierra, como un gigante regañón, o como una fiera enojada, echando por el cráter humo y fuego: así se hacen los montes y los volcanes. (38)

Aunque en menor proporción dada la marcada oralidad ya señalada, "La Historia del Hombre, contada por sus casas" también presenta bellísimos pasajes de prosa poética, como cuando describe la arquitectura indostaní comparándola (y, por ende, relacionándola) con la poesía de la India:

> Sus templos, sus sepulcros, sus palacios, sus casas, son como su poesía, que parece escrita con colores sobre marfil, y dice las cosas como entre hojas y flores. (41)

Las relaciones artísticas interdisciplinarias (rasgo modernista típico), como la ejemplificada en la cita anterior, aparecen diseminadas a todo lo largo de la crónica, como ésta entre los sonidos y los colores (de clara raíz parnasiano-simbolista), a la cual Martí adiciona un tercer elemento: la forma, el volumen. La cita ilustrativa que sigue puede analizarse también como ejemplo del recurrente culto helénico martiano, animización, y adoctrinamiento estético:

> Dicen que en el mundo no hay edificio más bello que el Partenón, como que allí no están los adornos por el gusto de adornar, que es lo que hace la gente ignorante con sus casas y vestidos, sino que la hermosura viene de

una especie de música que se siente y no se oye, porque el tamaño está calculado de manera tal que venga bien con el color, y no hay cosa que no sea precisa, ni adorno sino donde no puede estorbar. Parece que tienen alma las piedras de Grecia. Son modestas y como amigas del que las ve. Se entran como amigas por el corazón. Parece que hablan. (42)

La escueta oración final es típica de la prosa de Martí como resumen o colofón de una descripción caracterizada, en sentido general, por construcciones mucho más extensas, por lo que puede calificarse como todo un estilema martiano. La iteración "como amigas", por otra parte, es más que significativa y sirve para completar la animización de las piedras con la frase final "que hablan". Con ello parece que Martí intentó llegar directamente a la mente de los niños, para quienes "los amigos" son, precisamente, quienes "hablan", como estas casas que, a través de la crónica, hicieron 'el cuento' de la historia del hombre (y de su igualdad) a sus amiguitos.

"La Exposición de París" es la crónica más extensa de todas las que entregó Martí a sus lectores infantiles y la tenía en mente desde antes de la salida del primer número de *La Edad de Oro* en julio de 1889, por cuanto en el Sumario del número 1 anuncia que "En el número de SETIEMBRE se publicará un artículo con muchos dibujos, describiendo *La Exposición de París.*" Cumpliendo con lo anunciado (lo cual no siempre logró Martí), esta crónica de actualidad abre el número 3 de la revista (cubriendo más de la mitad de las páginas de esa entrega) y, sin duda como consecuencia de la importancia que le dio su propio autor, éste haría luego más de una referencia a la misma.

Herminio Almendros intentó aclarar las fuentes de esta crónica. En la segunda edición de su *A propósito de La Edad de Oro. Notas sobre Literatura Infantil* (La Habana: Instituto Cubano del Libro, 1972), expone lo siguiente:

> Los datos los debió tomar [Martí] de la publicación de Henri Parville, *Causeries Scientifiques. Découvertes et innovations. Progrès de la science et de l'industrie.* Vingt-neuvième année. *L'Exposition Universalle.* Paris, J. Rothschild, Editeur, 1889. El mismo autor publicó al año siguiente, con el mismo editor, el libro *L'Exposition Universelle de Paris.* En aquella publicación expone datos, de una manera objetiva, tanto de la exposición como de la construcción de la torre. Todos esos datos, expuestos como en

un amplio informe de constructor, los aprovechó quizás Martí, los ordenó, los organizó y les dio vida en el hermoso artículo. También aprovechó la revista algunos de los grabados de aquella publicación. (Nota al pie de la página 239)

Evidentemente, de acuerdo con lo expuesto al principio de la cita, Almendros no estaba del todo seguro de que ésa fuera la fuente (de ahí los modalizadores "debió tomar" y "quizás"). Sin embargo, ya al final asevera que Martí "también aprovechó" "algunos de los grabados de aquella publicación", por lo que sí la hace ver como la fuente. La contradicción, pues, es evidente. ¿Fue o no la obra de Parville la fuente martiana para "La Exposición Universal"?

No creo. Es más, considero que la obra que Almendros divide en dos es, en realidad, una sola: *L'Exposition Universelle*, publicada en 1890 (un año después de la crónica martiana), como número de la serie *Causeries Scientifiques. Découvertes et inventions. Progrès de la Science et de l'industrie*, especie de inmenso reportaje de índole científica sobre la exposición. Lo que confundió a Almendros fue la semejanza o igualdad de algunos grabados[25], perdiendo de vista que, en ese tiempo, era común —y posible, dada la naturaleza de las ilustraciones y los adelantos técnicos tipográficos—, la reproducción de un mismo grabado en más de una publicación (de hecho, ambas ilustraciones pueden ser encontradas en varias publicaciones de entonces). Se conservan algunas ediciones decimonónicas sobre la exposición parisina, incluyendo alguno que otro libro editado, incluso, en 1889; pero, como es lógico, luego de su clausura[26]. Sin embargo, la crónica martiana fue publicada en

---

[25] Por ejemplo: "Las Fuentes Luminosas" de Martí (81), es la misma figura 32, "Ouverture de l'Exposition Universelle de 1889. Les Fontaines lumineuses. La Fète de nuit dans le Jardin intérieur du Champ-de-Mars" (57), en la obra de Parville; "La 'Fantasía' de los árabes" de Martí (67), es semejante a la figura 107, "La Fantasia Arabe. Esplanade des Invalides" (136), en Parville.

[26] Véase, por ejemplo, *Les Merveilles de L'exposition de 1889. Histoire, construction, inauguration, description détaillée des palais, des annexes et des parcs*. Ouvrage rédigé par des écrivains spéciaux et des ingénieurs. (Paris: A la Librairie Illustrée, 1889), en que el grabado de la Fuente Luminosa común a la obra de Parville y Martí, aparece en la página 69. Esta obra tiene otros grabados semejantes a los de Martí, pero en *La Edad de Oro* aparecen, por lo general, con más extensión visual de la escena, por lo que resulta evidente que Martí no los tomó de allí, sino de una fuente común a ambos. Han sobrevivido catálogos, boletines y obras dedicadas a pabellones

setiembre de 1889 (unos cuatro meses después de haberse inaugurado la Exposición de París) y venía siendo anunciada desde julio (anuncio escrito en junio). Ello hace imposible que Martí hubiera tenido, como fuente, las obras conocidas sobre el evento, por cuanto no se habían publicado aún. Por otra parte, está históricamente comprobado que Martí no estuvo en la Exposición de París (y él mismo se encarga de aclararlo). ¿Cuál fue, entonces, su fuente?

Muy simple: la prensa periódica. Desde el otoño de 1888 la Exposición de París venía siendo noticia de primer orden en las publicaciones del mundo entero y, particularmente, en la prensa gala. Mi investigación de tales publicaciones, comparando sus contenidos, ilustraciones y fechas de publicación con *La Edad de Oro*, me ha permitido localizar varias fuentes, las más importantes de las cuales (dado el volumen y semejanza de las ilustraciones y temas comunes) considero que fueron las ya nombradas: *L'Exposition de Paris de 1889. Journal Hebdomadaire* y la *Revue de L'Exposition Universelle de 1889*.

De estas publicaciones periódicas *ad hoc* sobre la Exposición de París de 1889, Martí tomó las ideas y las ilustraciones (incluyendo sus 'pies de grabado', algunos simplemente traducidos), no solamente para "La Exposición de París", sino para otras crónicas más, como la ya analizada "La Historia del Hombre, contada por sus casas". Resulta evidente que en junio de 1889 ya tenía Martí a mano algunos ejemplares de ambas publicaciones (de ahí su anuncio de la crónica), pero quiso acumular la mayor cantidad posible de nuevos números (particularmente, los de julio y, de ser posible, parte de los de agosto, que es cuando la exposición alcanzó su apogeo) antes de redactar y publicar su crónica, a fin de hacerla lo más completa posible. De ahí que anunciara este trabajo para el número de setiembre y, consecuentemente, que no lo tuviera escrito en junio. Con ello queda sin efecto la posibilidad que plantea Salvador Arias, de que "La Historia del Hombre, contada por sus casas" sea "una sagaz ampliación de un fragmento de 'La Exposición de París'" (22), por cuanto para junio todavía Martí no había acumulado todo el material necesario para su redacción final.

Pero la crónica martiana sobre la exposición parisina (decididamente no escrita antes de agosto de 1889), va mucho más allá de una simple

---

específicos.

reseña explicativa de la exposición que le sirve de motivo central. En efecto, parecería que la descripción de la afamada exposición sólo sirvió de pretexto a Martí para desarrollar otros temas con claras intenciones adoctrinadoras pero, de manera tal que, cumpliendo con los objetivos trazados por él mismo, "no parezca que la llevan" (refiriéndose a la doctrina). Entre ellos, cabe destacar su homenaje a la Revolución Francesa, la crítica a las monarquías, las grandezas y similitudes hermanantes de las naciones hispanoamericanas, la exaltación de París, en particular, y de Francia y su cultura en general, la unidad e igualdad del hombre, el culto a los pueblos y culturas orientales como elementos exóticos por antonomasia, y la importancia de la técnica en tanto que resultado de la obra del ser humano, todo ello cubierto por el más destacado culto a la belleza, el trabajo y el entendimiento humano.

Una lectura de los "asuntos" de que trata la crónica, según Martí, nos permite conocer su visión de la misma y/o la que de aquélla quería dar a sus lectores. Dice el Sumario:

La Exposición de París:
ASUNTOS:-Un viaje por el mundo.-La Revolución francesa.-Lo que se ve en la exposición.-El Palacio del Trocadero, y el Jardín.-La Historia de la Habitación del Hombre.-La Torre de Eiffel: cómo es y cómo se hizo.-El Palacio de las Industrias, el de Bellas Artes y el de Artes Liberales.-Los Pabellones de las repúblicas de nuestra América.-Los niños en la exposición.-China y Egipto, Anám e Indostán, Grecia y Hawai.-Los panoramas y las casas de comer.-Los pueblos extraños en la Esplanada de los Inválidos.-La aldea cochinchina. El kampong javanés.-La vida en el Africa salvaje.-Palacios y bazares árabes.-Los teatros y los cafés.-Los aissúas.-Las fuentes luminosas de noche.
DIBUJOS:-El Pabellón de la República Argentina.-La Torre de Eiffel.-La fantasía árabe.-La entrada principal.-La fuente de la República.-Los Pabellones del Salvador, México, Uruguay, Nicaragua, Venezuela, Chile, Bolivia, Santo Domingo, Paraguay y Guatemala.-El Palacio de los Niños.-Los burreros egipcios.-Las tejedoras kabylas.-Las Fuentes Luminosas.-Un senegalés.-Niño javanés.

Dada la extensión, el contenido y los propósitos de la crónica, no resulta extraño que presente una estructura sumamente compleja, según los objetivos y materiales de cada sección. Las complejidades comienzan desde el mismo principio, en que Martí presenta a sus lectores dos introducciones, aunque inter-relacionadas y perfectamente delimitadas. La primera de tales introducciones cubre lo que, en el Sumario, Martí anuncia como los asuntos "Un viaje por el mundo" y "La Revolución francesa" y está desarrollada en un primer y largo párrafo (66-7). Sólo que en la concisión sumaria Martí olvida especificar (o deja sin aclarar deliberadamente) que el "viaje" en cuestión sería por un mundo medieval, ya para entonces del todo anacrónico en la mayor parte de Occidente. En efecto, "el mundo" por el cual Martí haría viajar a sus pequeños lectores, sería el anterior a la Revolución Francesa, presentado con los más oscuros matices —cuando no exageraciones—, de los cuales Martí culpa en su totalidad a las monarquías. A tal efecto, el "hombre de *La Edad de Oro*" no escatima epítetos negativos para hablar de la realeza europea y, por el contrario, todos los positivos le parecen pocos a la hora de referirse a la Revolución Francesa, a la cual presenta no sólo como razón de ser de la Exposición, sino como el hito fundamental en la historia de la humanidad ("Fue como si se acabase un mundo, y empezara otro", 67). Sin embargo, ello no implica que haya tratado de escamotear sus defectos, enfatizando que "los hombres de trabajo se enfurecieron, se acusaron unos a otros, y se gobernaron mal, porque no estaban acostumbrados a gobernar" (67), razón por la cual terminaron en manos de Napoleón, a quien llama, simplemente, "tirano" (69).

Pero a pesar de que la República degeneró en el Imperio Napoleónico, Martí considera el saldo final positivo, cuyo crédito atribuye, únicamente, al pueblo francés en su totalidad (66), esquivando inteligentemente mención a caudillo alguno.

Leyendo este "viaje por el mundo" de Martí, no se necesita ser muy perspicaz para identificar, tras las quejas contra los reyes, su visión de la situación cubana de la época, en la cual

la gente de trabajo [los criollos cubanos, se sentían] como animales de carga, sin poder hablar, ni pensar, ni creer, ni tener nada suyo, porque a sus hijos se los quitaba el rey [las autoridades coloniales, en el caso cubano] para soldados, y su dinero se lo quitaba el rey [ibíd] en contribuciones, y las tierras, se las daba todas a los nobles del rey [los españoles en Cuba] (66).

Nótese que, a pesar de que Martí está describiendo una situación de

100 años atrás (y supuestamente pasada por lógica consecuencia de la Revolución), no utiliza el pretérito indefinido, sino el imperfecto, por su aspecto durativo que le permite acercar los conceptos a la situación de Cuba. Pero para describir los aspectos negativos de la Revolución, sí utiliza el indefinido, enfatizando con ello que cuando habla del Terror o la era napoleónica, se refiere a situaciones decididamente ubicadas en un punto específico del pasado y, por lo tanto, concluidas, finitas, no así cuando describe el abuso de los reyes, por primera vez vencidos por los franceses. De ahí, entre otras cosas, su culto a Francia más allá de postulados estéticos ("el pueblo bravo, el pueblo que se levantó en defensa de los hombres, el pueblo que le quitó al rey el poder", 66-7). Él la consideraba (como veremos más adelante) madre de las repúblicas hispanoamericanas.

Una vez concluida la explicación de la justificación histórica de la Exposición de París, comienza la introducción a la crónica en sí como descripción de dicha exposición, en lo que Martí resumió como "Lo que se ve en la Exposición", desarrollado en un igualmente extenso segundo párrafo (67-8):

> Y eso vamos a ver ahora, como si lo tuviésemos delante de los ojos. Vamos a la exposición, a esta visita que se están haciendo las razas humanas. (67)

El inicio de esta 'segunda' introducción da lo que será la tónica general de la crónica: su visualización. Junto a la 'primera', completa lo que pudiéramos llamar el exordio de la crónica y da comienzo a un texto de imágenes visuales hecho a la más depurada moda impresionista, con no pocos elementos simbolistas. Sin embargo, es de destacar que en esta segunda parte introductoria, Martí no 'hace ver' directamente nada sino que anuncia o exhorta a ver lo que será, luego, el resto de la crónica; es una especie de avance en que los 'temas' a desarrollar después son ligeramente 'escuchados' o 'pre-vistos'. Para lograr tal efecto, Martí hace un uso significativo de la construcción perifrástica *vamos a +* *infinitivo*, con marcada reiteración de "vamos a ver" y, a veces, la conjugación del futuro simple del indicativo. Martí, con el anuncio de lo que va a describir, describe; pero de manera tal que deja al lector ansioso de completar esas imágenes que anuncia.

La parte central de esta 'segunda' introducción, es la descripción del público al cual van a unirse los lectores: un verdadero mosaico de tipos, colores y figuras en movimiento que ya constituye, de por sí, parte de la exposición. La primera atracción que Martí 'anuncia', es el Palacio de las Industrias, seguido de las Fuentes Luminosas y diversos tipos exóticos según los patrones de la época tales como el javanés, el siamés, el sudanés, el árabe, el malayo, etc. Entre los elementos exóticos 'anunciados' en esta segunda parte del exordio de la crónica, están las bailarinas —"Pasan las bailarinas de Java, con su casco de plumas" (68)— a las cuales luego regresará más de una vez (81, 82). También es de destacar la aparición, en esta 'segunda' introducción, de un narrador único y muy especial de esta crónica: el autor-niño. En efecto, Martí, sin previo aviso y al anunciar la visita al Palacio de los Niños, se iguala a sus lectores diciéndoles que "Y para nosotros, los niños, hay . . ." (68), sorprendiéndonos con un cronista infantil cuya existencia nos recordará más adelante (77).

Este exordio bimembre recuerda el formato de un tipo de obra totalmente fuera de todas las categorías literarias: la *ouverture* francesa creada originalmente por Jean-Baptiste Lully (1632-1687) para sus ballets, y luego extendida por todo el espectro musical europeo. Las coincidencias son sumamente significativas: el exordio martiano, como las overturas, consta de dos partes. La primera de ellas puede catalogarse de majestuosa y heroica, con un ritmo lento (¿*grave*?) determinado tanto por las largas construcciones como por el tema, y concluyendo con un tono festivo y pomposo. La segunda parte de la introducción de la crónica, como su contraparte en la overtura francesa, tiene un ritmo mucho más rápido (¿*vite*?), logrado por las construcciones breves, las entradas de imágenes en rápida sucesión, a veces con una cadencia tonal que recuerda ¿el *fugato*?. Esta segunda parte del exordio termina, al igual que en el caso de las overturas, como un breve eco de la primera, en la introducción martiana con el culto a Francia como república (véanse los finales de los dos primeros párrafos, 67 y 68, respectivamente).

No tengo elemento alguno que me permita aseverar que Martí compuso su exordio bimembre a "La Exposición de París" siguiendo, conscientemente, el formato estructural de la *ouverture*. Pero, además de las 'coincidencias' señaladas en el párrafo anterior, debe recordarse que la literatura modernista se caracterizó por la interrelación genérica, categórica y hasta disciplinaria. Y que el tema francés (de por sí general en toda la literatura modernista), constituye, en esta crónica en especial, un elemento básico. A todo ello debe añadirse que Martí era un apasionado oyente musical, como lo demuestran sus múltiples comentarios al respecto[27]. De ahí que, aunque no puedo asegurarlo, no dudaría de que todas esas 'coincidencias' no hayan sido más que el resultado de un premeditado plan de redacción, con lo que entonces habría que concluir que Martí 'vio' esta crónica en general como un ballet (recuérdese las recurrentes imágenes de bailarinas), lleno de tipos exóticos que 'entran' y 'salen' de 'la escena' con elegantes movimientos, no sin antes admirarnos con sus vestuarios multicolores descritos con palabras llenas de ritmo y musicalidad.

En todo caso, concluida esta segunda y última parte introductoria, Martí abandona las formas flexivas del futuro para utilizar, de manera casi absoluta, las correspondientes al presente del indicativo. Semejante utilización se asociaría luego con el lenguaje cinematográfico, pero es el caso que todavía faltaban seis años para que los hermanos Lumiere inventaran el cinematógrafo. Sin embargo, no hay incongruencia alguna en ello. Ya hemos señalado cómo Martí describía algunas escenas plásticas dándoles movimiento y hasta sonido, o sea, 'haciéndolas' cine aun antes de su invención. Además, tal selección flexiva puede también interpretarse como el llamado "presente histórico", el cual, en palabras de Carlos Reis,

> no es más que un *perfecto* a cuya carga aspectual de instantaneidad se une la vivacidad (y en este caso también la tensión emocional) experimentada en un pasado estilísticamente presentificado por este proceso. (175)

Mediante tal presentificación del pretérito perfecto existente a nivel hermenéutico, Martí les permite a sus lectores visitar, como 'de verdad', la Exposición de París: ellos 'ven', 'entran' en sus pabellones, 'escuchan' las maquinarias, pues simplemente 'están' (por "han estado") ahí.

Aunque la crónica en su conjunto trata de dar una visión panorámica de toda la exposición, Martí enfatiza algunas de sus atracciones tales como la Torre Eiffel, los diversos (y semejantes) pabellones de las naciones latinoamericanas, el Palacio de las Industrias y aquellas otras

---

[27] Cf. Orlando Martínez, *Pasión de la música en Martí* (La Habana: Academia Nacional de Artes y Letras, 1953).

que aportaban un toque de exotismo —preferentemente oriental— a su descripción.

La importancia que le dio Martí a la Torre Eiffel nos parece, hoy, tremendamente lógica. Pero es el caso que cuando él escribió esta crónica, la torre todavía no tenía la carga simbólica que tiene en la actualidad. Se reconocía su grandeza como obra de ingeniería; pero no como obra de arte. Es más, algunos de los intelectuales franceses de mayor relieve de la época, la habían calificado con los más duros epítetos, pues para entonces la torre, aunque sumamente popular, no había sido aceptada por la intelectualidad mundial como una obra de arte imperecedera y mucho menos podía considerarse el símbolo de París[28]. Pero también en esto se adelantó Martí a su tiempo (o, desde otro punto de vista, sí estuvo en su tiempo; sus pares fueron los que, de momento, se quedaron atrás). La materia prima para su descripción de la Torre Eiffel, la tomó Martí, fundamentalmente, de varias crónicas y reportajes aparecidos en las ya mencionadas publicaciones *L'Exposition de Paris de 1889* y *Revue de L'Exposition Universelle de 1889*[29], aunque a los elogios a la ingeniería que constituyen el tema central de sus fuentes francesas, adiciona la poesía y toda la carga simbólica que, anticipándose a su época, le proporcionaría a la torre. Comienza su descripción en términos casi místicos:

Pero a donde va el gentío con un silencio como de respeto es a la torre de

---

[28] Recuérdese la "Protestation des Artistes", en que un grupo de intelectuales (entre ellos Leconte de Lisle, Guy de Maupassant y Alexandre Dumas, hijo), se pronunciaron en contra de la torre que calificaron de "inutile et monstrueuse". Para los detalles de la polémica, véase el "Chapitre IV. Combats pour la Tour" del libro de Charles Braibant, *Histoire de La Tour Eiffel* (Paris: Plon, 1964) 81-93. Para más consideraciones sobre la Torre Eiffel, véase también de Roland Barthes y André Martin, *La Tour Eiffel* (Suisse: Delpire Editeur, 1964) y, más recientemente, la compilación de Viviane Hamy, *La Tour Eiffel* (Paris: Editions de la Différence, 1980).

[29] Algunos de los trabajos aparecidos en el periódico *L'Exposition de Paris de 1889* relacionados con la torre Eiffel son: la crónica anónima "La Tour Eiffel. Sa description, sa construction, sa utilité," en el tercer número (15 de dic. de 1888): 22-23. Esta crónica continúa en el número 4 (15 de enero de 1889): 27-31. También, de Hugüez Le Roux, "Une ascension de la Tour Eiffel" (No. 8, 1 de abril de 1889, p. 58-9) y de Max de Nansouty las crónicas "La Tour Eiffel" (No. 9, 15 de abril de 1889, p. 66-7) y "La Tour de 300 mètres" (no. 17, 22 de junio de 1889, p.130-4). De *Revue de L'Exposition Universelle de 1889* pudo haber servido a Martí la crónica de Emile Goudeau, "Ascension à la Tour Eiffel", 280-88, primer tomo de la edición en forma de libro.

Eiffel, el más alto y atrevido de los monumentos humanos. (70)

La primera ilustración, en el texto, que presenta Martí es, precisamente, la Torre Eiffel, comparada con "los monumentos más altos del mundo", sobre los cuales —de acuerdo con la ilustración—, señorea[30]. Pero su intención, tal y como lo anuncia en el Sumario ("La Torre de Eiffel: cómo es y cómo se hizo"), fue más allá de una mera descripción. Los símiles no podían ser más simbólicos: es bestia, tejido, ser humano, montaña, arma.

Arrancan de la tierra, rodeados de palacios, sus cuatro pies de hierro: se juntan en arco, y van ya casi unidos hasta el segundo estrado de la torre, alto como la Pirámide de Cheops: de allí, fina como un encaje, valiente como un héroe, delgada como una flecha, sube más arriba que el monumento de Washington, que era la altura mayor entre las obras humanas, y se hunde, donde no alcanzan los ojos, en lo azul, con la campanilla, como la cabeza de los montes, coronada de nubes.- Y todo, de la raíz al tope, es un tejido de hierro. (70)

Por las comparaciones con las alturas de otros monumentos, es evidente que Martí escribió este párrafo teniendo, frente a sus ojos, la ilustración original que publicó 'editada'; la poesía la puso él. Nótese el uso tan peculiar —diríase que antagónico— que hace del verbo *hundir*. En efecto, todos asociamos la acción de hundirse con una dirección 'hacia abajo'; Martí 'hunde' la Torre Eifell 'hacia arriba', como viendo la altura (entonces, recuérdese que inmensa) de la torre desde el mismo pie, perdida, en el mareo momentáneo, la correspondiente noción de 'arriba' y 'abajo'. La torre "se hunde" en el azul, para inmediatamente

---

[30] Se trata de la reproducción de un grabado sumamente popular en la época editado por los constructores de la torre y titulado "La Tour Eiffel et les plus hauts monuments du globe", reproducido por Charles Braibant en *Histoire de La Tour Eiffel* (Paris: Plon, 1964) 96, y por Joseph Harris en *The Tallest Tower. Eiffel and the Belle Epoque* (Boston: Houghton Mifflin, 1975) 210. Es interesante notar que Martí 'editó' el grabado: en *La Edad de Oro* no aparecen ni la Estatua de la Libertad ni el Monumento a Washington, a pesar de que el segundo Martí sí lo utiliza, como elemento de comparación, dentro del texto. Tampoco aparece el rostro de Eiffel, cuyo espacio en el grabado original lo utiliza Martí para texto. Sobre las razones de esta 'corrección' o 'alteración' no he encontrado, en toda la crónica, pista alguna.

cambiar Martí la perspectiva y mostrárnosla desde lejos —que es como
se ven siempre las cimas de las montañas cubiertas de nubes— y
terminar con esa imagen inquietante y contradictoria, de suavidad y
rigidez, de fragilidad y solidez en pares simultáneos, de la última de las
oraciones citadas, por cuanto toda esa maravilla inmensa, adonde llegan
los visitantes en silencio, como postrados, no es más que "de la raíz al
tope", "un tejido de hierro". Las animizaciones que el fragmento citado
contiene (y que no son más que una muestra de la utilización del
recurso), contribuyen a acercar la torre a los lectores, a volverla
familiar, cercana.

Pero Martí, en consonancia con su anuncio del Sumario, hace más
que describirnos la torre. También nos 'explica' 'cómo se hizo':

> allá en el aire, una mañana hermosa, encajaron los cuatro pies en el estrado,
> como una espada en su vaina, y se sostuvo sin parales la torre: de allí,
> como lanzas que apuntaban al cielo, salieron las vergas delicadas: de cada
> una colgaba una grúa: allá arriba subían, danzando por el aire, los pedazos
> nuevos: los obreros, agarrados a la verga con las piernas como el marinero
> al cordaje de un barco, clavaban el ribete, como quien pone el pabellón de
> la patria en el asta enemiga...(71-2)

Finalmente, la torre que ha sido, al mismo tiempo, bestia, tejido, ser
humano, montaña, espada, lanza, flecha, termina siendo el mástil de la
más descomunal de las naves:

> ¡El mundo entero va ahora como moviéndose en la mar, con todos los
> pueblos humanos a bordo, y del barco del mundo, la torre es el mástil! (72)

Mas Martí no se contentó con la descripción 'desde fuera' de la torre
y con narrar su construcción. Como parte del estilo general de la
crónica, introduce al lector en el gentío que, "como las abejas en el
colmenar" (72), visitan la torre. Su visión 'desde dentro' no podía ser
más 'objetiva'. En el colmo de la pormenorización nos 'hace 'ver' tanto
desde el interior del cuerpo de la torre hacia afuera —en que "el cielo se
ve entre el tejido como en grandes triángulos azules de cabeza cortada,
de picos agudos" (72)—, como hacia abajo, desde el tercer estrado al
que

suben los valientes, a trescientos metros sobre la tierra y el mar, donde no se oye el ruido de la vida, y el aire, allá en la altura, parece que limpia y besa: abajo la ciudad se tiende, muda y desierta, como un mapa de relieve. (72)

La cima de semejante obra de ciencia y arte combinados, los reserva Martí para una combinación semejante en que la realidad aporta la ciencia y el cronista el arte:

sobre el estrado se levanta la campanilla, donde dos hombres, en su casa de cristal, estudian los animales del aire, la carrera de las estrellas, y el camino de los vientos. (72)

El cierre de la descripción de la torre Eiffel no podía ser más significativo: sobre esa maravilla inmensa del arte y la técnica combinados —productos, ambos, del hombre—, termina triunfando, potentosa e inexorable en su sencillez, la naturaleza misma: "En lo alto de la cúpula, ha hecho su nido una golondrina." (72)

Seguidamente Martí describe jardines y algunos pabellones de artes plásticas así como otras atracciones exóticas cuyas descripciones, debidamente ilustradas, pueden encontrarse en las crónicas de las publicaciones francesas ya nombradas.

Pero al otro lado es donde se nos va el corazón, porque allí están, al pie de la torre, como los retoños del plátano alrededor del tronco, los pabellones famosos de nuestras tierras de América, elegantes y ligeros como un guerrero indio: el de Bolivia como el casco, el de México como el cinturón, el de la Argentina como el penacho de colores: ¡parece que la miran, como los hijos al gigante! ¡Es bueno tener sangre nueva, sangre de pueblos que trabajan! (73-4).

La torre Eiffel como 'mata' de plátanos es, posiblemente, la imagen más atrevida de todas las que empleó Martí para referirse al hoy símbolo parisino por excelencia. Con él pretende llegar su autor directamente al conocimiento inmediato y práctico de sus pequeños lectores, para quienes el plátano —fundamentalmente en las áreas de Centro América y el Caribe—, constituía, entonces como ahora, un plato principal, y su planta, rodeada una vez al año por los 'retoños' que emergen de sus raíces, una imagen conocida de todos. Pero hay algo más: haciendo a la Torre Eiffel 'mata' de plátano y a los pabellones latinoamericanos sus 'retoños', Martí daba a Francia (ya simbolizada por el autor, 'prematuramente', por la torre en cuestión) el papel de madre de nuestras repúblicas y, por lo tanto, otorgaba a nuestros pueblos la categoría de hijos de "el pueblo bravo, el pueblo que se levantó en defensa de los hombres, el pueblo que le quitó al rey el poder" (66-7), el cual "trabaja con arte y placer" (77).

Lo anterior confirma un hecho a veces pasado por alto por los críticos: que la atracción hacia Francia en Martí va mucho más allá de los postulados estéticos parnasianos, impresionistas o simbolistas que, combinándolos, recrearía en español y que le habían servido para dar inicio al primer movimiento literario netamente hispanoamericano. La 'francofilia' de Martí tenía raíces históricas independientes de las técnicas literarias galas decimonónicas, aspecto sobre el cual volveremos más adelante.

Las imágenes de los pabellones de Bolivia, México y Argentina, como parte del atuendo del "guerrero indio" que conformaban todos los pabellones latinoamericanos, vienen dadas por las ilustraciones que acompañan al texto original, tomadas de la publicación periódica *L'Exposition de Paris de 1889*. En efecto, la fachada del edificio del pabellón boliviano tiene un arco fácilmente asociable con un casco, además de unas cúpulas doradas de más fácil asociación con semejante atuendo guerrero y que llamaron la atención de Martí (76); el de México, ancho y bajo, bien semeja un cinturón, del cual la entrada principal pudiera verse como la hebilla (más adelante, en la misma página 74, Martí vuelve a repetir la imagen del pabellón mexicano como un cinto); en la ilustración del pabellón argentino (que Martí seleccionó como frontispicio del número) lo primero que se ve es un árbol inmenso, tan alto como el edificio según la perspectiva del grabado, que no resulta difícil asociar con un penacho.

Martí, partiendo de diversos despachos de prensa y, particularmente, de algunas crónicas y descripciones del más que mencionado *L'Exposition de Paris de 1889* (como, por ejemplo, "Les Pavillons de l'Amérique", publicado en el No. 24, del 7 de agosto de 1889, en la página 187), describe con lujo de detalle los pabellones de Argentina y México. Y hace mención o describe más someramente los de Brasil, Bolivia, Ecuador, Venezuela, Nicaragua, El Salvador, Chile, Guatemala,

Santo Domingo y Uruguay. En todos ellos Martí destaca al hombre americano, su historia, su trabajo y la naturaleza en que se desarrolla. Hay imágenes sumamente coloridas y simbólicas, como cuando, refiriéndose al contenido del pabellón nicaragüense, señala

> los cacaos y vainillas de aroma y aves de plumas de oro y esmeralda, y piedras de metal con luces de arco-iris, y maderos que dan sangre de olor. (76)

Resulta evidente que Martí no tuvo a tiempo en sus manos la larga crónica de Alexandre Georget, "Le Pavillons des Nouveaux Mondes", *Revue de L'Exposition Universelle de 1889* (Paris: 1889-90) I: 239-44; 318-22, ya que en otro artículo se queja de no haber tenido ilustración alguna del pabellón de Ecuador (96), y en esa crónica gala se había publicado el grabado "Le Pavillon de la République de l'Equateur" (240).

En medio de la descripción de los pabellones latinoamericanos, Martí intercala el del Palacio de los Niños. Sin embargo, utiliza éste únicamente como una especie de 'descanso' en la descripción de los pabellones de "nuestra América", sin cumplir lo que podía esperarse de su anuncio de "Los niños en la Exposición" del Sumario. Las razones de tal premura en la atracción que se supone más interesaría a sus lectores, es justificada por el autor en los siguientes términos:

> Pero, si no tenemos tiempo, ¿cómo hemos de pararnos a jugar, nosotros, niños de América, si todavía hay tanto que ver, si no hemos visto todos los pabellones de nuestras tierras americanas? (77)

Resulta sumamente significativo que Martí, con relación a Europa, haya ignorado los pabellones de Inglaterra, Portugal y España —especialmente los dos últimos, que fueron muy señalados[31]—, por lo que, con la excepción de Grecia (no podía faltar) y todo lo francés (incluyendo las colonias), sólo dedica espacio para llamar la atención sobre las representaciones de naciones europeas pequeñas tales como

---

[31] Marie-Letizia de Rute (Mme. Ratazzi), "L'Espagne et le Portugal," *Revue de L'Exposition Universelle de 1889* (Paris, 1889-90) I: 201-7.

Holanda, Bélgica, Suiza, Servia, Rumania y la República de San Marino. De los EEUU sólo hace alguna que otra mención breve, al referirse a Edison y la luz eléctrica. Y ello a pesar de que los expositores norteamericanos se encontraron entre los más galardonados[32]. Los elementos exóticos están dados por sus descripciones o referencias a las exposiciones de Hawai, Siam, China, India, Japón, Persia, Egipto y Cambodia, o los incluidos en el pabellón de las colonias francesas, de todos los cuales la prensa periódica de la época presentó grandes descripciones ilustradas.

Pero, independientemente de los pabellones latinoamericanos y la Torre Eiffel, queda por analizar otro punto culminante de la crónica: El Palacio de las Industrias. A él llega Martí, como cuadra al más depurado espíritu modernista, luego de descripciones recreativas de lugares y escenas exóticas, como la que hace de la ilustración "Los burreros egipcios" (reproducción de "Les Arriers égyptiens de la rue du Caire", tomado de *L'Exposition de Paris de 1889* No. 24, del 7 de agosto de 1889, página 189). Pero de ellos se aparta, a regañadientes, por las dimensiones que ya estaba adquiriendo la crónica:

> ¡Oh, no hay tiempo! Tenemos que ir a ver la maravilla mayor, y el atrevimiento que ablanda al verlo el corazón, y hace sentir como deseo de abrazar a los hombres y de llamarlos hermanos. Volvamos al jardín. Entremos por el pórtico del Palacio de las Industrias. (79)

De *L'Exposition de Paris de 1889* Martí tenía dos crónicas a su disposición: "Le Palais des Machines" (No. 1, 15 de octubre de 1888, páginas 7-8) y "La Galerie des Machines" (No. 7, sin fecha, página 51), además de todo el material de la prensa periódica ilustrada norteamericana al respecto. Es interesante notar que Martí, en el Sumario, une el pabellón industrial con los de artes y oficios ("El Palacio de las Industrias, el de Bellas Artes y el de Artes Liberales"), enfatizando la unidad de los tres —a pesar de que no aparecen descritos en sucesión continua—, como el producto del trabajo del hombre, que los hermana. Pero es la sección tecnológica de la exposición la que él subraya. Una tecnología que en ningún momento aparece amenazante o

---

[32] Cf. *List of Awards to United States Exhibitors* (Paris: A. Chambers, 1889).

deshumanizadora. Todo lo contrario: para Martí los avances tecnológicos de su tiempo constituían la suma de las voluntades y de las características del hombre —en su vertiente positiva—, incluidas la magia y la poesía. En la descripción martiana, el hierro adquiere vida animal, aunque domesticada, respondiendo siempre a su diminuto amo. En efecto, no hay temor en la majestuosidad descrita, porque no es el producto de un dios; esta vez, al menos, el hombre ha sido el Creador, coronado por sí mismo:

> Por un corredor que hace pensar en cosas grandes, se va a la escalera que lleva al balcón del monumento: se alzan los ojos: y se ve, llena de luz de sol, una sala de hierro en que podrían moverse a la vez dos mil caballos, en que podrían dormir treinta mil hombres. ¡Y toda está cubierta de máquinas, que dan vueltas, que aplastan, que silban, que echan luz, que atraviesan el aire calladas, que corren temblando por debajo de la tierra! . . . ¡Pues dan ganas de llorar, al ver las máquinas desde el balcón! Rugen, susurran, es como la mar: el sol entra a torrentes. De noche, un hombre toca un botón, los dos alambres de la luz se juntan, y por sobre las máquinas, que parecen arrodilladas en la tiniebla, derrama la claridad, colgado de la bóveda, el cielo eléctrico. Lejos, donde tiene Edison sus invenciones, se encienden de un chispazo veinte mil luces, como una corona. (79)

Es de destacar, sin embargo, que el cronista no utiliza el mismo tono para referirse a los adelantos técnicos en la rama bélica. A pesar de que Martí, en el momento de escribir la crónica, se encontraba en medio de la preparación de una guerra, su visión del pabellón militar es sumamente ambigua, cuando no decididamente opuesta a semejante actividad humana:

> De paso no más veremos el palacio donde está todo lo de pelear: el globo que va por el aire a ver por dónde viene el enemigo: las palomas que saben volar con el recado tan arriba que no las alcanzan las balas: ¡y alguna les suele alcanzar, y la paloma blanca cae llena de sangre en la tierra! (80)

La visita "de paso" y la carga simbólica de la paloma blanca que cae ensangrentada, es de fácil interpretación incluso para los niños. El pabellón de la guerra estaba allí, y Martí decidió no omitirlo. Pero su mensaje, en medio de la descripción mínima que le dedica, es bien claro. Lo exótico —de raíz fundamentalmente oriental— aparece a todo lo largo de la crónica, sirviendo a veces de marco, a veces de complemento, a los temas centrales analizados. Desde plantas de nombres musicales —"la línfea, y el nelumbio rosa del Indostán" (69)—, hasta tejidos —el más recurrente de los cuales es la seda—, pasando por metales y piedras preciosas, cubren un texto sumamente cromático en el que las directrices parnasianas y simbolistas se entrecruzan una y otra vez:

> Y por sobre los templos hindús [sic.], con sus torres de colores y su monte de dioses de bronce a la puerta, dioses de vientre de oro y de ojos de esmalte, está, lleno de sedas y marfiles, de paños de plata bordados de zafiros, el Palacio Central de todas las tierras que tiene Francia en Asia. (80)

Hacia el final, la crónica gana más movimiento aún. A las construcciones dominantes del presente simple, se unen las del presente continuado o progresivo dado el uso del gerundio —"el bonzo rezando" (81), "el viejito a la puerta [que] está montando en el camello a su nieto, que le hala la barba" (82)—, subrayando así la idea de un 'ahora' en movimiento. Y hay un marcado acento en las artes escénicas (fundamentalmente la danza), en que los diversos espectáculos muestran escenas fugaces, como de número final de un gran espectáculo lleno de colores, música y movimiento (¿un ballet?):

> Y afuera, al aire libre, es como una locura. Parecen joyas que andan, aquellas gentes de traje de colores. Unos van al café moro, a ver a las moras bailar, con sus velos de gasa y su traje violeta, moviendo despacio los brazos, como si estuvieran dormidas. Otros van al teatro del kampong donde están en hileras unos muñecos de cucurucho, viendo con sus ojos de porcelana a las bayaderas javanesas, que bailan como si no pisasen, y vienen con los brazos abiertos, como mariposas. En un café de mesas coloradas, con letras moras en las paredes, los aissúas, que son como unos locos de religión, se sacan los ojos y se los dejan colgando, y mascan cristal, y comen alacranes vivos, porque dicen que su dios les habla de noche desde el cielo, y se los manda comer. Y en el teatro de los anamitas, los cómicos vestidos de panteras y de generales, cuentan, saltando y

ahullando, tirándose las plumas de la cabeza y dando vueltas, la historia del príncipe que fue de visita al palacio de un ambicioso, y bebió una taza de te envenenado. (82)

Pero el espectáculo va llegando a su fin. Así lo presagian las despedidas de los actores, la música misma, anunciando la gran escena final, en la que danza y música, hombre y tecnología, se convierten, momentáneamente, en luz:

Pero ya es de noche, y hora de irse a pensar, y los clarines, con su corneta de bronce, tocan a retirada. Los camellos se echan a correr. El argelino sube al minarete, a llamar a la oración. El anamita saluda tres veces, delante de la pagoda. El negro canaco alza su lanza al cielo. Pasan, comiendo dulces, las bailarinas moras. Y el cielo, de repente, como en una llamarada, se enciende de rojo: ya es como la sangre: ya es como cuando el sol se pone: ya es del color del mar a la hora del amanecer: ya es de un azul como si se entrara por el pensamiento del cielo: ahora blanco, como plata: ahora violeta, como un ramo de lilas: ahora, con el amarillo de la luz, resplandecen las cúpulas de los palacios, como coronas de oro: allá abajo, en lo de adentro de las fuentes, están poniendo cristales de color entre la luz y el agua, que cae en raudales del color del cristal, y echa al cielo encendido sus florones de chispas. La torre, en la claridad, luce en el cielo negro como un encaje rojo, mientras pasan debajo de sus arcos los pueblos del mundo. (82)

El 'cierre' de la crónica se destaca por lo 'trabajado' del texto; es un cierre 'pulido' al máximo, como corresponde al postulado modernista de 'voluntad de estilo', donde los elementos cromáticos prevalecen sin pasar por alto la musicalidad, ya sea por la misma construcción o por referencias sonoras. Se destacan el color rojo, el azul y el amarillo oro, rodeados o complementados por el plateado y el violeta, así como los sonidos metálicos. Las cargas simbólicas cromáticas son sumamente evidentes y, en otros pasajes de la obra martiana, han sido pormenorizadamente analizadas por Iván Schulman[33], aunque sus conclusiones no se cumplen del todo aquí. Estructuralmente, el 'cierre' comienza con oraciones más bien breves, de imágenes fugaces y diversas, presentando tipos exóticos. Para abrir, 'de repente', una amplia construcción doble de cláusulas anafóricas casi simétricas o paralelas. Cromáticamente, Martí parte del rojo para continuar con el azul, el blanco, el violeta y el amarillo, después del cual regresa de nuevo al rojo, que termina prevaleciendo como el color determinante no por las cargas simbólicas negativas señaladas por Schulman (1970, 440-5), sino, al parecer, por la convicción martiana (que señala el propio Schulman, 440) de que era el color predilecto de los niños. Es de destacar la imagen final de la torre Eiffel, como en una postal. Pero, más que ello, el elemento humano como cierre final: "los pueblos del mundo".

Cerrar la crónica, literalmente, con el elemento humano, luego de tamaña descripción de luces y colores, no fue nada fortuito o inconsciente; ello se desprende de la diagramación original de la crónica, perdida en las ediciones modernas. En efecto, Martí, en vez de concluir la parte ilustrativa de la crónica con el grabado de "Las Fuentes Luminosas" (motivo fundamental del cierre), sumamente famoso y reproducido entonces, una vez terminado el texto, 'calza' la crónica con dos grabados que, aparentemente, no tienen nada que ver con el pasaje final: "Un senegalés" y "Niño javanés"[34]. Ellos representan la última imagen visual de "La Exposición de París" que Martí decidió (véase el Sumario) dejar en las mentes de los niños: un hombre adulto y un niño, de razas diferentes; el hombre de pie, armado, con un instrumento musical; el niño sentado, como un Buda, en actitud de meditación o espera; ambos mirando, de frente, a los lectores. Todo parece indicar que con la imagen final de "los pueblos del mundo" y los dos grabados en cuestión, Martí quiso subrayar que, por encima de la belleza, la tecnología, la música y los colores que tanto deslumbraban en la Exposición, estaba el ser humano, representado por "los pueblos del mundo" pasando debajo de los arcos (del encaje rojo) iluminados de la

---

[33] Específicamente, en el Capítulo V "Simbolismo cromático" de *Símbolo y color en la obra de José Martí* 2da ed. (Madrid: Gredos, 1970) 392-465.

[34] "Dramendaé.- Clairon de Tirailleurs sènégalais", en *L'Exposition de Paris de 1889* 19 (6 de julio de 1889): 152, y "Enfant javanais au Kampong", en *Revue de L'Exposition Universelle de 1889* (Paris: 1889-90) I :106.

torre Eiffel y por estos dos grabados: uno, el de un adulto diferente racialmente, pero al mismo tiempo igual a los adultos conocidos por los lectores originales de Martí, y armado; el otro, un niño, también de una raza diferente, pero niño al fin y, por lo tanto, semejante a esos mismos lectores. Porque, como ya había enfatizado en otro lugar:

> Estudiando se aprende eso: que el hombre es el mismo en todas partes, y aparece y crece de la misma manera, y hace y piensa las mismas cosas, sin más diferencia que la de la tierra en que vive . . . (35)

Resulta evidente que "La Exposición de París" constituyó, para Martí, uno de los trabajos más importantes de *La Edad de Oro*. En el Sumario del primer número de la revista (julio de 1889), ya lo anuncia como la atracción única o más importante del número 3 (setiembre del mismo año). Y, dentro del número en el cual aparece, cubre más de la mitad de sus páginas. Luego, haría más de una referencia a la crónica. Así, en "La Ultima Página" del mismo número, se refiere a ella en dos oportunidades, en la última de las cuales, aunque con ciertos aires de *captatio benevolentiae*, aprovecha para recomendar la relectura de la crónica, algo totalmente fuera de lo común en la prensa periódica y que denuncia la intención literaria del autor:

> ¡Quién sabe si sirve, quién sabe, el artículo de la Exposición de París! Pero va a suceder como con la Exposición, que de grande que es no se la puede ver toda, y la primera vez se sale de allí como con chispas y joyas en la cabeza, pero luego se ve más despacio, y cada hermosura va apareciendo entera y clara entre las otras. Hay que leerlo dos veces: y leer luego cada párrafo suelto: lo que hay que leer, sobre todo, con mucho cuidado, es lo de los pabellones de nuestra América. Una pena tiene *La Edad de Oro*; y es que no pudo encontrar lámina del pabellón de Ecuador. ¡Está triste la mesa cuando falta uno de los hermanos! (96)

A finales del último y cuarto número de la revista, Martí publica un artículo que es una extensión de la crónica de la Exposición de París: "La Galería de las Máquinas". En ese artículo, Martí recoge algunas anécdotas relacionadas con la reacción del público a su crónica y aprovecha para aclarar que, a diferencia de lo que pensaron sus lectores (tanto niños como adultos), él no estuvo en la exposición de marras, y publica el grabado "La Galería de las Máquinas" como ilustración complementaria de su descripción de "El Palacio de las Industrias". Ningún otro trabajo, de todos los publicados en los cuatro números editados de *La Edad de Oro*, tendría semejante atención por parte de Martí y, aparentemente, tampoco de su público.

Pero "La Historia del Hombre" y "La Exposición de París" no serían las únicas crónicas que Martí escribiría sobre (o basado en) el hecho histórico mundial más importante de ese año y su cobertura periodística. De semejante caudal informativo tomaría el poeta cubano no solamente su materia prima textual y gráfica fundamental para las crónicas mencionadas, sino que aún extraería de ella dos crónicas más, una de ellas íntimamente relacionada con el culto exotista oriental característico del modernismo: "Un Paseo por la Tierra de los Anamitas."

En el Sumario del número de setiembre, Martí anuncia esta crónica entre las atracciones de la siguiente entrega como "*El Teatro Anamita*: con dibujos", en lo que parece concebido originalmente como una reescritura de algunos trabajos, sobre dicha atracción, aparecidos en el periódico *L'Exposition de Paris de 1889* ("Les annamites a l'esplanade des Invalides" [No.12, 18 de mayo de 1889, 94-5] y la crónica de G. Lenótre "Le Théatre Annamite" [No.21, 20 de julio de 1889, 162-3] de donde toma, al menos, la ilustración "Una fiesta en la pagoda"). Es probable que también haya tenido a mano la crónica de E. Langer-Mascle, "Le Théatre Annamite", de la *Revue de L'Exposition Universelle de 1889* (Paris: 1889) 273-9. Sin embargo, la crónica que finalmente publica Martí tiene un título diferente y, en consonancia con el nuevo nombre, un tema mucho más amplio que el anunciado por el título original. Así, del teatro solamente (y tal y como se lo conocía por la Exposición de París), pasó el patriota antillano a una visión general de ("un paseo por", según sus palabras) la tierra anamita. Pero un paseo que poco o nada tiene que ver con el tradicionalmente asociado contenido geográfico. Martí, por el contrario, lleva a sus lectores por un paseo por la historia anamita, paseo que le permite el desarrollo de temas ya del todo recurrentes tales como la anti-monarquía, el anti-colonialismo, la denuncia del apoyo eclesiástico a las monarquías o la necesidad de los pueblos de rebelarse ante la opresión, todos ellos matizados con la carga exótica oriental.

La crónica presenta varios niveles de redacción que la hacen parecer, finalmente, varias crónicas a la vez. Comienza con una larga introducción en forma de fábula, de lenguaje marcadamente oral, en que Martí entremezcla la unidad humana con la convivencia y la libertad. Continúa con la apertura del tema propiamente dicho —los anamitas—, a quienes presenta en su condición de pequeño pueblo colonizado, pero no vencido. Luego introduce la historia y el culto budista, con los términos más positivos, llenos de exotismo, aunque destacando finalmente cómo "los sacerdotes" (no los llama monjes, sobre lo cual volveré después) terminan traicionando el espíritu budista original. Por fin, Martí introduce lo que iba a ser el tema principal de la crónica según había anunciado: el teatro anamita, para concluir con unas últimas oraciones que unen todos los temas tratados y proporcionan el más sugestivo de los 'cierres'.

La crónica es una combinación asimétrica de elementos simbolistas e impresionistas. Las descripciones exóticas son determinantes del estilo, llenas de color y sonido, pero casi siempre presentadas bajo una pátina lúgubre, resultante de la falta de libertad, cuya importancia en la vida de los hombres destaca Martí ya desde la introducción misma, con la reiteración anadiplósica de los hombres que "han padecido y peleado por ser libres, libres en su tierra, libres en el pensamiento" (99). Continúa Martí el tema con la alegoría de la *djirincha*, en la que el pueblo que se cansa de defenderse contra sus opresores, termina haciendo la labor de bestia de tiro (100).

Posiblemente el momento culminante de la crónica, más allá de las descripciones anamitas, lo constituya la introducción budista precedida por una disquisición fúnebre del todo en consonancia con las ideas ocultistas y orientales que, a la sazón, eran comunes entre los modernistas (102). La introducción del culto budista no podía ser más exótica y colorida:

Por dentro es la pagoda como una cinceladura, con encajes de madera pintada de colores alrededor de los altares; y en las columnas sus mandamientos y sus bendiciones en letras plateadas y doradas; y los santos de oro, en el altar tallado. Delante van y vienen los sacerdotes, con sus manteos de tisú precioso, o de seda verde y azul, y el bonete de tejido de oro, uno con la flor del loto, que es la flor de su dios, por lo hermosa y lo pura, y otro cargándole el manteo al de la flor, y otros cantando: detrás van los encapuchados, que son sacerdotes menores, con músicas y banderines, coreando la oración: en el altar, con sus mitras brillantes, ven la fiesta los dioses sentados. (102)

La escena es descriptiva de la ilustración que acompaña al texto original en la 101, pero con sonido, color y movimiento. Es de destacar que Martí emplea, durante toda la descripción del culto budista, nombres asociados al católico ("sacerdotes", en vez de monjes; "santos", en lugar de deidades), con lo que resulta un paralelismo bien claro entre ambas religiones. Siguiendo con esa idea, su imagen de un Buda a favor de los pobres, seguida de la apropiación que de la religión hicieron los gobernantes con la complicidad de los discípulos de Buda, constituye una nada velada (aunque parabólica) censura a la Iglesia Católica de entonces, enfrascada en una remonarquización de sus relaciones jerárquicas y, como 'de paso' a las relaciones coloniales que venía sufriendo Cuba. Con ello, Martí se hacía eco de las ideas norteamericanas de la época (e, incluso, del clero católico de los EEUU), del todo contrarias a las nuevas directrices vaticanas (las cuales, a la sazón, trataban de conjurar el ideal republicano imperante en la sociedad estadounidense de entonces) al tiempo que hacía uso de las ya señaladas relaciones entre el discurso religioso y los objetivos políticos que constituían una característica común de las letras estadounidenses del período.

El fragmento dedicado al teatro anamita propiamente dicho, lo constituye un inmenso y último párrafo lleno de música de un extremo al otro. Una música en palabras que va de lo lírico a lo rítmico, en breves construcciones a manera de destellos sonoros como cuando narra que los actores

> cuentan, y pelean, y saludan, y conversan, y hacen que toman té, y entran por la puerta de la derecha, y salen por la puerta de la izquierda: y la música toca sin parar, con sus platillos y su timbalón y su clarín y su violinete; y es un tocar extraño, que parece de ahullidos y de gritos sin arreglo y sin orden, pero se ve que tiene un tono triste cuando se habla de muerte, y otro como de ataque cuando viene un rey de ganar una batalla, y otro como de procesión de mucha alegría cuando se casa la princesa, y otro como de truenos y de ruidos cuando entra, con su barba blanca, el gran sacerdote . . . (104)

El uso del polisíndeton apresura ansiosamente el ritmo de la descripción, a la cual también aporta el efecto enumerativo y el sentido de pluralidad que le son inherentes a dicha figura de envoltura sintáctica. La sucesión de acciones y su rapidez, quedan marcadamente acentuadas mediante el encadenamiento reforzado por la enunciación paratáctica copulativa identificada.

La justificación intelectual de la crónica del teatro, luego de la lúgubre historia de la falta de libertad del pueblo anamita, la da Martí cuando asevera que "y al teatro van [los anamitas] para que no se les acabe la fuerza del corazón. ¡En el teatro no hay franceses!" (104), amén de los temas de sus obras, enraizadas en la época "cuando Anam era país grande" (104).

El final de la crónica no podía ser más sugestivo y, al mismo tiempo, sintético:

> Al salir del teatro, los anamitas van hablando mucho, como enojados, como si quisieran echar a correr, y parece que quieren convencer a sus amigos cobardes, y que los amenazan. De la pagoda salen callados, con la cabeza baja, con las manos en los bolsillos de la blusa azul. Y si un francés les pregunta algo en el camino, le dicen en su lengua: "No sé." Y si un anamita les habla algo en secreto, le dicen: "¡Quién sabe!" (106)

No hay que ser muy imaginativo para entrever, a pesar de la carga exótica oriental que permea toda la crónica, que Martí proyecta sobre el pueblo anamita las características de su Cuba contemporánea. Cámbiese "francés" por "español", "budismo" por "catolicismo" y otros términos afines, recuérdense los postulados de la unidad e igualdad del género humano ya planteados por Martí en otras crónicas, y adiciónense las labores anti-colonialistas que a la sazón él desarrollaba, y la proyección no se verá forzada o anacrónica, antes bien, perfectamente congruente. No puedo asegurar que semejante proyección haya sido del todo consciente en el autor; pero no hay duda de que el mensaje que Martí 'envía' a los anamitas (quienes, obviamente, no iban a recibirlo entonces), encaja perfectamente en el enviado por el patriota antillano, en otros muchos escritos y discursos, a los pueblos de Cuba y Puerto Rico en ese final del siglo XIX. Con ello queda comprobado que para Martí el exotismo oriental no podía ser un elemento simplemente estético. Junto a la seda y al tisú, al loto y los vasos de porcelana, aparece en esta crónica la pena inmensa de la falta de libertad. Y —no menos importante— la exhortación a conquistarla.

No obstante, es de destacar que lo anterior no debe conducirnos a juicios o comparaciones extemporáneos, de los que, desgraciadamente, está plagada cierta crítica martiana, particularmente la castrista. Por ejemplo, Salvador Arias (1980) llama a este trabajo "anticipador" (18), lo cual, en el contexto en que tal calificación fue emitida, significaba que Martí había anticipado 'la hermandad' entre Cuba y Viet Nam en contra del 'imperialismo yanqui', según los topos propagandísticos castristas del momento —que utilizo deliberadamente— y sus consiguientes codificaciones. Elena Jorge Viera fue más directa aún y destacó, en su comentario sobre la situación colonial descrita por Martí en la tierra de los anamitas, que "es evidente la relación con el despojo americano" (304), refiriéndose a los EEUU, por supuesto[35]. Yo mantengo la proyección ya explicada, circunscrita a la semejante situación colonial de los pueblos anamita y cubano de fines del XIX con relación a Francia y España, respectivamente, pero sin ni siquiera atreverme a calificarla del todo consciente o premeditada.

"Historia de la Cuchara y el Tenedor" es la última de las crónicas de *La Edad de Oro* relacionada directamente con la Exposición de París. Tal relación ha sido, hasta ahora, desconocida u omitida por los críticos, y ello a pesar de que el propio autor, en el primer párrafo de la crónica, ofrece la más directa de las 'pistas':

> ¡Cuentan las cosas con tantas palabras raras, y uno no las puede entender!: como cuando le dicen ahora a uno en la Exposición de París: "Tome una *djirincka* -¡*djirincka*!- y se ve en un momento todo lo de la Esplanada: ¡pero primero le tienen que decir a uno lo que es *djirincka*! (107)

En realidad esta crónica martiana parte de la de Victor Champier, "L'Orfèvrerie", publicada por entregas en la *Revue de L'Exposition Universelle de 1889* (Paris, 1889) I: 129-36; 225-232. Martí conocía ya

---

[35] Señalar los ejemplos más comunes de las forzadas interpretaciones de Martí para asociarlo al totalitarismo cubano actual, llenaría un libro como éste. Los más destacados y constantes en tales prácticas de malabarismo histórico-ideológico, han sido los escritores gubernamentales castristas Juan Marinello, José A. Portuondo y Roberto Fernández Retamar. Para algunas consideraciones importantes sobre el tema, véase el ensayo de Carlos Ripoll, *La falsificación de Martí en Cuba* (New York: UCE, 1992).

al autor —y hasta podía haber sido uno de los cronistas franceses del período de su predilección—, por cuanto es el mismo de "Les 44 habitations humaines" (*Revue de L'Exposition Universelle de 1889* I: 115-25), de la que se sirvió el cubano para la redacción de "La Vida del Hombre, contada por sus casas". "L'Orfèvrerie" describe una de las atracciones de la exposición parisina: el taller de orfebrería que mostraba a los asistentes lo que entonces se consideraba una de las maravillas de la técnica: la metalización electrolítica a escala industrial. De esta crónica Martí toma no solamente los datos y las ilustraciones que reproduciría en la suya, sino también el ritmo rápido, de frases cortas —semejante al trabajo de las máquinas—, de Champier, aunque sin el recurso onomatopéyico. Véase un fragmento del cronista francés:

Une grande feuille de métal, d'une épaisseur de sept millimétres à peu près, est glisée sous le cylindre d'une machine. Tac, tac, tac. . . . L'embryon primitif commence à prendre tournure. Il est derechef saisi, porté dans une autre machine. Tac! Le voici avec la dimension exacte de la fourchette; mais les dents ne sont point indiquées. Nouvelle operation. Tac! Cette fois la matrice a marqué les dents. Mais des pleins subsistent entre les dents. La fourchette est alors placée sur un découpoir. Tac! les dents sont libres. Ce n'est pas fini, il rest à donner la cambrure, puis les moulures du manche, puis les ornements et le chiffre en relief, s'il doit y en avoir un. Autant d'opérations nouvelles. Enfin la fourchette va au polissage qui se fait au moyen d'un instrument ayant un profil spécial et qui tourne à la vitesse de 2,500 tours à la minute. La fourchette est finie; el ne rest plus qu'a l'argenter ou à la dorer, et cest l'usine de Paris qui se charge de ce soin. (231)

Y léase ahora la re-escritura del cubano:

Con unas tenazas van sacando los recortes del horno: los ponen en un molde de otra máquina que tiene un mortero de aplastar, y del golpe del mortero ya salen los recortes con figura, y se le ve al tenedor la punta larga y estrecha. Otra máquina más fina lo recorta mejor. Otra le marca los dientes, pero no sueltos ya, como están en el tenedor acabado, sino sujetos todavía. Otra máquina le recorta las uniones, y ya está el tenedor con sus dientes. Luego va a los talleres del trabajo fino. En uno le ponen el filete

al mango. En otro le dan la curva, porque de las máquinas de los dientes
salió chato, como una hoja de papel. En otra le liman y le redondean las
esquinas. En otra lo cincelan si ha de ir adornado, o le ponen las iniciales,
si lo quieren con letras. En otra lo pulen, que es cosa muy curiosa, parecida
a la de las piedras de amolar, sólo que la máquina de pulir anda más de
prisa, y la rueda es de alambres delgados como cabellos, como un cepillo
que da vueltas, y muchas, como que da dos mil quinientas en un minuto.
Y de allí sale el tenedor o la cuchara a la platería de veras, porque es donde
la ponen el baño de la electricidad, y quedan como vestidas con traje de
plata. (110-11)

Desde el punto de vista estético, las diferencias son todas a favor del
cronista hispano. Champier, aunque inserta en esta crónica un elemento
carente en el 'sub-género' de crónica científica, el humor, carece a su
vez de la poesía que Martí, increíblemente, si se compara la suya con
otras crónicas de igual temática, logra añadir. Una poesía expresada tanto
en las imágenes como en la combinación rítmica, a veces musical, de
algunos pasajes. Silvia A. Barros destaca las características
impresionistas de "Historia de la Cuchara y el Tenedor" en la cual,
según ella, "hay un verdadero deleite sensorial en las impresiones que
nos produce todo a nuestro alrededor" (339). La misma crítica considera
esta crónica de un "virtuosismo impresionista" que califica de "candoroso
e ingenuo", dados sus objetivos categóricos. En realidad, tal matiz
impresionista preponderante venía ya desde la crónica francesa que había
servido de fuente a Martí. Champier llena "L'Orfèvrerie" de esas
visiones instantáneas, sin subsiguientes corolarios interpretativos,
características de un movimiento que ya en el París de 1889 se
consideraba poco menos que anacrónico, pero del todo congruente con
el ritmo del taller descrito. Martí, libre de tal juicio, acentúa la carga
impresionista y, gracias a ello, la tecnología que describe adquiere
tonalidades mágicas. Pero de una magia accesible, tangible, debido al
trabajo humano. Se destaca el uso de la introducción sintáctica
tropológica "es como" —de marcado uso impresionista— y el ritmo ágil,
como de movimiento fabril, logrado en construcciones de cláusulas
breves, a veces reiterativas. De ahí que el cierre, en vez de una oración
corta como epítome de un grupo de construcciones más largas, sea un
grupo de cláusulas mínimas, entrecortadas, que desembocan —ya fuera
del taller— en una ligeramente más amplia y pausada, en que

contrastando con el metal, el ruido, la química y la electricidad que prevalecen en toda la crónica, aparecen como elementos de cierre final la seda y el terciopelo. Con ello subrayaba el cronista algo que se venía 'sintiendo' durante toda la crónica, particularmente en sus alusiones al trabajo femenino: que la técnica y sus resultados, para convencer del todo, tienen que estar acompañados de (complementados por) la delicadeza de lo bello.

Con esta crónica Martí inserta *La Edad de Oro* dentro de la corriente de la época de introducir al niño en el mundo de la tecnología. Recuérdese que en la circular había anunciado, como contenido fundamental, trabajos de "ciencias, industrias" antes que otros más tradicionales. En esa dirección apunta la "Historia de la Cuchara y el Tenedor". En el Sumario del número de agosto, la había anunciado para setiembre como "*Historia de la Cuchara, el Tenedor y el Cuchillo*: con dibujos", pero no apareció (y significativamente mutilado el título) sino en octubre. Tal incumplimiento editorial (por razones de espacio, según el mismo Martí), le sirvió para una moralización jocosa en "La Ultima Página" (96) del mes de setiembre, nada menos que 'animizando' la crónica:

> Y el desventurado de *La Edad de Oro* es el artículo sobre la *Historia de la Cuchara, el Tenedor y el Cuchillo*, que en cada número se anuncia muy orondo, como si fuera una maravilla, y luego sucede que no queda lugar para él. Lo que le está muy bien empleado, por pedante, y por andarse anunciando así. Las cosas buenas se deben hacer sin llamar al universo para que lo vea a uno pasar. Se es bueno porque sí; y porque allá dentro se siente como un gusto cuando se ha hecho bien, o se ha dicho algo útil a los demás. (96)

Peor suerte corrió el trabajo que, en el Sumario de setiembre, se anunció para octubre como "*La Luz Eléctrica*: con dibujos." Por las referencias que el mismo Martí hace de éste (véase "La Ultima Página" del número de octubre, 128), esta crónica encajaba dentro del mismo propósito de "Historia de la Cuchara y el Tenedor". Pero tampoco hubo espacio para ella en el número en donde se anunció, el cual sería, desgraciadamente, el último de la revista. Es muy probable que esta crónica haya sido una rescritura del reportaje de Schuyler S. Wheeler, Sc.D. (presentado en el 'by line', además de por su grado académico,

como "Electrical Expert of the Board of Electrical Control, New York"),
"Electric Lighting in New York" (*Harper's Weekly* July 20, 1889): 593-
96, con 20 ilustraciones, junto a informaciones que pudo haber acopiado
de otras publicaciones dedicadas a la electricidad que entonces se
editaban en New York[36].

Pero, cualesquiera que hayan sido las fuentes de "La Luz Eléctrica",
la "Historia de la cuchara y el tenedor" quedaría, dentro de *La Edad de
Oro*, como el único trabajo encaminado a introducir a los niños en el
importante mundo tecnológico de ese fin del siglo XIX. Una tecnología
que, como ya había hecho Martí en "La Exposición de París", queda
autenticada en esta crónica como obra humana no tanto por sus méritos
científicos *per se*, como por ser el resultado del trabajo del hombre y por
su belleza.

En "Músicos, Poetas y Pintores" Martí desarrolla un motivo común
en la literatura infantil en inglés de la época: la narración de anécdotas
sobre la niñez de personas ilustres[37]. También aprovecha el tema para
regresar al de la importancia del trabajo del hombre como elemento
formador del mismo y su conexión con la belleza. Esta crónica, sin
embargo, ha sido prácticamente olvidada por los críticos en sus trabajos
sobre *La Edad de Oro*. Supongo que tal 'olvido' esté determinado por su
supuesta naturaleza: una traducción, según el propio Martí. Un análisis
comparado del texto original y la versión martiana, más la traducción
real contemporánea con aquélla (aparecida, aproximadamente, por 1890),
arroja una conclusión bien distinta o, al menos, no tan simplista.

---

[36] En Nueva York aparecían en 1889 cinco publicaciones dedicadas específicamente a la
electricidad: los mensuarios *Electric Power* y *Electric Engineer*, el quincenario *Electric Age* y los
semanarios *Electric Review* y *Electric World*, que era la más antigua de todas (se había empezado
a publicar en 1874). Los semanarios solamente alcanzaron ese año, según el *N.W. Ayer & Son's
American Newspaper Annual 1889* (Philadelphia, 1889) 358-76, una tirada superior a los 10.000
ejemplares cada uno. Sin embargo, dado el carácter tan especializado de estas publicaciones y
teniendo en cuenta la fecha de edición y el género de lo aparecido en el *Harper's Weekly*, me inclino
a pensar que la fuente básica de esta crónica infantil martiana perdida debió haber sido el reportaje
de Schuyler S. Wheeler.

[37] Véase, por ejemplo, la serie "Boys Who Became Famous", de David Ker, publicada en el
Harper's Young People entre 1888 y 1889, donde aparecen relatos de la niñez de personajes tales
como Lord Wellington (Vol. X, No. 478, Dec. 25, 1888, p.131-132) y Walter Scott (Vol. X, No.
489, March 12, 1889, p.331), o la crónica de George J. Manson, "School-days of the Presidents",
aparecida en la misma publicación (Vol. X, No. 493, Apr. 9, 1889, p.402-403).

Esta crónica puede comenzar a analizarse ya desde el Sumario del primer número de *La Edad de Oro* en que Martí anuncia, entre los trabajos a publicarse en agosto, "*Niños Famosos*: de Samuel Smiles, con retratos." Empero, en el Sumario del número donde apareció (2), hay un cambio de título y hasta de presentación de la fuente:

> *Músicos, Poetas y Pintores*:
> Anécdotas de la vida de los hombres famosos, traducidas del último libro de Samuel Smiles, con cuatro retratos: Miguel Angel, Mozart, Moliére [sic.], y Robert Burns, el poeta escocés.

Al parecer guiados por lo anunciado en el Sumario del número de julio, algunos críticos han señalado que la crónica es una adaptación del libro de Samuel Smiles (1812-1904), *Niños famosos*. Pero es el caso que el entonces más que conocido ensayista inglés nunca escribió tal obra. ¿Por qué entonces el título original (o tentativo) de la crónica anunciado por Martí ha confundido, incluso, a un estudioso de *La Edad de Oro* como Salvador Arias, considerado por la crítica gubernamental cubana actual como una de las voces más importantes en cuanto al estudio de la literatura infantil martiana? Supongo que en semejante error garrafal haya influido el hecho de que Martí subrayó el título "Niños Famosos" en el Sumario del primer número de la revista. Pero un simple análisis de los sumarios de los cuatro números publicados permite comprobar que él no hizo tal cosa para señalar que se trataba de un libro: Martí subrayó ese título (que después desecharía) porque era su manera de destacar los títulos en sus sumarios, y ése es el que él, originalmente, pensaba darle a su 'traducción'. (Todos los demás trabajos aparecen en los sumarios igualmente subrayados, y es evidente que una poesía mínima y original de Martí como "La perla de la mora" (49), no es ni formó parte nunca de un libro de igual nombre.) Pero Martí no es el único culpable de semejante error crítico: el olvido en que han caído el biógrafo escocés y sus teorías filosóficas, tienen mucho que ver con ello. En efecto, incluso para los lectores anglo-sajones de hoy, el nombre de Samuel Smiles dice poco o nada.

A finales del siglo XIX, por el contrario, Samuel Smiles era uno de los escritores más conocidos del mundo. Había alcanzado fama internacional con su libro de ensayo *Self-Help* (1859) —rápidamente traducido a las principales lenguas del mundo— en el cual desarrolló una 'nueva' filosofía de vida: que la perseverancia y el coraje siempre conducen al triunfo, con hincapié especial en el trabajo. Sus teorías las ampliaría luego en otro libro igualmente exitoso (*Duty*, de 1880) y las completaría finalmente en la obra que más nos interesa: *Life and Labour, or Characteristics of Men of Industry, Culture, and Genius* (1887), la cual, en 1889, era precisamente el "último libro de Samuel Smiles", como señalaba Martí en el Sumario ya citado.

   Las influencias de Smiles en Martí han sido del todo desconocidas hasta ahora. Posiblemente el olvido en que ha caído el escocés (en contraposición con Emerson, Whitman, Lincoln, etc.) haya propiciado ese desconocimiento de lo que considero, como veremos a continuación, una de las fuentes anglo-sajonas del pensamiento martiano. En ese sentido, la posible influencia de Smiles en Martí ha corrido la misma suerte que la 'traducción' de una de sus obras inexistentes: el ser olvidada, ignorada o silenciada por los críticos. Para Martí y sus contemporáneos Samuel Smiles, era, por el contrario, un pensador difícil de olvidar, ignorar u obviar; tan grande era su popularidad. La crónica que Martí finalmente titularía "Músicos, Poetas y Pintores" es una rescritura del Capítulo III "Great Young Men" (83-141) de *Life and Labor*, recién publicado entonces. O, si se quiere, una traducción 'editada' (donde utilizo el término *editar* en el sentido moderno e inglés del guión cinematográfico y/o televisivo), en la cual pueden apreciarse cambios, ampliaciones, reducciones y hasta marcadas omisiones del texto original. Tal parece que Martí, en un principio, pensó hacer la reescritura de todo el capítulo (de ahí el título de "Niños Famosos"), pero luego, probablemente urgido por razones de espacio, decidió tomar solamente la parte correspondiente a músicos, poetas y pintores, que es, aproximadamente, la mitad del texto[38].

   Las diferencias son significativas ya desde el primer párrafo, todas ellas a favor de la 'versión' martiana en cuanto a belleza y estilo no sólo cuando se la compara con el texto en inglés, sino también con lo que en la época se consideraba una buena traducción al español. Veamos esos

---

[38] El Sumario del capítulo original de Smiles ("Chapter III. Great Young Men") da una idea de su contenido: "The World Always Young.- Precocity.- Young Musicians.- Musical Precocity.- Young Painters and Sculptors.- Poets.- Dramatits.- Authors.- Novelists.- Scientific Men.- Astronomers.- Mathematicians.- Natural History.- Young Anatomists.- Linguists.- Reviewers.- Etonians.- Prize Men.- Senior Wranglers.- Young Men of History.- Young Generals.- Characteristics of Youth."

primeros párrafos originales, su traducción (que pongo como nota al pie del texto de Smiles), y la rescritura martiana:

> The World is for the most part young. Children, boys and girls, young men and women, constitute the greatest portion of society. Hence the importance we attach to education. Youth is the time of growth and development, of activity and vivacity, of imagination and impulse. The seeds of virtue sown in youth grow into good words and deeds, and eventually ripen into habits. Where the mind and heart have not been duly cultivated in youth, one may look forward to the approach of manhood with dismay, if not despair. Southey says: "Live as long as you may, the first twenty years are the longest half of your life; they appear so while they are passing; they seem to have been so when we look back upon them; and they take up more room in our memory than all the years that succeed them."
>
> Each human being contains the ideals of a perfect man, according to the type in which the Creator has fashioned him, just as the block of marble contains the image of an Apollo, to be fashioned by the sculptor into a perfect statue. It is the aim of education to develop the germs of man's better nature, as it is the aim of the sculptor to bring forth the statue from the block of marble.
>
> Education begins and ends with life. In this respect it differs from the work of the sculptor. There is no solstice in human development. The body may remain the same in form and features, but the mind is constantly changing. Thoughts, desires, and taste change by insensible gradations from year to year; and it is, or ought to be, the object of life and education to evolve the best forms of being. We know but little of the circumstances which determine the growth of the intellect, still less of those which influence the heart. Yet the lineaments of character usually display themselves early. An act of will, an expression of taste, even an eager look, will sometimes raise a corner of the veil which conceals the young mind, and furnishes a glimpse of the future man. At the same time knowledge, and the love of knowledge, are not necessarily accompanied by pure taste, good habits, or the social virtues which are essential to the formation of a lofty character.
>
> There is, however, no precise and absolute law in the matter. A well-known bishop has said that "little hearts and large brains are produced by many forms of education." At the same time, the conscientious cultivation of the intellect is a duty which all owe to themselves as well as to society.

It is usually by waiting long and working diligent, by patient continuance in well-doing, that we can hope to achieve any permanent advantage. The head ought always to be near the heart, to enable the greatest intellectual powers to work with wholesome effect. "Truly," says Emerson, "the life of man is the true romance, which when valiantly conducted will yield the imagination a higher joy than any fiction." (83-4)[39]

---

[39] La traducción la tomo de Samuel Smiles, *Vida y trabajo, o caracteres propios de los hombres según su laboriosidad, cultura y genio*, Traducción directa del inglés, con autorización del autor, por Miguel de Toro y Gómez (Paris: Garnier, n.d.). En el catálogo de la New York Public Library, aparece como fecha "¿1887?", por cuanto es la única impresa en el libro, calzando el prólogo del autor. Pero ése fue el año en que Smiles escribió la obra, cuya primera edición en inglés es de 1888. Teniendo en cuenta el volumen del libro, aunque la traducción sin fecha consultada es, dadas sus características tipográficas, indudablemente decimonónica, resulta imposible que haya sido editada antes de 1890. La traducción de Toro y Gómez de los párrafos reproducidos, es la siguiente, con la acentuación modernizada:

El mundo es en su mayor parte joven. Niños, muchachos y muchachas, mancebos y doncellas, constituyen la mayor parte de la sociedad. De aquí proviene la importancia que damos a la educación. La juventud es la época del crecimiento y desarrollo, de la actividad y de la vivacidad, de la imaginación y del impulso. Las semillas de la virtud sembradas en la juventud crecen, produciendo buenas palabras y actos, y a veces se convierten en hábitos. Cuando el espíritu y el corazón no han sido debidamente cultivados en la juventud, puede uno observar la llegada de la virilidad con desaliento, si no con desesperación. Southey dice: "Vivid todo lo que queráis; los primeros veinte años son la mitad más larga de nuestra vida. Parécenlo así mientras pasan; parece que lo han sido cuando los vemos alejarse, y ocupan más sitio en nuestra memoria que todos los años que les siguen".

Todo ser humano contiene en sí el tipo de un hombre perfecto, conforme al cual lo ha formado el Criador; así como el pedazo de mármol contiene la imagen de un Apolo, con arreglo al cual un escultor hará una estatua perfecta. El fin de la educación es desarrollar los mejores gérmenes de la naturaleza del hombre, como el del escultor es sacar la estatua del pedazo de mármol.

La educación principia y acaba con la vida. Desde este punto de vista, difiere del trabajo del escultor. No hay solsticio en el desarrollo del hombre. El cuerpo puede permanecer el mismo en su forma y en sus rasgos, pero el espíritu cambia constantemente. Los pensamientos, los deseos y los gustos se modifican por gradaciones insensibles de año en año, y el objeto de la educación es o debe ser desarrollar las mejores formas o modos de ser. Pero conocemos poco las circunstancias que determinan el desarrollo de la inteligencia, y menos todavía las que influyen en el corazón. Sin embargo, las tendencias del carácter se dibujan generalmente temprano. Un acto de la voluntad, una expresión del gusto, hasta una mirada viva, levantan a veces una punta del velo que cubre el espíritu juvenil, y dan una vislumbre del hombre futuro. Al mismo tiempo, la sabiduría y el amor no van necesariamente acompañados de un gusto puro, de buenas costumbres o de las virtudes sociales que son esenciales a la formación de un carácter elevado.

Sin embargo, no hay ley precisa y absoluta en esta materia. Un obispo muy conocido ha dicho

La rescritura martiana, es como sigue:

El mundo tiene más jóvenes que viejos. La mayoría de la humanidad es de jóvenes y niños. La juventud es la edad del crecimiento y del desarrollo, de la actividad y la viveza, de la imaginación y el ímpetu. Cuando no se ha cuidado del corazón y la mente en los años jóvenes, bien se puede temer que la ancianidad sea desolada y triste. Bien dijo el poeta Southey, que los primeros veinte años de la vida son los que tienen más poder en el carácter del hombre. Cada ser humano lleva en sí un hombre ideal, lo mismo que cada trozo de mármol contiene en bruto una estatua tan bella como la que el griego Praxiteles hizo del dios Apolo. La educación empieza con la vida, y no acaba sino con la muerte. El cuerpo es siempre el mismo, y decae con la edad; la mente cambia sin cesar, y se enriquece y perfecciona con los años. Pero las cualidades esenciales del carácter, lo original y enérgico de cada hombre, se deja ver desde la infancia en un acto, en una idea, en una mirada.
En el mismo hombre suelen ir unidos un corazón pequeño y un talento grande. Pero todo hombre tiene el deber de cultivar su inteligencia, por respeto a sí propio y al mundo. Lo general es que el hombre no logre en la vida un bienestar permanente sino después de muchos años de esperar con paciencia y de ser bueno, sin cansarse nunca. El ser bueno da gusto, y lo hace a uno fuerte y feliz. "La verdad es, —dice el norte-americano Emerson— que la verdadera novela del mundo está en la vida del hombre, y no hay fábula ni romance que recree más la imaginación que la historia de un hombre bravo que ha cumplido con su deber." (57)

El texto martiano es, evidentemente, más breve que el original y el de la traducción de Miguel de Toro y Gómez. Con ello ya queda del

---

que "los pequeños corazones y los grandes cerebros son producidos por muchos modos de educación". Al mismo tiempo el cultivo concienzudo de la inteligencia es un deber que todos tienen para consigo mismos y para con la sociedad. A veces, esperando largo tiempo y trabajando diligentemente con paciente perseverancia en el cumplimiento del deber, es como podemos esperar obtener alguna ventaja permanente. La cabeza debe estar siempre cerca del corazón, para permitir a las más elevadas facultades intelectuales que produzcan efecto saludable. "En realidad, dice Emerson, la vida del hombre es una verdadera novela, que cuando se la dirige con valentía proporciona a la imaginación mayor goce que cualquier ficción. (96-8)

todo descartada la posibilidad de que "Músicos, Poetas y Pintores" sea
—como el mismo Martí anunciara, confundiendo a los críticos que
tomaron literalmente su palabra—, una traducción, en el sentido
normativo del término. El texto original está presente, aunque 'editado',
en la crónica; pero con tales cambios y omisiones que se convierte en un
nuevo texto 'sobre-escrito' en el original. Ya en la primera oración queda
esto más que evidenciado. "The world is for the most part young", dice
Smiles. "El mundo tiene más jóvenes que viejos", rescribe Martí. Para
el inglés "el mundo es"; para Martí, "el mundo tiene", con el implícito
corolario de que para Martí la juventud de la mayor parte de la población
no hace al mundo joven. O dicho en otras palabras: el contenido no
transmite sus características al continente. En la segunda oración Smiles
habla de "sociedad", Martí de "humanidad", como recalcando la
condición humana por sobre la condición social, además de reducir cinco
sustantivos ("Children, boys and girls, young men and women") a sólo
dos ("jóvenes y niños"). La entrada temprana (por no decir que
estilísticamente inoportuna) que hace Smiles en el texto original de "la
educación", Martí la omite, posponiendo el tema. La siguiente oración
en el texto martiano sí es una traducción de la de Smiles, pero de una
calidad muy superior a la del traductor profesional contemporáneo.
Escribió Smiles: "Youth is the time of growth and development, of
activity and vivacity, of imagination and impulse." Tradujo Miguel de
Toro y Gómez: "La juventud es la época del crecimiento y desarrollo,
de la actividad y de la vivacidad, de la imaginación y del impulso."
Interpretó Martí: "La juventud es la edad del crecimiento y del
desarrollo, de la actividad y la viveza, de la imaginación y el ímpetu."
La omisión de un artículo en la traducción de Toro y Gómez, rompe el
ritmo de la frase; Martí lo restituye. Más adelante vemos que la cita
literal de Robert Southey (1774-1843), Martí la cambia por el lenguaje
indirecto parafrástico. El "perfect man" de Smiles (traducido literalmente
por Toro y Gómez), se convierte en un "hombre ideal", en Martí, quien
a la imagen de la estatua de Apolo agrega, subrayándolo, el culto
helénico al especificar a qué estatua se refiere ("la que el griego
Praxiteles hizo"). La frase de Smiles "Education begins and ends with
life" (traducida por Toro y Gómez como "La educación principia y acaba
con la vida"), adquiere en la crónica de Martí una dimensión mayor,
refiriéndose sin tapujos a la muerte: "La educación empieza con la vida,
y no acaba sino con la muerte". La traducción de la cita de Emerson,

comparada con la de Toro y Gómez, mejora el texto ostensiblemente.
Cambios, adiciones, mejorías y omisiones como los señalados, se
siguen a todo lo largo de la crónica, incluso en pasajes que sí pudieran
considerarse meras traducciones. Martí va haciendo una lectura selectiva
del original, 'cortando y pegando' o enriqueciendo el material a fin de
adaptarlo a la literatura infantil pero, también y primordialmente, a los
objetivos de la revista, que es decir, a sus propios objetivos como autor.
   Las omisiones martianas son significativas en cuanto a echar por
tierra la condición de 'traducción' de esta crónica, y como ejemplos de
adaptación temática. Martí, como hemos comprobado, desde el inicio
mismo comienza a 'editar' el texto y no dejaría de hacerlo hasta el final
de la parte del capítulo de *Life and Labor* que utilizó como base para su
crónica. Algunas omisiones obedecen a cuestiones de estilo (como la ya
señalada de la oración "Hence the importance we attach to education"
que, evidentemente, rompía la idea central de la juventud que se venía
desarrollando), pero otras parecen estar más relacionadas con el
contenido del texto original y la tónica que venía dando Martí a todos los
trabajos de la revista. Así, por ejemplo, al hablar del "hombre ideal",
Martí omite la directa referencia de Smiles al "Creator" (que Toro y
Gómez traduce como "Criador"). La cita de "A well-known bishop",
tampoco aparece en la 'traducción' martiana. Otras omisiones son más
significativas, como la de este párrafo del texto original:

> It is worthy of remark that there has been no instance of musical
> precocity, or even of musical genius, among girls. There may have been
> some prodigies, but they have come to nothing. There has been no female
> Bach, Handel, or Mozart. And yet hundreds of girls are taught music for
> one boy; nor have they any such obstructions to contend against as boys
> have occasionally had to encounter. (90-1)

Obviamente, para Martí "it was not worthy" hacer semejante
observación. Su alta estima de la mujer —a pesar de lo que algunos han
dicho en contrario[40]— y su mensaje a las niñas (como veremos después),
eran del todo incongruentes con la aseveración de Smiles. Otras

---

[40] Cf. Jacqueline Cruz, "'Esclava vencedora': La mujer en la obra literaria de Martí," *Hispania*
75.1 (1992): 30-7.

omisiones evidentes están encaminadas a liberar el texto de excesiva 'moralización' o, simplemente, a mejorar el estilo.

En todo caso, la 'edición' señalada en el cotejamiento de los tres textos e identificada como un personalísimo método de 'traducción', hace del fragmento del capítulo de Smiles 'traducido' en "Músicos, Poetas y Pintores", un texto martiano, semejante en características estilísticas y de contenido, a los textos originales de Martí en los cuatro números de la revista publicados. Es por ello que este trabajo, en tanto que rescritura artística de un texto dado, puede incluirse dentro de los ejemplos clásicos de crónica modernista y, por lo tanto, bien lejos de una simple traducción. Zohar Shavit, aunque analizando otros casos no relacionados con Martí o la rescritura modernista, y partiendo de la teoría de los polisistemas semióticos[41], resume este tipo de 'traducción' dentro de la Literatura Infantil en los siguientes términos:

> The act of translation is understood here not in the traditional normative sense, but rather as a semiotic concept. Thus, translation is understood as part of a transfer mechanism—that is, the process by which textual models of one system are transferred to another. In this process, certain products are produced within the target system, which relate various and complex ways to products of the source system. Hence, the final product is the result of the relationship between a source system and a target system, a relationship that is itself determined by a certain hierarchy of semiotic constrains. (111)

La misma crítica considera las 'libertades' en la traducción señaladas como resultado de "the peripheral position of children's literature within the literary polysystem" (112). Dada la importancia que le dio Martí a *La Edad de Oro*, es evidente que para él su escritos para niños no tenían posición periférica alguna. Es más, procedimientos semejantes pueden ser identificados en sus crónicas para adultos. Es por ello que sus añadidos, omisiones y otros cambios a las fuentes de sus rescrituras deben verse dirigidos no sólo a transferirlas de una categoría (o sistema) a otra(o), sino a mejorar los textos en sí de acuerdo con la óptica modernista, sin menoscabo o subestimación de categoría o sistema alguno.

---

[41] Cf. Itamar Even-Zohar, *Polysystem Studies*, número especial de *Poetics Today* 11.1 (1990).

"Cuentos de Elefantes", contrariamente a lo que su nombre indica, es una crónica; la última en aparecer en *La Edad de Oro*. Herminio Almendros la considera "escrita para los jóvenes con un realismo de previsora y sabia mesura" (168), aunque más adelante reconoce que parte de su contenido "ya no refleja la realidad, sino que ahora resulta ya sin sentido o incierto" (170-1). Además de ello, habría que destacar que, desde el punto de vista artístico, es la menos lograda de todas las crónicas.

Pero ello tiene su razón. "Cuentos de Elefantes" fue escrita con premura a fin de sustituir el trabajo que originalmente Martí había planificado publicar en su lugar: "La Luz Eléctrica". Razones de espacio impidieron su intención primaria y, a fin de cubrir las pocas páginas que le quedaban libres, redactó, presumiblemente a última hora y sin tiempo para buscar ilustración alguna, esta crónica sobre la jungla. El tema no era nada nuevo en la literatura infantil de fin de siglo. Para la época en que Martí escribía su crónica, era sumamente popular entre los lectores juveniles el motivo de la selva, razón por la cual abundaban los libros dedicados a (o relacionados con) el tema, los cuales, pocos años después, desembocarían en los hoy más conocidos de todos: *The Jungle Books* (1894), de Rudyard Kipling (1865-1936) y *Tarzan of the Apes* (1914), de Edgar Rice Burroughs (1875-1950). En 1889 el autor más popular en cuando al tema de la jungla dentro de la literatura infantil, era Paul B. Du Chaillu (1838-1903), creador de libros tales como *Stories of the Gorilla Country. Narrated for Young People* (1868), *Lost in the Jungle. Narrated for Young People* (1870) y *Wild Life Under the Equator. Narrated for Young People* (1870). Además de ello, muchos libros de viajes (de los que el siglo XIX fue sumamente prolífico) trataban de la selva, lectura predilecta tanto para niños como para adultos.

Esta crónica martiana es la que más se semeja a las producidas por los redactores de mesa de la prensa periódica de la época. Sigue el estilo de rescritura pero, dada la premura de su redacción, sin el acabado proceso de trabajo sobre los textos originales que caracteriza a sus congéneres de *La Edad de Oro*. Aquí Martí rescribió, simplemente, 'de memoria'. Sus fuentes fueron sumamente disímiles: despachos de prensa de la entonces compleja situación africana, la popularidad de los trabajos en marfil, y lecturas varias de libros relacionados con los paquidermos, entre los cuales he logrado identificar el de Charles F. Holder, *The Ivory King; A Popular History of the Elephant and Its Allies* (1888). Martí menciona directamente a Du Chaillu así como a Charles Livingston —autor de *Narrative of an Expedition to the Zambesi and Its Tributaries; and of the Discovery of the Lakes Shirwa and Nyassa* (1866)— y a otros viajeros famosos que hacían noticia por ese entonces[42]. Con todas esas lecturas en mente, escribió Martí esta crónica.

Esta pieza puede dividirse en varias partes (de ahí el título de "cuentos", en plural): un largo primer párrafo de corte realista (del todo periodístico) en que Martí 'actualiza' la situación africana del momento y a través del cual nos permite conocer su postura al respecto. De ésta llama la atención su apoyo a la presencia europea en Africa (en tanto que plausible desde el punto de vista de la ciencia), y el hecho de que atribuye únicamente a la dominación turca los conflictos en que entonces se hallaba envuelta la región. Hay, intrínsicamente, un apoyo a la política colonial británica en Africa, al menos por lo que ésta representaba en contra de la esclavitud.

En ese primer párrafo Martí introduce el tema principal de su crónica: el elefante. Para ello, sigue el orden de los libros ya citados: por su raíz histórica en el mamut. Y semejante introducción le da pie para presentar, en el segundo párrafo, el "cuento" mejor logrado de toda la crónica: el del pescador siberiano que descubrió los restos del primer mamut congelado de que se tienen noticias.

La descripción de la llegada de la primavera (del deshielo) en las altas latitudes siberianas, asombra por la síntesis y el uso del sonido y la luz como elementos fundamentales, resultantes en imágenes impresionistas. Más adelante, la escena en que los perros devoran la carne descongelada del mamut, haría las delicias del más redomado decadentista.

Del mamut pasa Martí a su descendiente actual y motivo fundamental de su crónica: el elefante, cuya fealdad le permite arremeter, de plano, contra el romanticismo, al desligar la belleza física de las características humanas espirituales y morales positivas. Es decir que, siguiendo la tónica de la literatura infantil, no pierde oportunidad para 'humanizar' al

---

[42] Cf. *Stanley: A Popular Account of His Rescue of Emin Pasha, His Early Life, His Explorations in Africa, the Finding of Dr. Levingston & the Founding of the Congo Free State* (London: Nister, 1890) y *Stanley and Africa: Also the Travels, Adventures, and Discoveries of Captain John H. Speke, Captain Richard F. Barton, Captain James W. Grant, Sir Samuel and Lady Baker, and other distinguished explorers* (London: W. Scott, ¿1890?).

animal:

> Con el elefante no hay que jugar, porque en la hora en que se le enoja la
> dignidad, o le ofenden la mujer o el hijo, o el viejo, o el compañero, sacude
> la trompa como un azote, y de un latigazo echa por tierra al hombre más
> fuerte, o rompe un poste en astillas, o deja un árbol temblando. Tremendo
> es el elefante enfurecido, y por manso que sea en sus prisiones, siempre le
> llega, cuando calienta el sol mucho en abril, o cuando se cansa de su
> cadena, su hora de furor. (118)

Luego Martí habla de que el elefante "sabe de arrepentimiento y de
ternura" (118), y dedica todo un párrafo a la descripción de su trompa.
Sin embargo, en medio de la información científica, agrega el humor a
manera de contrafigura, como cuando cuenta la fobia de los elefantes a
los ratones y a los cerdos, o la anécdota del pintor que provocó el enojo
de un elefante y terminó "medio muerto, y todo lleno de pinturas" (119).

El toque exótico asiático no podía faltar en esta crónica, y está
representado por referencias al culto del elefante blanco, posible
reminiscencia de la lectura por Martí del libro de M. Vincent, *The Land
of the White Elephant* (1874). El último "cuento" es la descripción de
una cacería de elefantes en Africa, en que un joven cazador salva,
milagrosamente, la vida. La narración es de corte sumamente realista,
con lo que Martí cierra la crónica con la misma modalidad con que la
comenzó.

Pero precisamente ese "cuento" final es el que, en este otro fin de
siglo, invalida esta crónica. Nuestra sensibilidad actual, en lo que
respecta a la preservación de la naturaleza y los esfuerzos por salvar de
la extinción al elefante (en peligro de desaparecer, precisamente, por
cacerías como las descritas por Martí), provocaría una reacción tal en los
lectores que confundiría del todo la intención martiana original. Ello
porque, en estos momentos, ni siquiera a manera de crítica se considera
de buen gusto, dentro de una obra dirigida a los niños, la descripción de
una escena semejante[43], a la que se identifica no ya como 'cacería', sino

---

[43] Recientemente se estrenó una película al respecto (*A Far Off Place* [1993], basada en el libro
homónimo y en *A Story Like the Wind*, ambos de Laurens Van Der Post, y dirigida por Mikael
Salomon) en que una escena de cacería de elefantes, aunque hecha por trucajes, ha sido sumamente

como 'masacre'.

Sin embargo, otra era la recepción de tal escena en 1889. Ya nos hemos referido a las obras de Du Chaillu, de gran popularidad entonces como se desprende de sus muchas ediciones. En ellas, abundan las descripciones de cacerías (hoy sin sentido) de animales africanos. Porque es el caso que entonces la jungla, en tanto que naturaleza virgen, era un espacio a conquistar a fin de completar la imagen del hombre como la criatura central y más poderosa de la creación, amén de reafirmar su condición de parte de la naturaleza misma al demostrar su capacidad de supervivencia en los más peligrosos lugares del planeta. El hoy controvertido héroe de ese último "cuento", es "un cazador que era casi un niño" (120), con lo que Martí busca la identificación con sus lectores. Las manadas de elefantes y otros animales salvajes, por otra parte, se consideraban, entonces, completamente inagotables. El mismo Martí, en el último de los artículos titulados "La Ultima Página", nos brinda la justificación ideológica del "cuento" al tratar de 'vender' el cambio de "La Luz Eléctrica" por "Cuentos de Elefantes":

> Con todo eso, no cupo el artículo [sobre la luz eléctrica], y hubo que escribir otro más corto, que es ese que habla de la caza del elefante, y el modo con que venció el niño cazador al elefante fuerte. Nadie diga que el cambio no fue bueno. Se ha de conocer las fuerzas del mundo para ponerlas a trabajar, y hacer que la electricidad que mata de un rayo, alumbre en la luz. Pero el hombre ha de aprender a defenderse y a inventar, viviendo al aire libre, y viendo la muerte de cerca, como el cazador del elefante. La vida de tocador no es para hombres. Hay que ir de vez en cuando a vivir en lo natural, y a conocer la selva. (128)

En todo caso, y a pesar de la imposibilidad de ser aceptada hoy esta crónica como literatura infantil, queda la misma como muestra de la síncresis martiana ya identificada. Sólo que, a los elementos impresionistas y exóticos de corte oriental ya señalados, hay que unir aquí los realistas, resultantes de los despachos de prensa y de las fuentes que 'de memoria', utilizó el "hombre de *La Edad de Oro*" en su

---

criticada y considerada la razón del poco éxito del film. (Véase la crítica de Janet Maslin, "African Violence in Tale for Children," *The New York Times* 12 March 1993: C15).

rescritura.

Las crónicas, no por casualidad, conformarían el sub-género más recurrente en los cuatro números publicados de *La Edad de Oro*. En ellas, Martí desarrolló un complejo proceso de tranferencia categórica (de la literatura para adultos a la infantil), idiomática (del inglés o el francés al español) y de lectores inmediatos (de franceses o ingleses a hispanoamericanos) siguiendo métodos que repetiría en otros géneros y que no serían estudiados por la crítica —aunque no específicamente en el escritor cubano— sino mucho tiempo después[44]. Mi objetivo fundamental al analizar estas crónicas ha sido identificar sus fuentes y señalar, desde el punto de vista estilístico, los elementos más destacados que las sitúan, de lleno, dentro del Modernismo. Elementos que también podrán ser identificados en el otro sub-género que analizo a continuación.

---

[44] Cf. Itamar Even-Zohar, *Polysystem Studies*, número especial de *Poetics Today* 11.1 (1990).

CAPÍTULO 3: LOS ARTÍCULOS

El artículo modernista tiene, en sentido general, las mismas raíces históricas y estilísticas que la crónica. En realidad, durante las últimas décadas del siglo XIX los términos eran todavía intercambiables, ya que las fronteras inter-genéricas modernas no habían sido del todo establecidas aún. El mismo Martí llama a muchas de sus crónicas "artículos" o "correspondencias" (término perdido, aunque se mantiene el de "corresponsal"), al parecer para diferenciar sus trabajos de las crónicas más afrancesadas que comenzaban a ganar adeptos y que eran, por lo general, menos profundas. En todo caso, debe recordarse que los géneros periodísticos, tal y como los conocemos hoy, son un producto de principios de este siglo que, en 1889, estaban todavía en proceso de formación[1]. Nueva York en especial, dado el volumen y tirada de sus publicaciones periódicas, jugó en esas últimas décadas del XIX un papel fundamental en tal proceso. En efecto, para los años ochenta una cuarta parte de todas las publicaciones periódicas norteamericanas se editaban en esta ciudad; en número de ejemplares por tirada, su importancia era mayor aún: de las publicaciones con más de 100,000 ejemplares de la época, dos terceras partes eran neoyorquinas, a pesar de que la ciudad hacía poco que había rebasado su primer millón en número de habitantes[2]. Dentro de ese ambiente sobresaturado de periodistas, editores, impresores, distribuidores especializados y ansiosos lectores, vivió Martí los últimos años de su vida y —nada sorprendente—, desarrolló, a pesar de sus escasos recursos económicos, una labor creadora y editora de primer orden[3].

Para mi análisis he tomado en cuenta las divisiones genéricas modernas, no del todo aplicables a la época según lo expuesto en el párrafo anterior, y mucho menos en *La Edad de Oro*, dados los objetivos de su autor de que todo su contenido pareciera cuentos. Sin embargo, sí

---

[1] Cf. Hazel Dicken-García, *Journalistic Standards in Nineteenth-Century America* (Madison: U of Wisconsin P, 1889).

[2] Cf. Frank Luther Mott, *A History of American Magazines* (1938; Cambridge: Harvard UP, 1957) 3: 26.

[3] Cf. Joaquín Llaverías y Martínez, *Los periódicos de Martí* (La Habana: Pérez, Sierra y Co., 1929).

es posible comprobar que hay marcadas diferencias genéricas entre unos trabajos y otros (independientemente de cómo los llamó su autor), incluso para los patrones decimonónicos. Así, por ejemplo, resulta evidente que Martí no vio con buenos ojos un género entonces emergente y sumamente importante: el reportaje. En *La Edad de Oro* no aparece ninguna muestra de este género (tal y como se le conocía en esa época) y, hasta donde tengo entendido, Martí no llegó a cultivarlo, propiamente, nunca. Es cierto que utilizó algunos reportajes como fuente de sus crónicas, pero, en su proceso de rescritura, cambiaba del todo las características genéricas de entonces en busca de la belleza (la 'voluntad de estilo'), incongruente con el reportaje decimonónico como tal, obra de especialistas en los temas en cuestión y no de escritores profesionales. Porque es el caso que Martí, como el resto de los escritores hispanos del período, utilizó el periodismo como vehículo de promoción literaria, más allá de la noticia o el dato especializado, que los modernistas dejaron en manos, respectivamente, de los redactores de mesa y de los especialistas contratados.

A los efectos de mi estudio, he seleccionado como "artículos" (en división genérica discutible, soy consciente) aquellos trabajos que más se acercan a los sub-géneros que hoy se conocen, en el periodismo, como "artículo de opinión"' o "columna" (trabajos relativamente cortos, en los que el autor se comunica directamente con sus lectores, para desarrollar sus opiniones sobre un tema específico), y "editorial" (de igual temática, pero a nombre de la entidad editora). Teniendo en cuenta que Martí era el redactor único de *La Edad de Oro* y que, dada la categoría literaria de esta obra, en todo momento hizo hincapié en el contacto directo, íntimo, con sus lectores infantiles, la opinión 'personal' está casi siempre mezclada con la 'editorial', al punto de convertirse, en no pocas ocasiones, en una misma.

En todo caso, y trátese de la opinión de la entidad editora o del redactor (o de ambos a la vez), en los cuatro números editados de *La Edad de Oro* podrían señalarse los siguientes artículos (a los cuales uno la "Circular" que Martí reprodujo en el reverso de la contra-portada de todos los números de la revista publicados), tal y como conocemos el género en la actualidad:

Numero 1
. "A los Niños que lean 'La Edad de Oro'."

. "Tres Héroes."
. "La Ultima Página."

Número 2
. "La Ultima Página."

Número 3
. "La Ultima Página."

Número 4
. "La Galería de las Máquinas."
. "La Ultima Página."

En comparación con las crónicas y los cuentos, es evidente que el artículo terminó siendo un género minoritario dentro de la conformación genérica de *La Edad de Oro*. Y si se excluyen aquellos artículos que podrían ser considerados también dentro de otro género (como, por ejemplo, "Tres Héroes", que podría verse como un cuento o, incluso, una crónica), la nómina quedaría más reducida aún. Pero esa poca importancia cuantitativa del artículo en las cuatro entregas de la revista, en nada merma su importancia cualitativa. Los artículos fueron 'trabajados' por Martí con el mismo esmero que el resto de los textos que forman la revista. Y, lo que es de suma importancia, los utilizó para el contacto directo, personal, con sus lectores, al tiempo que, temáticamente, los enlazó con otros trabajos, incluso de géneros diferentes.

Así, "Tres Héroes" puede asociarse con las crónicas "El Padre Las Casas" y "Las Ruinas Indias" o con el cuento "Meñique", al tiempo que "La Galería de las Máquinas" admitiría ser considerada una extensión de "La Exposición de París". "A los niños que lean 'La Edad de Oro'" puede analizarse como complemento o variante de la "Circular": el primero, dirigido a los niños, rebosando poesía; el segundo, a los adultos. Y la unidad de los cuatro artículos titulados "La Ultima Página" va mucho más allá del nombre común.

"A los Niños que lean 'La Edad de Oro'" es el editorial introductorio de la revista. Es de destacar que Martí no lo dirige a los adultos, sino que desde el inicio mismo comienza a 'hablar' con los niños. Este artículo está directamente relacionado con la reproducción del cuadro de

Edward Magnus que lo precede a manera de frontispicio, y al cual termina Martí refiriéndose. Como todo editorial introductorio, éste 'personaliza' la empresa editora ("este periódico"), pero ya al final la personalidad del redactor único supera la de la institución, cerrando el artículo con lo que pudiera constituir el objetivo básico de la publicación:

> Lo que queremos es que los niños sean felices, como los hermanitos de nuestro grabado; y que si alguna vez nos encuentra un niño de América por el mundo nos apriete mucho la mano, como a un amigo viejo, y diga donde todo el mundo lo oiga: ¡"Este hombre de *La Edad de Oro* fue mi amigo"! (3)

Llama la atención la forma en que Martí renuncia al facilismo de dirigirse a "los niños" en general. Por el contrario, se dirige, específicamente, tanto a los niños como a las niñas, sin las cuales "no se puede vivir, como no puede vivir la tierra sin luz" (2). Y aunque mantiene las divisiones genérico-sociales de la época ("el niño nace para caballero, y la niña nace para madre", 2), el solo hecho de dirigirse a las niñas en particular (dándoles, con la particularización, personalidad propia e independiente de los varones), constituye un reconocimiento nada común en la época. Un reconocimiento que es también una exhortación a romper los mismos moldes que él, con la división caballero/madre, había reflejado:

> Las niñas deben saber lo mismo que los niños, para poder hablar con ellos como amigos cuando vayan creciendo; como que es una pena que el hombre tenga que salir de su casa a buscar con quien hablar, porque las mujeres de la casa no sepan contarle más que de diversiones y de modas. (2)

Sin embargo, ello no implica que Martí preconizara una pérdida de los rasgos femeninos de las niñas (y, por extensión, de las mujeres) como consecuencia de la igualdad propuesta. Precisamente, la superioridad femenina basada en sus características genéricas (incluso en el trabajo), es algo sobre lo que volvería una y otra vez ("¡De seguro que van a ganar las niñas!" [3], exclama al referirse al concurso de composiciones que anuncia). De ahí que, a continuación del párrafo citado anteriormente, exprese:

Pero hay cosas muy delicadas y tiernas que las niñas entienden mejor, y para ellas las escribiremos de modo que les guste; porque *La Edad de Oro* tiene su mago en la casa, que le cuenta que en las almas de las niñas sucede algo parecido a lo que ven los colibríes, cuando andan curioseando por entre las flores. Les diremos cosas así, como para que las leyesen los colibríes, si supiesen leer. (3)

El contenido que adelanta Martí en este artículo, se vería realmente cumplido en los cuatro números de la revista editados, aunque muchas cosas se le quedaron en 'el tintero' (como el trabajo sobre "los puentes colgantes", que conjeturo que habría sido una adaptación a la literatura infantil de su crónica "El Puente de Brooklyn", de 1883). Llama la atención la importancia que dio Martí en su programa a los temas técnicos, reflejando la tendencia de la prensa norteamericana de la época, aun cuando no haya podido cumplir con tales anuncios y el peso del contenido de los cuatro números de la revista permaneciera en el campo de las humanidades.

La brevedad de "A los Niños que lean 'La Edad de Oro'" y sus claros objetivos básicos, en tanto que artículo editorial, lo han mantenido casi que al margen del análisis literario, opacado por las crónicas y los cuentos. Pero, aunque manteniendo esos objetivos básicos extraliterarios, "A los Niños..." constituye una pieza sumamente 'trabajada' por Martí; su simpleza forma parte de un complejo plan de redacción en que su autor intentó (y logró) alternar la más depurada prosa poética con el lenguaje informativo propiamente dicho, en algunos casos de corte del todo coloquial. Véanse las primeras palabras, donde la anáfora parece vestirse de oralidad íntima y su autor hace de evidentes contradicciones (manecitas/hombre-fuerte, niño/gigante) sendas implicaciones resultantes en imágenes poéticas de alto vuelo:

El niño ha de trabajar, de andar, de estudiar, de ser fuerte, de ser hermoso: el niño puede hacerse hermoso aunque sea feo; un niño bueno, inteligente y aseado es siempre hermoso. Pero nunca es un niño más bello que cuando trae en sus manecitas de hombre fuerte una flor para su amiga, o cuando lleva del brazo a su hermana, para que nadie se la ofenda: el niño crece entonces, y parece un gigante. (2)

Tal y como se desprende de la cita anterior, "A los Niños que lean

'La Edad de Oro'" enfatiza de manera destacada los deberes del niño; énfasis que ilustra la marcada influencia de la literatura infantil victoriana en Martí.

Este artículo puede ser fácilmente asociado a la "Circular" que Martí reprodujo en el reverso de la contraportada de cada número de *La Edad de Oro*. Dicha "Circular", aunque de objetivos básicos semejantes al artículo recién analizado, no está dirigida a los lectores infantiles, sino a los padres, y carece de intención literaria alguna más allá de una redacción decorosa que propicie una lectura placentera. Está construida en forma de 'suelto' o noticia —Martí evitó por todos los medios el lenguaje comercial de los anuncios—, por lo que al compararla con "A los niños...", se evidencia la factura literaria de este último.

"La Galería de las Máquinas" (126) es una extensión de "La Exposición de París". En este artículo, Martí recoge algunas anécdotas relacionadas con la reacción del público a su crónica y aprovecha para aclarar que, a diferencia de lo que pensaron sus lectores (tanto niños como adultos), él no estuvo en la exposición parisina. La justificación fundamental del trabajo es la publicación del grabado "La Galería de las Máquinas", como ilustración complementaria de su descripción de "El Palacio de las Industrias" en "La Exposición de París". Aunque, como corresponde al "illustrated journalism", describe el grabado publicado. En el caso del artículo analizado, Martí, en su descripción, convierte a las maquinarias en "elefantes arrodillados" a las órdenes de su creador: el hombre. De ahí que

quien ha visto todo aquello, vuelve diciendo que se siente como más alto. Y como *La Edad de Oro* quiere que los niños sean fuertes, y bravos, y de buena estatura, aquí está, para que les ayude a crecer el corazón, el grabado de La Galería de las Máquinas. (127)

Los cuatro artículos titulados "La Ultima Página" recuerdan la sección de cartas de los lectores que la prensa norteamericana impondría como característica permanente de toda publicación periódica. Para Martí, "serán como el cuarto de confianza de *La Edad de Oro*, donde conversaremos como si estuviéramos en familia" (32) y su extensión variará de un número a otro. El patriota cubano utilizó tal "cuarto de confianza" para resumir en pocas palabras lo que consideraba de más importancia en el número concluido, y hacer alguno que otro anuncio acerca del contenido de la siguiente entrega de la revista. Con ello el redactor único de *La Edad de Oro* daba doble carácter a sus últimas páginas según el *argot* pedagógico: *sumario* de la 'clase' por concluir e *introducción* de la por venir. El mensaje básico del primero de tales artículos (32), es destacar la importancia de las ideas sobre la fuerza, sin desdeñar la necesidad, en determinadas circunstancias, de la última. Para desarrollar tal mensaje, Martí se basa en fugaces comentarios de los trabajos publicados en ese primer número, y en sus ideas de la función social e intenciones estéticas de la poesía:

> Poetas como Homero ya no podrán ser [los niños], porque estos tiempos no son como los de antes, y los aedas de ahora no han de cantar guerras bárbaras de pueblo con pueblo para ver cuál puede más, ni peleas de hombre con hombre para ver quién es más fuerte: lo que ha de hacer el poeta de ahora es aconsejar a los hombres que se quieran bien, y pintar todo lo hermoso del mundo de manera que se vea en los versos como si estuviera pintado con colores, y castigar con la poesía, como con un látigo, a los que quieran quitar a los hombres su libertad, o roben con leyes pícaras el dinero de los pueblos, o quieran que los hombres de su país les obedezcan como ovejas y les laman la mano como perros. Los versos no se han de hacer para decir que se está contento o se está triste, sino para ser útil al mundo, enseñándole que la naturaleza es hermosa, que la vida es un deber, que la muerte no es fea, que nadie debe estar triste ni acobardarse mientras haya libros en las librerías, y luz en el cielo, y amigos, y madres. (32)

La poesía en función de látigo, la vida como deber, la muerte como algo que no es feo y los libros, la luz, los amigos y las madres como fuentes suficientes de valor, componen todo un ideario desarrollado por Martí en otros muchos de sus escritos (incluyendo otros más personales, como cartas, dedicatorias, etc.) y aquí compuesto directamente para los niños (de ahí que la madre —el centro del mundo para todo infante— aparezca como fuente de valor final y, por lo tanto, conclusiva). Las alusiones a los caudillos latinoamericanos que a la sazón desgobernaban las recién estrenadas repúblicas de "Nuestra América" (y cuyas acciones había sufrido, en carne propia, el mismo Martí), son más que claras. Más adelante hay una imagen que interpreto como alusiva al movimiento expansionista norteamericano, y a las polémicas fronterizas entre algunos países hispanoamericanos:

Antes todo se hacía con los puños: ahora, la fuerza está en el saber, más que en los puñetazos; aunque es bueno aprender a defenderse, porque siempre hay gente bestial en el mundo, y porque la fuerza da salud, y porque se ha de estar pronto a pelear, para cuando un pueblo ladrón quiera venir a robarnos nuestro pueblo. (32)

"La Ultima Página" del segundo número (64), es el más corto de los cuatro artículos de igual título y el más enigmático. La muerte —y hasta el suicidio— abren este breve trabajo. Me parece evidente que Martí está enviando un mensaje a alguien por alguna razón especial. Pero, hasta ahora, tanto razones como personas me son desconocidos. Podría conjeturarse que, al señalar Martí que "*La Edad de Oro* no se quiere morir" (64), lo dijese de manera literal, con lo que entonces sería válido interpretar todo ese enigma de la muerte y el suicidio como una alusión a problemas con el editor. Pero es el caso que, según el propio testimonio martiano ya analizado y otros factores, tales problemas no surgieron sino luego del tercer número, como se ha probado a inicios de este ensayo. Durante la confección del segundo número, las "ideas, ocultas hasta ahora, o el interés alarmado del dueño de *La Edad*" (20: 153) que dieron al traste con la publicación de la revista, permanecían, todavía, sin revelarse. ¿Estaría siendo presionado Martí por otras personas o instituciones para cambiar la dirección editorial de la revista? El último párrafo lo dedica Martí a agradecer a los que han expresado opiniones elogiosas sobre *La Edad de Oro*. ¿Pretende dicho párrafo simplemente agradecer los elogios, o recordárselos (mostrárselos como pruebas de descargo) a alguien?

"La Ultima Página" del tercer número (96) tiene un tono del todo diferente al anterior. Es más, la característica básica del mismo podría catalogarse de festiva. En él Martí 'animiza' humorísticamente la crónica "Historia de la Cuchara y el Tenedor", y orienta la relectura de "La Exposición de París", poniendo de relieve sus valores literarios. Humorística resulta hasta su exclamación (del todo asociada a la *captatio benevolentiae*) "¡Quién sabe si sirve, quién sabe, el artículo de la Exposición de París!" (96). El ecfonema es poco menos que picaresco: Martí bien conocía la calidad de dicha crónica, lo mismo que todos los que la habían leído.

A pesar de la brevedad de este artículo, Martí no pierde la ocasión para enfatizar sus doctrinas, en este caso directamente relacionadas con los trabajos que resume o comenta suscintamente. Así, llama la atención su 'justificación' del por qué dio tan poca importancia al pabellón bélico en su crónica sobre la Exposición de París, en frase que no puede ocultar la mano de Smiles tras bambalinas, abanderado de la idea de que "las cosas de guerra y de muerte no son tan bellas como las de trabajar" (96). Y, en perfecta consonancia con lo anterior, su exhortación a ser útiles, que es más que ser noble en su acepción aristocrática:

> Se es bueno porque sí; y porque allá dentro se siente como un gusto cuando se ha hecho un bien, o se ha dicho algo útil a los demás. Eso es mejor que ser príncipe: ser útil. Los niños deben echarse a llorar, cuando ha pasado el día sin que aprendan algo nuevo, sin que sirvan de algo. (96)

El cuarto artículo "La Ultima Página" (127-8), es el más extenso de los cuatro. Hay un tono lúgubre, nostálgico, en todo él; es una despedida. Martí no hace mención directa de las contradicciones con el editor que, a la postre, determinarían el cierre de la revista; pero es evidente que a la salida del cuarto número ya sabía su redactor único que éste sería el último o, en el mejor de los casos, que las posibilidades de una quinta entrega eran más que remotas. Ello se desprende no sólo del tono de esta postrera página, sino del hecho de que en el Sumario de este cuarto número —a diferencia de sus homólogos de los tres números anteriores—, no aparece anuncio alguno del quinto, y ello a pesar de que para entonces tenía Martí al menos un trabajo que, por falta de espacio suficiente, venía posponiendo: "La Luz Eléctrica."

La idea básica de esta "Ultima Página" es destacar la relación padre-hijo entre el "hombre de *La Edad de Oro*" y sus lectores infantiles y, a través de una atrevida construcción parabólica que incluye la tecnología, asociar lo espiritual en su vertiente positiva con la luz, marcadamente con la luz eléctrica. Hay un nada disimulado ataque a los materialistas, quién sabe si como lejano eco de la polémica mexicana en que el joven Martí había cerrado filas con los idealistas o como referencia a la que, en ese entonces, infiero que tenía ya con Da Costa Gómez:

> Así hay muchas cosas que son verdad aunque no se las vea. Hay gente loca, por supuesto, y es la que dice que no es verdad sino lo que se ve con los ojos. ¡Como si alguien viera el pensamiento, ni el cariño, ni lo que, allá dentro de la cabeza canosa, va hablándose el padre, para cuando haya

terminado de trabajar, y tenga con qué comprarle caballos como la seda o velocípedos como la luz a su hijo! (128)

El toque exótico del artículo está dado por su larga referencia a la cultura egipcia sublimada, en que Martí hasta 'justifica' poéticamente los sacrificios humanos y establece un parangón entre el Nilo y la paternidad, en este caso entre el famoso río y él mismo con relación a los lectores de quienes se despide. Se destacan construcciones impresionistas y simbolistas, en las que la luz constituye el elemento principal, tanto desde el punto de vista plástico, como simbólico.

Al final, Martí aprovecha el cambio de "La Luz Eléctrica" por "Cuentos de Elefantes" para regresar a lo exótico en tanto que prístino: de la tecnología sublimada, a la selva, de la técnica encomiada, a lo primitivo que, según él, continúa siendo un elemento humano fundamental, como ya comenté en mi análisis de dicha crónica.

Pero el artículo más importante de todos los publicados en *La Edad de Oro* es, indiscutiblemente, "Tres Héroes" (3-6). Martí lo utiliza, deliberadamente, para 'abrir' el primer número de la revista luego del artículo introductorio editorial. Con él busca hacer de la 'primera impresión', una impresión inolvidable. Y lo logra, con creces. Es un texto cuidadosamente trabajado, en el que su autor pone de manifiesto el objetivo adelantado en la circular: publicar artículos que interesen como cuentos. Y esto es, en gran parte, el presente artículo: un cuento. El cuento donde Martí da a conocer a los niños de América los principales forjadores de los pueblos a los cuales esos niños pertenecían.

Visto desde la óptica actual, la selección de un artículo apologético sobre Bolívar, Hidalgo y San Martín como trabajo de apertura de una revista para niños hispanoamericanos, es del todo lógico. No lo era tanto así en 1889. En efecto, el proceso de 'canonización' heroica que hoy todos damos por sentado con respecto a esos tres grandes americanos, no estaba entonces del todo concluido. A pesar de la retórica política de los discursos oficiales, todavía en esos finales de los años ochenta permanecía fresca la propaganda negativa española sobre esos personajes (de la cual el mismo Martí sería, también, víctima), y quedaban sobrevivientes de las epopeyas independentistas a uno y otro lado de los polos beligerantes —o sus descendientes directos—, que opinaban sobre ellos de manera muy diferente a como opinamos hoy los hispanoamericanos de este otro fin de siglo, y todavía no de forma unánime. Hay en esta selección, entonces, un reto, particularmente si se tiene en cuenta que la revista habría de distribuirse en Cuba y Puerto Rico, todavía colonias españolas cuyas ideas mayoritarias en esa novena década del siglo XIX pugnaban entre el autonomismo y el anexionismo, por lo que los "héroes" martianos no pasaban de la categoría de "bandoleros".

En tierra firme la opinión sobre los héroes de Martí tampoco era del todo positiva. Recuérdese que Bolívar y San Martín murieron rechazados por sus pares: a punto de salir al exilio uno, ya exiliado el otro, solos ambos; el cura Hidalgo fue, simplemente, traicionado. Y los propulsores y ejecutores de tales rechazos y/o traiciones —o sus descendientes políticos— eran los considerados 'oficialmente' héroes en Hispanoamérica, todavía imposibilitados, por lógicas razones cronológicas, de ceder o compartir sus estrados con los próceres rechazados, so pena de ver reducidos sus sitiales.

No obstante lo anterior, Martí, aunque reconoce los errores de sus "héroes" —porque "quisieron algunas veces lo que no debían querer" (6)—, pide perdón por ellos —pues, "¿qué no le perdonará un hijo a un padre?" (6)—, y se une incondicionalmente a su reivindicación en progreso. Y para quienes se mantenían firmes en sus críticas a esos libertadores (como ángeles) caídos —las que provocaron, según ellos, su rechazo—, expresa una opinión cáustica, además de llamarlos envidiosos:

> Los hombres no pueden ser más perfectos que el sol. El sol quema con la misma luz con que calienta. El sol tiene manchas. Los desagradecidos no hablan más que de las manchas. Los agradecidos hablan de la luz. (4)

Por lo anterior es por lo que puede asegurarse que este artículo, en la fecha en que fue publicado, constituyó una pieza única en la literatura infantil hispanoamericana. También en ello se adelantó Martí a su tiempo, quién sabe si al menos por el hecho de que, simplemente, en "Tres Héroes" hablaba de sus pares.

Cierto que para la época el tipo de relato infantil histórico no era nada nuevo. Los niños se habían apropiado, desde mucho tiempo atrás, de las novelas de Walter Scott y, en España, se habían hecho varios intentos —también dentro de la atmósfera romántica— al respecto, el más importante de los cuales lo puede constituir la colección de relatos históricos de *El Seminario Pintoresco Español* (1836). Pero la apología heroica individual y su engarzamiento con el tiempo presente, no eran la tónica de semejantes esfuerzos hispanos. Esa tónica la tomó Martí de la literatura infantil norteamericana, dirigida, independientemente de su vertiente moralizadora religioso-social, al cultivo de valores patrióticos basados en la apología de sus héroes (principalmente Washington) a fin de formar, desde la niñez, ciudadanos listos para la continuación del esfuerzo republicano[4]. En ese sentido, Martí elevó a Bolívar, Hidalgo y San Martín, a la estatura histórica de George Washington, una idea hoy perfectamente lógica y aceptable, mas entonces del todo revolucionaria.

El artículo (o cuento, o relato, que todo ello ha sido considerado), cautiva al lector desde el primer párrafo, en que Martí toma el espíritu del inicio clásico del cuento infantil ("Había una vez...") y lo presenta desde una nueva dimensión, épica y particular, en que una estatua de Bolívar parece comenzar a moverse conmovida ante las lágrimas de un viajero que todos siempre hemos asociado con el mismo Martí. Salvador Arias (1974), en su análisis de este artículo, reconoce con candidez: "¿A quién que haya leído esta introducción no se le ha ocurrido repetirla en la memoria alguna vez?" (81) y, al menos en lo que a mí se refiere, su observación es del todo cierta.

La estructura del artículo en su conjunto es sumamente compleja, dosificando apología y moralización de manera tal que una sirva de complemento a la otra y, por lo tanto, la segunda no sea motivo de rechazo. Tales moralizaciones inteligentemente dosificadas están ligadas, de manera fundamental, a la libertad en general y, en particular, a la de los pueblos hispanoamericanos. Pero también a esa misma libertad como condición humana íntimamente relacionada con la honradez, como que Martí los hace términos sinónimos. Ricardo Franco Soto identifica el ideario masónico en semejante énfasis en la honradez (8), influencia sobre la cual volveremos más adelante. Los términos básicos concluyen siendo, entonces, el decoro, la libertad, la honradez, el trabajo; pero, sobre todos, la heroicidad. Martí llega, incluso, a presentar la posibilidad de que los niños igualen a los héroes adultos que alaba, como en la

---

[4] Cf. Bernard Wishey, *The Child and the Republic* (Philadelphia: U of Pennsylvania P, 1968); Ruth M. Elson, *Guardians of Tradition: American Schoolbooks of the Nineteenth Century* (Lincoln [NE]: U of Nebraska P, 1964) y John C. Crandall, "Patriotism and Humanitarian Reform in Children's Literature, 1825-1860," *American Quarterly* 21 (1969): 3-23.

referencia que hace del infante que se enfrenta a las tropas napoleónicas:

> un niño valiente, un catalancito, hizo huir una noche a una compañía,
> disparándoles tiros y más tiros desde un rincón del monte: al niño lo
> encontraron muerto, muerto de hambre y de frío; pero tenía en la cara
> como una luz, y sonreía, como si estuviese contento. (5)

Todo el artículo puede considerarse escrito en una prosa poética sumamente pulida, como corresponde a la *voluntad de estilo* modernista. Para ello, Martí hace uso de eficaces recursos retóricos, como la siguiente construcción anáforo-epifórica que casi se vuelve letánica:

> Un hombre que oculta lo que piensa, o no se atreve a decir lo que piensa,
> no es un hombre honrado. Un hombre que obedece a un mal gobierno, sin
> trabajar para que el gobierno sea bueno, no es un hombre honrado. Un
> hombre que se conforma con obedecer a leyes injustas, y permite que pisen
> el país en que nació los hombres que se lo maltratan, no es un hombre
> honrado. (3)

Nótese la simetría estructural de las oraciones que conforman el fragmento, simetría que habrá de repetirse en otras muchas partes, como en busca de una nueva métrica para la prosa que hiciera, con las cláusulas, lo que entonces era común en la poesía con las sílabas. Salvador Arias (1974) llama la atención sobre la estructura musical de "Tres Héroes" y, aunque no llega a identificar un patrón en especial sino uno que él mismo infiere del análisis del texto (84-6), reconoce cambios rítmicos tales que le hacen hablar de "allegro" (84), "andante" (86), etc. Y no hay duda que tales cambios rítmicos son más que evidentes según va pasando Martí de uno a otro héroe, como en busca del sonido literal, de la fonética más apropiada para cada uno de sus apologados.

Los símbolos son más que claros y, en algunos casos, reiterativos: el decoro como luz, el fuego como batalla, los héroes como sol. Otros, aunque no tan constantes, son igualmente significativos: América como llama (el noble animal), el caballo del héroe como rayo, los torrentes andinos como leones. La combinación simbolista-impresionista es más que evidente.

También en este artículo es posible encontrar trazos de un ¿inconsciente? autorretrato martiano. En efecto, en su descripción de

Bolívar (tanto en lo físico como en lo moral), parecería que Martí está hablando de sí mismo, como lo destaqué con respecto al padre Las Casas. Carlos Ripoll llega, incluso, a señalar las similitudes entre un autorretrato real de Martí y el que éste hace en "Tres Héroes" de Bolívar[5], y resulta evidente, con los retratos de ambos a mano, que la descripción martiana se acerca más a sus propios rasgos físicos que a los del venezolano. Luego, la historia terminaría de completar las semejanzas.

Del análisis de los artículos publicados en *La Edad de Oro* se desprende el carácter modernista de todos ellos, aunque en algunos se evidencian más que en otros las características del movimiento. Las combinaciones estilísticas son diferentes a las ya identificadas en las crónicas; mas el efecto sincrético es semejante, lo que determina a la postre la unidad de estilo a pesar de las diferencias genéricas. Una unidad de estilo que se continuará apreciando en un género del todo diferente de los analizados hasta ahora: los poemas. Como sigue a continuación.

---

[5] Carlos Ripoll, "La pintura y el pintor en José Martí," *Diario las Américas* 16 de agosto 1987: 12A-13A.

CAPÍTULO 4: LOS POEMAS

El género poético ha estado presente dentro de la Literatura Infantil prácticamente desde antes de su constitución como tal. Nanas, adivinanzas, trabalenguas y otros textos lúdicos, han hecho uso de formas poéticas desde la antigüedad. Incluso libros en latín para niños, escritos por monjes como herramientas educativas mucho antes de la invención de los tipos movibles, hacían uso de la rima y otros recursos poéticos, si bien dejaban mucho que desear desde el punto de vista artístico, sin lugar a dudas debido a la extrema carga didáctica y al fanatismo religioso que los caracterizó.

El hecho de que hasta los más 'crudos' textos infantiles medievales y renacentistas de objetivo pedagógico hicieran uso de la rima, denuncia la importancia que le daban sus autores a este artificio literario como 'anzuelo' para ganar la atención de sus pequeños oyentes o lectores. Y claro que era de esperarse. Aun sin usar como ejemplos poesías infantiles, Robert Scholes considera la poesía "essentially a game" (1), "a kind of musical word game" (7)[1]. De ahí que el texto rimado —ese juego musical de palabras— haya fascinado tanto a los niños medievales y renacentistas como a los de hoy, razón por la cual aquéllos no solamente compartieron (o se 'apropiaron') de buena parte del romancero, sino que indujeron a los poetas populares de entonces a componer infinidad de creaciones especialmente para ellos (aunque también los adultos las compartieran o intentaran 'apropiárselas'). Santa Teresa (1515-1582) nos cuenta que su padre, además de virtuoso y temeroso de Dios, era "aficionado a leer buenos libros, y ansí los tenía de romances para que leyesen sus hijos"[2], libros que constituyeron sus primeras lecturas.

Mas no solamente bardos populares se encargaron de escribir para los niños renacentistas. Autores tan conocidos como Gil Vicente (¿1470-1539?), Alonso de Ledesma (1562-1623) y hasta Luis de Góngora (1561-1627), versificaron para los pequeños. La atracción de los niños por la

---

[1] Para más consideraciones al respecto, véase: Johan Huizinga, "Play & Poetry," *Homo Ludens. A Study of the Play-Element in Culture* (1944; London: Routledge & Kegan Paul, 1980) 119-35.

[2] Santa Teresa de Jesús, *Las Moradas. Libro de su vida* (México: Ed. Porrúa, 1966) 117.

rima es tan profunda y constante, que existe, dentro de la Literatura Infantil, un subgénero poético llamado, simplemente, Rima. Y mientras que en la poesía para adultos —específicamente a partir del Modernismo— el verso libre ha ido cobrando más y más adeptos, en la literatura para niños la rima y la métrica mantienen toda vigencia. Siglos de 'canonización' han seleccionado los versos de arte menor con rima consonante como el mejor molde poético continental para la poesía infantil; un patrón que todo parece indicar habrá de sobrevivir mucho tiempo más, por lo que es probable que la Literatura Infantil quede no solamente como el último y más permanente refugio de la demanda y 'canonización' literaria al margen de la academia —como señalara Isaac Bashevis Singer[3]—, sino también de moldes poéticos aparentemente 'desechados' por la poesía para adultos[4].

La modalidad básica 'canonizada' por los niños resulta ser la poesía narrativa. Para ellos, 'algo' tiene que ocurrir, aun en medio del más destacado lirismo. Es por ello que muchas poesías infantiles pudieran considerarse cuentos en verso, o que estrofas poéticas convivan con la prosa ya desde los primeros ejemplos de narraciones infantiles.

Cuando sale a la luz *La Edad de Oro*, la revolución modernista en la poesía para adultos ya venía, adelantada, en camino. El *Ismaelillo* del mismo Martí había sido publicado siete años antes. Poetas como Manuel Gutiérrez Nájera (1859-1895), Julián del Casal (1863-1893) y José Asunción Silva (1865-1896), también venían enfrentándose al caduco romanticismo español y sentando las bases del nuevo movimiento. Un año antes había aparecido *Azul...*, del nicaragüense Rubén Darío (1867-1916), y aunque no sería sino en la segunda edición de éste, en 1890, que la nueva modalidad alcanzaría del todo a los versos del gran centroamericano, su condición de aire nuevo para la poco menos que asfixiada literatura hispana, es innegable.

Darío terminaría siendo el poeta más conocido y reconocido del Modernismo. Con el ya mencionado *Azul...* había continuado la

---

[3] "I See the Child as a Last Refuge," *The New York Times Book Review* 9 Nov. 1969: 1 & 66.
[4] Esto es válido, incluso, hasta para otras lenguas del todo lejanas y diferentes de las europeas. Así, gracias a los niños japoneses es que se han mantenido vigentes los *haiku* (composición poética de 17 sílabas divididas en 3 unidades) que servían de juego poético a los campesinos nipones del medioevo.

revolución en la prosa iniciada por Martí[5], cargándola aún más de lirismo, música y flexibilidad. Más que prosa poética, las narraciones de *Azul...* son poesías de alto vuelo expresadas 'aparentemente' en prosa. Los temas no parecen ser su fin, sino el placer estético de la lectura, el refinamiento lúdico y preciosista de su factura. Y aunque habría que esperar por nuevas ediciones de *Azul...* para reconocer en sus poesías las características del nuevo movimiento (Darío adicionaría versos del todo modernistas a la segunda edición impresa en 1890), basta lo alcanzado en los cuentos de la primera edición de *Azul...* para reconocer en este libro un hito importantísimo dentro del Modernismo, aunque no haya sido —contrario a lo que intentaron hacer creer el propio Darío y cierta crítica posterior— su génesis.

La expresión más acabada de la poesía dariana se publicaría algunos años después. *Prosas profanas* (1896) marca la plena madurez del poeta y del movimiento. Más que versos son una combinación orgiástica de color y música, de sensaciones y erudición, de paganismo y sacralidad, de pureza y perversión. Cierto que el 'afrancesamiento' es, todavía, más que evidente, pero Darío termina dando a sus fuentes galas vida propia, 'hispanizándolas' con sus inserciones de moldes resucitados de los cancioneros españoles primitivos, su particular utilización de la división en hemistiquios y las para la época inusitadas combinaciones estróficas que presenta. Aquí Darío sinonimiza erotismo con exotismo, religiosidad con panteísmo y, en la más acabada transfiguración poética, todos en un solo significado. Con esta nueva entrega, Darío deslumbra y hace meditar a la vez, presentando un amor como tema central capaz de intercambiar ropajes con la muerte en la más depurada angustia existencial. Así, *Prosas profanas* 'escandaliza' a su tiempo tanto por el exotismo de su contenido, como por el de su continente, y extendería su influencia mucho más allá de su época. Desgraciadamente *Prosas*

---

[5] Para más consideraciones sobre la relación Martí-Darío, véanse: Iván A. Schulman y Manuel Pedro González, *Martí, Darío y el Modernismo* (Madrid: Gredos, 1969) y José O. Jiménez, "Martí, Darío y la intuición modernista de la armonía universal," *Círculo: Revista de Cultura* 18 (1989): 105-21. Aunque publicados hace tiempo, mantienen plena vigencia los trabajos de Manuel Pedro González, "I. Iniciación de Rubén Darío en el culto a Martí. II. Resonancias martianas en la prosa de Rubén Darío," *Memoria del Congreso de Escritores Martianos* (La Habana: Ediciones de la Comisión del Centenario, 1953) 503-69 y Regino Boti, "Martí en Darío," *Cuba Contemporánea* 37 (1925): 112-24.

profanas tendría muchos y muy malos imitadores; pero, a partir de su aparición, y pese a sus múltiples detractores, habría que hablar de la literatura hispana en términos tales como antes y después de Darío.

La revolución poética modernista quedaría completada en 1905 con la aparición de *Cantos de vida y esperanza*. Al deslumbramiento primaveral de *Azul...* y *Prosas profanas*, uniría Darío la profundidad otoñal de esta nueva entrega. Eros, ganador absoluto hasta entonces, se enfrentaría a Chronos; la mañana da paso, luego de un largo viaje poético, a la noche. Darío, repuesto de la preponderancia de los sentidos, se postra ante lo trascendental, lo metafísico. Su universo temático se amplía y profundiza; él, que hasta entonces *decía*, ahora *pregunta*, dubitativo, y hasta parece querer apartarse de "aquél" que era. Pero sus cuestionamientos son de tal profundidad que quedan, al final, sin respuestas posibles ante la temporalidad humana, de destino siempre inconcluso luego de una vida "tan doliente y tan corta", como la de todo ser humano.

Técnicamente, a las innovaciones métricas de sus libros anteriores —mayoritariamente provenientes de la síncresis de los movimientos franceses post-románticos con el precipitado cultural hispano—, Darío adiciona la contraparte italiana post-romántica del Risorgimento. Así, de Giosuè Carducci (1835-1907) toma e introduce en nuestro idioma el cultivo del hexámetro de acuerdo a los postulados del Risorgimento. Finalmente es de destacar cómo, en ciertos momentos, el Darío de los *Cantos...* parece querer alzarse como un poeta civil y rebelde socialmente como su modelo italiano; pero nunca llega a la 'militancia' de, por ejemplo, *L'inno a Satana* (1863). En ese sentido, Darío no pudo nunca igualarse a Carducci y ni siquiera aproximarse a Martí.

Mas, en realidad, ello no le hacía falta. Darío triunfó, y genialmente, en lo íntimo, condición humana tan generalizada que no puede, si no, conducir a la universalidad. El distanciamiento entre los *Cantos...*, por un lado, y las *Prosas...* y *Azul...*, por el otro, no es tal. Los tres forman parte activa del ciclo lógico y vital de un hombre; y, teniendo en cuenta su arrollante fuerza innovadora, de la poesía hispana toda. Darío no fue, en ningún momento, "aquél", sino un 'éste' integral que, gracias a él, somos también un poco, desde entonces, todos[6].

Pero antes de que Darío llegara a escribir lo mejor de su obra poética y llevara la antorcha modernista a todo el mundo hispano, Martí la encendería dentro de la Literatura Infantil. En la "Circular" que anunciaba la publicación de la revista, el poeta cubano adelanta el carácter modernista de las poesías que se editarían al destacar que, entre los objetivos de la misma, se encontraba enseñar a los niños

> a amar el sentimiento más que lo sentimental, a reemplazar la poesía enfermiza y retórica que está aún en boga, con aquella otra sana y útil que nace del conocimiento del mundo.

Con ello Martí anunciaba lo que hoy no podemos sino juzgar como un hecho histórico: la inclusión de la poesía modernista, de manera consciente, dentro de la categoría literaria infantil. Esta inclusión está dada por las poesías editadas por Martí en los cuatro números de *La Edad de Oro*, dosificadas de acuerdo con la siguiente relación:

Numero 1
. "Dos Milagros."
. "Cada Uno a su Oficio."

Número 2
. "Los Dos Príncipes."

---

[6] Estas consideraciones sobre la poesía modernista quedan en deuda con mis notas de clase del curso sobre el Modernismo que impartía el profesor Antonio R. de la Campa en el City College de la Universidad de la Ciudad de Nueva York. La bibliografía sobre Darío en particular es muy amplia. Él es, prácticamente, el centro de todas las historias del Modernismo —la mejor de las cuales continúa siendo la de Max Henríquez Ureña, *Breve Historia del Modernismo* (1954; México: Fondo de Cultura Económica, 1978). Más recientes en factura, véanse: Ernesto Mejía Sánchez, comp., *Estudios sobre Rubén Darío* (México: Fondo de Cultura Económica, 1968); Juan Loveluck, comp., *Diez estudios sobre Rubén Darío* (Santiago de Chile: Zig-Zag, 1967); *Homenaje a Rubén Darío. Memoria del XIII Congreso Internacional de Literatura Iberoamericana* (Los Angeles, CA: Centro Latinoamericano, Universidad de California, 1970); Carlos Martín, *América en Rubén Darío: aproximación al concepto de la literatura hispanoamericana* (Madrid: Gredos, 1972); Cathy L. Jrade, *Rubén Darío and the Romantic Search for Unity: The Modernist Recourse to Esoteric Tradition* (Austin [TX]: U of Texas P, 1983). En 1988 y 1989, debido al centenario de *Azul...*, casi todas las revistas especializadas publicaron trabajos sobre Darío.

, "La Perla de la Mora."

Número 3
, "Los Zapaticos de Rosa."

Cuantitativamente, el género está en franca desventaja con los demás utilizados. Incluso en el cuarto y último número no aparecen versos y, en consonancia con la alquimia genérica martiana, al menos una de las poesías publicadas ("Los Zapaticos de Rosa"), puede ser considerada un cuento (y de hecho lo es: el propio Martí, en el Sumario del número 3, la califica como "cuento en verso"). También, como ya vimos en las crónicas y más adelante veremos en los cuentos propiamente hablando, en las poesías de *La Edad de Oro* hay que dividir en dos los trabajos publicados: poesías originales, y rescrituras de obras de otros poetas, a quienes Martí da pleno crédito. Entre las primeras están "Los Zapaticos de Rosa" y las pequeñas composiciones "Dos Milagros" y "La Perla de la Mora"; son rescrituras "Cada Uno a su Oficio" y "Los Dos Príncipes".

La última de las poesías nombradas está basada, según expresión literal de Martí, en una "idea de la poetisa norte-americana Helen Hunt Jackson" (45), una de las más destacadas figuras literarias de los EEUU en los años 70 y 80. Amiga de Emerson, la Jackson había alcanzado notoriedad con *A Century of Dishonor* (1881), en que había denunciado el maltrato de los pueblos indios durante el proceso expansionista norteamericano; pero desde mucho antes era conocida como una poetisa de fina fibra. La selección de una "idea" de Helen Hunt Jackson como fuente de una rescritura martiana, no fue fortuita. La autora norteamericana había cultivado, y con éxito, la literatura infantil[7] y, en 1888, Martí había publicado su traducción de *Ramona* (1884) —novela que había hecho famosa a su autora—, con la que continuaba su misión de dar a conocer a los pueblos hispanoamericanos la literatura de sus vecinos del norte. Por lo anterior puede inferirse una nada oculta convergencia de intereses y concepciones entre el poeta cubano y la

---

[7] *Bits of Talk, in Verse and Prose, for Young Folks* (1876), Letters From a Cat (1879) y *Mammy Titleback and Her Family. A True Story of Seventeen Cats* (1881) fueron sumamente conocidos en su tiempo.

poetisa norteamericana, enraizados en la reivindicación de los indios, el cultivo común de la categoría infantil, las convergencias poéticas y la conexión emersoniana.

El poema que sirve de base temática a Martí, apareció por primera vez dentro de un libro en 1870[8] (y no 1873, como parece a José María Chacón y Calvo, 179) y tuvo varias rediciones antes de 1889.

> THE PRINCE IS DEAD
> A room in the palace is shut. The king
> And the queen are sitting in black.
> All day weeping servants will run and bring,
> But the heart of the queen will lack
> All things; and the eyes of king will swim
> With tears which must not be shed,
> But will make all the air float dark and dim,
> As he looks at each gold and silver toy,
> And thinks how it gladdened the royal boy,
> And dumbly writhes while the courtiers read
> How all the nations his sorrow heed.
>   The Prince is dead.
>
> The hut has a door, but the hinge is weak,
> And to-day the wind blows it back;
> There are two sitting there who do not speak;
> They have begged a few rags of black.
> They are hard at work, though their eyes are wet
> With tears which must not be shed;
> They dare not look where the cradle is set;
> They hate the sunbeam which plays on the floor,
> But will make the baby laugh out no more;
> They feel as if they were turning to stone,
> They wish the neighbors would leave them alone.

---

[8] "The Prince is Dead," *Verses by H.H.* (Boston: Fields, Oswood, & Co., 1870) 21-22.

The Prince is dead.[9]

La rescritura martiana es como sigue:

LOS DOS PRINCIPES
IDEA DE LA POETISA NORTE-AMERICANA HELEN HUNT
JACKSON

El palacio está de luto
Y en el trono llora el rey,
Y la reina está llorando
Donde no la pueden ver:
En pañuelos de olán fino
Lloran la reina y el rey:
Los señores del palacio
Están llorando también.
Los caballos llevan negro
El penacho y el arnés:
Los caballos no han comido,
porque no quieren comer:
El laurel del patio grande
Quedó sin hoja esta vez:
Todo el mundo fue al entierro
Con coronas de laurel:
-¡El hijo del rey se ha muerto!
¡Se le ha muerto el hijo al rey!

En los álamos del monte
Tiene su casa el pastor:
La pastora está diciendo
"¿Por qué tiene luz el sol?"

---

[9] El poema, desde su primera aparición en un libro en 1870, estaba firmado solamente por H.H.. Comparándose las diversas ediciones, no se detecta cambio alguno. Yo lo tomo de *Verses by H.H.* (Boston: Robert Brothers, 1888) 26-7, a partir del cual supongo (a diferencia de lo que pensaba Manuel Pedro González, según José María Chacón y Calvo, 179) lo tomó Martí, pues, por lógicas razones cronológicas, es la última edición de las poesías de la Jackson que debió estar en las librerías en esa época. Imagino lo anterior, además, porque Martí, en otros trabajos de *La Edad de Oro*, siempre utilizó lo más reciente para sus 'rescrituras'.

Las ovejas cabizbajas,
Vienen todas al portón:
¡Una caja larga y honda
Está forrando el pastor!
Entra y sale un perro triste:
Canta allá dentro una voz-
"Pajarito, yo estoy loca,
¡Llévame donde él voló!:"
El pastor coge llorando
La pala y el azadón:
Abre en la tierra una fosa:
Echa en la fosa una flor:
-¡Se quedó el pastor sin hijo!
¡Murió el hijo del pastor! (45)

La 'versión' de Martí (incluyendo su comparación con la fuente norteamericana), ha sido objeto de estudio por varios críticos, entre ellos José María Chacón y Calvo, José A. Portuondo y, más recientemente, Salvador Arias (1974). Todos ellos llaman la atención sobre la modalidad seleccionada por Martí: el romance, destacando con ello el engarce martiano (y yo adicionaría, modernista) en la raíz popular hispana. Pero olvidan que estamos en presencia de un doble ir a las raíces: a lo popular y a lo infantil hispano, simultáneamente. En efecto, el romance había sido, desde los tiempos carolingios, la modalidad poética española por excelencia dentro de la categoría literaria en formación; algunos, por apropiación; otros, ya directamente dedicados a los niños; en todos los casos, disfrutados, indiscriminadamente, por niños y adultos. Y puede haber otra razón: la fácil asociación del romance (que nunca llegó a tener en Hispanoamérica la importancia que tuvo en la península) con España, en particular, y con Europa en general, donde —desde la óptica del Nuevo Mundo—, las monarquías constituían una característica lógica y fundamental. La 'ubicación' europea de la versión martiana queda reforzada por otros elementos presentes en la poesía más asociados con el Viejo Mundo que con América: el palacio real, los álamos, el azadón, las ovejas. Martí, con su selección del romance y el 'reforzamiento' léxico ilustrado, 'añeja' la historia en tiempo y la 'aleja' en espacio, sin menoscabo —de ahí su genialidad— de la actualidad del mensaje, que resulta así universalizado.

Las diferencias entre la fuente y la rescritura martiana se hacen evidentes ya desde el mismo título: "The Prince is Dead" VS "Los Dos Príncipes". Helen Hunt Jackson hace de los dos niños fallecidos 'el mismo' príncipe, con la repetición del título en los versos similares 12 y 24. Martí, escribiendo para los niños, al parecer creyó que debía ser más claro y explícito: son dos los príncipes fallecidos; pero no repite la palabra príncipe en el poema, haciendo hincapié (allí donde la poetisa norteamericana había repetido el término) en la condición de *hijo* de ambos niños (versos 6-7 y 24-25). Las dos 'escenas' presentadas por la Jackson son sumamente breves; Martí las extiende hasta el sepelio de los infantes. Con la mayor extensión de la historia, el cubano da a su versión cierto aire de 'cuento', al tiempo que sigue de cerca las características de la modalidad poética seleccionada. Es también de destacar que Martí no solamente hace que la pastora reniegue de la luz del sol (como en la fuente original), sino que desecha el lujo del príncipe (los juguetes de oro y plata): para él, el tono lúgubre de la historia no admitía destellos luminosos, ni siquiera indirectos. La poetisa norteamericana da a ambas parejas de padres el consuelo de la solidaridad de otros seres humanos, aunque señala los deseos de la pareja humilde de estar solos en su dolor. Martí priva a los pastores (identificados por él como tales, no así en "The Prince is Dead") de toda compañía humana, como cumpliendo los deseos de su fuente. Sin embargo, mantiene la estructura antitética bimembre de la composición de Helen Hunt Jackson, piedra angular de ambas versiones.

La carga patética martiana —a diferencia de la jacksoniana— es ascendente. La pasividad de los padres reales, que contrasta con la actividad de los pastores (en medio del dolor común a ambas parejas), permite ese patetismo creciente, en que la pastora no tiene por qué ocultar su desesperación y su marido termina cavando, él mismo, la fosa en que deposita a su hijo.

La condición de poesía infantil en la rescritura martiana se evidencia (más allá de la deliberada selección del romance) en la inclusión de animales 'humanizados', en duelo, tanto en una como en otra escena, aunque más representados, cuantitativamente, en la choza humilde: los caballos que no quieren comer, las ovejas cabizbajas, la entrada y salida de un perro triste. A las aves da Martí la posibilidad negada a los seres humanos: llegar muy lejos, con su vuelo, hasta la muerte misma, con el consiguiente corolario animista de que, con la muerte, también vuela el hombre.

Salvador Arias (1974) considera que "Los Dos Príncipes" puede ser catalogado como una "pintura descriptiva . . . sin olvidar las cualidades sonoras" (61), destacando más adelante su "acento romántico" (71), pronunciadas características todas del modernismo que Martí inserta en el antiguo molde del romance. El análisis de esta poesía del crítico recién citado, es sumamente interesante y completo. Sin embargo, sus conclusiones de los objetivos martianos no muestran el mismo profesionalismo:

> La antítesis desenvuelta paralelamente a través de todo el poema contrapone dos clases sociales: la de los poderosos y la de los humildes. La igualdad de un hecho (la muerte de un hijo) pone de manifiesto las desigualdades entre ellas. . . . Que es una manera de irle sembrando [al niño] la semilla de rebeldía ante la injusticia social. (61)

Las preferencias martianas por "los pobres de la tierra" son de todos conocidas. Sus ideales de igualdad, libertad, honradez y justicia, están más que explícitos en sus muchos escritos. Pero de ahí a considerar que los objetivos básicos de esta poesía estén encaminados a destacar las "desigualdades" entre las parejas de padres dolientes y, más aún, que contiene una exhortación a la rebelión, va un gran trecho; precisamente el que va de la crítica literaria castrista a la desarrollada fuera de semejante medio.

La anacrónica conclusión del citado crítico es un ejemplo típico de 'lectura al revés' de un texto de Martí, metodología sumamente común en la crítica martiana del castrismo, permeada de fines propagandísticos asumidos a partir de posiciones dogmáticas determinadas por la censura gubernamental y la consiguiente auto-censura (por miedo o convencimiento) a que se someten los propios escritores. Un análisis de la poesía en cuestión, dentro de su contexto específico y un medio crítico sin dogmas ni censuras, arroja un resultado del todo diferente: lo que Martí intentó mostrar no fueron las desigualdades de las dos parejas de padres enlutados, sino, todo lo contrario: su igualdad, ya que, por encima de las diferencias económico-sociales que tan bien retrata (y con tan pocos elementos), el dolor por la muerte del hijo los iguala, por cuanto la condición humana está por encima de todas las diferencias ajenas a tal condición, a las que supera destacadamente. De ahí que hayan muerto dos príncipes, y no uno solo y el hijo de un pastor.

Lo anterior queda avalado, más allá de la lectura interpretativa de "Los Dos Príncipes", por el uso que hace Martí de títulos nobiliarios cuando se refiere a los hijos ("reyecillo", "caballero", "príncipe enano"); pero, más aún, porque es, precisamente, la igualdad del hombre (y no su desigualdad), uno de los temas básicos de *La Edad de Oro*, desarrollado en múltiples trabajos. Haber intentado destacar la desigualdad entre los monarcas y los pastores, habría puesto a Martí al lado de quienes a la sazón pretendían mantener el status contemporáneo basados en teorías ya del todo en decadencia pero todavía vigentes tales como la del 'esclavo natural', que de alguna forma 'legitimizaba' la conservación de las injusticias sociales que Martí combatía. Señalar la desigualdad de los hombres era, entonces, suscribirla; enfatizar su igualdad, el paso inicial para exigir igualdad de condiciones para quienes todavía eran considerados, 'científicamente', 'seres inferiores'. La meta final de ambos mensajes puede interpretarse, desde ciertos puntos de vista, como semejante; pero mientras que desde la óptica martiana se llega a ella por caminos positivos (desarrollados también en otros muchos de sus escritos), la interpretación castrista llena tales caminos de negatividad, preludio del odio, algo del todo ajeno al ideario martiano. Y no porque Martí hubiera desconocido las teorías extremistas de su tiempo (raíz de la señalada negatividad de la interpretación castrista)[10], sino porque optó, conscientemente, por señalar más lo que unía a los seres humanos (por considerarlo mucho más importante), que lo que los diferenciaba, concepto que en la época estaba íntimamente relacionado con la reivindicación del indígena americano, a la cual Martí, como ya hemos señalado, se suscribió plenamente.

La falta de negatividad en esta poesía queda también evidenciada en la imagen que el autor nos entrega de los reyes. De todas las veces que Martí se refiere a un monarca en *La Edad de Oro*, ésta es una de las pocas en que no utiliza términos críticos. Y es que la igualdad (no la desigualdad) desarrollada por Martí en esta poesía como mensaje básico, al tiempo que 'ennoblece' a los pastores por la pérdida de su 'príncipe', 'humaniza' a los reyes por el hijo muerto.

---

[10] Cf. Carlos Ripoll, *Martí y los discípulos americanos de Carlos Marx* (New York: UCE, 1993).

La misma ubicación de la poesía dentro de la revista apunta en esta dirección. En efecto, como saben todos los que hayan estado relacionados con una empresa editorial, el orden de los trabajos en una revista no es casual, sino que responde a objetivos determinados por la dirección. Martí ubicó "Los Dos Príncipes" inmediatamente después de "La Historia del Hombre" —y compartiendo, por añadidura, la misma página final de la crónica—, cuyo mensaje básico es la unidad del ser humano. Con ello Martí confería a su poesía el carácter de 'conclusión' o 'renforzamiento' (utilizo las expresiones en términos pedagógicos) de la idea desarrollada en la crónica. El mensaje de ambos es el mismo: en prosa en el primero, amplio, complejo, intelectual; en verso en el segundo, conciso, 'simple', sentimental. Desde el punto de vista editorial (y recuérdese que *La Edad de Oro* fue, inicialmente, una revista), ambos forman una unidad temática. Ya después veremos cómo Martí utilizaría, en otras partes de su revista, este recurso de doble (o múltiple) transmisión de un mismo mensaje a través de géneros o modalidades diferentes contiguos.

La otra poesía 'rescrita' que aparece en *La Edad de Oro* es una fábula ("Cada uno a su Oficio. Fábula Nueva del Filósofo Norte-americano Emerson", 16). El sub-género tiene sus más remotas raíces occidentales en la literatura de la Grecia antigua y ha estado, desde sus inicios, relacionado con la literatura infantil. Son sus características más destacadas la brevedad, los animales 'humanizados' como personajes centrales, la unicidad episódica, y el carácter moralizador del tema, casi siempre desarrollado en un final de características gnómicas, que forman la moraleja. En España su cultivo entró en relación con la tradición oriental a través de obras tales como *Kalilah wa-Dimnah* ('introducida' en la cultura hispana como *Exemplario contra los engaños y peligros del mundo* [1493]), aunque no es sino en el XVIII cuando alcanza su mayor esplendor en las obras Félix María Samaniego (1745-1807), Tomás de Iriarte (1750-1791) y, en América, con Rafael García Goyera (1766-1823). En el XIX, Campoamor la continuaría cultivando.

No obstante lo anterior, es de destacar que Martí no acude a ninguna fuente hispana en busca de 'su' fábula. También desecha los patrones más internacionalmente conocidos de Esopo o La Fontaine. En consonancia con su declarado objetivo de novedad, Martí 'busca' una "fábula nueva" para sus lectores. Y esa novedad la encuentra en la poesía de Ralph Waldo Emerson, el filósofo de Boston que tanto influiría en el poeta de La Habana.

En realidad la fábula de Emerson no era tan nueva en 1889. Fechada en 1845, es la única de su tipo en toda la obra poética emersoniana; es decir, que Martí no fue a una fuente característica de fábulas ni a una composición reciente. Sólo que, al menos para los niños hispanoamericanos a quienes estaba dedicada *La Edad de Oro*, la fábula de Emerson sí era nueva. El texto original es como sigue:

> FABLE
> The mountain and the squirrel
> Had a quarrel,
> And the former called the latter "Little Prig;"
> Bun replied,
> "You are doubtless very big;
> But all sorts of things and weather
> Must be taken in together,
> To make up a year
> And a sphere.
> And I think it no disgrace
> To occupy my place.
> If I'm not so large as you,
> You are not so small as I,
> And not half so spry.
> I'll not deny you make
> A very pretty squirrel track;
> Talents differ; all is well and wisely put;
> If I cannot carry forests on my back,
> Neither can you crack a nut."[11]

Esta es la rescritura martiana:

CADA UNO A SU OFICIO
FABULA NUEVA
DEL FILOSOFO NORTE-AMERICANO EMERSON

---

[11] Ralph Waldo Emerson, *Representative Selections*, ed. Frederic I. Carpenter (New York: American Book Co., 1934) 389-90.

La montaña y la ardilla
Tuvieron su querella:
-"¡Váyase Usted allá, presumidilla!"
Dijo con furia aquélla;
A lo que respondió la astuta ardilla:
-"Si que es muy grande Usted, muy grande y bella;
Mas de todas las cosas y estaciones
Hay que poner en junto las porciones,
Para formar, señora vocinglera,
Un año y una esfera.
Yo no sé que me ponga nadie tilde
Por ocupar un puesto tan humilde.
Si no soy yo tamaña
Como Usted, mi señora la montaña,
Usted no es tan pequeña
Como yo, ni a gimnástica me enseña.
Yo negar no imagino
Que es para las ardillas buen camino
Su magnífica falda:
Difieren los talentos a las veces:
Ni yo llevo los bosques a la espalda,
Ni Usted puede, señora, cascar nueces." (16)

No se ha hecho hasta ahora, que yo sepa, un análisis comparado de ambas fábulas. Ello quizás se deba al hecho de que la versión martiana es casi una traducción literal de su fuente, pasada por alto. Pero, precisamente en este 'casi' reside la piedra angular de la rescritura modernista. Por ello es que un análisis detallado de las dos poesías comienza a arrojar diferencias desde su inicio. Así, lo primero que llama la atención es la disparidad en los títulos (tal y como lo pudimos apreciar en "Los Dos Príncipes"): en Emerson es, simplemente, "Fable". Martí, en cambio, utiliza el término identificativo en el subtítulo en que da crédito al pensador norteamericano, pero, a manera de título, presenta lo que pudiéramos considerar la moraleja de la fábula, ausente dentro del poema en sí. Luego sobresalta el espíritu festivo que le diera Martí a su versión, hasta con toques de fino humor. Con ello hacía el "hombre de *La Edad de Oro*" el más importante de sus cambios a la fuente original, pues con ello la trasladaba, completamente, de categoría literaria. En efecto, en Emerson la poesía no está dedicada, de manera directa, a los niños. Conserva, como fábula al fin, un doble valor; mas carece de los elementos que ya entonces se habían hecho característicos de la literatura infantil propiamente dicha. Martí, entonces, aporta esas características, tanto en su retorno al mensaje directo de la moraleja, como en su inclusión del tono festivo señalado.

Siguiendo el original emersoniano, Martí mantiene la disparidad métrica. El cubano utiliza una combinación no simétrica de heptasílabos y endecasílabos (8 y 14, respectivamente), aconsonantados, a través de la que se aprecian varios juegos pareados. Todos éstos tienen una conclusión paroxítona y presentan una rima consonante irregular, aunque fácilmente dividida en tres cuerpos: un sexteto inicial de rima ABABAB, 12 versos pareados que recuerdan el romance, y una especie de serventesio final de rima ABAB. "Fable" tiene 19 versos; "Cada uno a su Oficio", 22. Y en ambos el parlamento de la ardilla constituye, cuantitativamente, la parte más importante de la fábula.

Martí 'humaniza' tanto la ardilla como la montaña mucho más que su modelo. Cierto que Emerson las hace hablar, pero su diálogo queda como impersonalizado por la falta de vocativos. El cubano suple esa falta y añade 4 a su versión (versos 3, 9, 14 y 22), algunos de ellos rebosando fina ironía. Con igual objetivo Martí agrega un modismo (verso 11) y la mofa a la inmovilidad de la montaña en boca de la ardilla, movediza por excelencia (verso 16).

"Cada uno a su Oficio" fue originalmente publicada siguiendo al cuento "Meñique", cuya última página comparten. La relación temática es innegable: de la misma forma en que el diminuto Meñique venció al gigante, ahora la no menos diminuta ardilla vencía a la no menos gigantesca montaña, y ambos a través de la astucia y el saber. Con ello Martí hacía uso del ya apuntado recurso de múltiple transmisión de un mismo mensaje a través de géneros o modalidades diferentes contiguos, el cual, en el caso que analizamos, hasta podría ampliarse a una relación tripartita, puesto que se extiende al artículo "Tres Héroes" que los precede con el ligero 'descanso' de "Dos Milagros". El mensaje doctrinario es el mismo, pero tan diversificado genéricamente que, siguiendo los objetivos de su autor, "no parezcan que la llevan [la doctrina]".

Completan los versos de *La Edad de Oro* tres poesías propias de Martí: "Dos Milagros" (6), "La Perla de la Mora" (49) y "Los Zapaticos de Rosa" (94-6). La primera de ellas fue ubicada calzando la última página del artículo "Tres Héroes", pero su relación con éste no parece tan evidente como en los casos anteriormente apuntados. Es más, no creo que estemos aquí en presencia del uso martiano del recurso de múltiple transmisión de un mismo mensaje mediante la 'combinación' multigenérica ya explicada. Por el contrario, me atrevo a conjeturar que Martí ubicó "Dos Milagros" entre "Tres Héroes" y "Meñique" a manera de 'descanso' entre dos trabajos en prosa de carga adoctrinaria semejante.

"La Perla de la Mora" sí es fácilmente asociable con la escena final del cuento "Nené Traviesa", cuya página comparten. En ambos Martí desarrolla el arrepentimiento de quien destruye (en el caso de Nené) o desecha (en el de la Mora) algo de valor: el libro del padre, en el cuento; la perla, en la poesía. El mensaje único y común es más que evidente.

Refiriéndose a "Dos Milagros" y "La Perla de la Mora", Eugenio Florit señala que "anuncian formas y modos de los *Versos Sencillos*" (56). Es más, el asunto de la segunda está, sin tapujos, repetido en la poesía "XLII" del libro que dió a conocer Martí dos años después, "aunque, a mi parecer, con menos fortuna que aquí", concluye Florit (56-7), en juicio que suscribo.

"Dos Milagros" está formado por dos 'viñetas' de cuatro versos cada una de repetida irregularidad: dos heptasílabos seguidos de dos endecasílabos de rima ABAB, como los serventesios. La combinación hace pensar en la de "Cada uno a su Oficio", aunque no la repite. Las escenas aparecen descritas por mínimas imágenes fugaces que recuerdan, en su aparente nimiedad, los trazos pre-rafaelistas de Christina Georgina Rossetti. Pero el componente fundamental no hay duda que es el impresionista, y no solamente porque la luz es el elemento poético fundamental del segundo de los 'cuadros', sino por el carácter instantáneo que percibimos, en que cada milagro toma la forma de un destello.

Es de destacar que la aproximación que hace Martí a la naturaleza en estas dos pequeñas joyas poéticas, difiere grandemente de la que desarrollaría en "Cuentos de elefantes". En la crónica ya analizada, vimos a un Martí continuador de la postura de los escritores anglosajones para niños del período que trataban el tema de la jungla, en tanto que naturaleza virgen, como un medio a conquistar, aunque fuese a través de su destrucción. En los poemas, el poeta antillano da un giro total y, en el primero de los "milagros", hace que el niño devuelva a la naturaleza la belleza capturada (y no sin antes darle un beso). Luego, corporiza la luz en contacto con el sicoromo caído, y la vuelve un ave, la cual, a su vez, como por acción de la piedra de toque de la poesía, convierte en oro, vivo. Lo que percibimos a través de la fugacidad de las imágenes —las impresiones 'pintadas'—, quedan más allá de la lectura: niño, rosas, luz, ave y mariposas en un todo que huele a jardín de ensueño.

"La Perla de la Mora" está formada por dos serventesios de endecasílabos (y no una estrofa de ocho versos —como una octava—, según aparece en algunas ediciones). Los tres primeros versos son trocaicos o anapésticos (el tipo de endecasílabo más generalizado desde Garcilaso, y cultivado, dentro del modernismo, hasta por Darío), pero luego Martí los abandona por otros tetra-acentuados que hacen recordar al dactílico o de gaita gallega, más popular. Las cesuras tampoco son del todo regulares, como no sea que aceptemos como tales solamente las que aparecen en los versos 2 y 4 del primer serventesio.

El poeta, en perfecta concordancia con su naturaleza modernista, ubica la escena en un paraje, para la época, del todo exótico: Trípoli. El personaje reafirma el exotismo: una mora; el propio mar y la perla, lo completan. Hay unidad entre perla, lágrimas y la roca junto al mar, hacedora esta última de ¿lágrimas, perlas? por efectos del oleaje. La epizeusis o geminación del último verso, acentúa el patetismo de la escena.

Todas las poesías (tanto propias de Martí, como ajenas 'rescritas') analizadas hasta ahora, mantienen un nivel de calidad que las ha hecho merecedoras de aparecer en diversas antologías y ediciones varias. Pero la pieza poética más conocida de todas las publicadas en *La Edad de Oro* es, indudablemente, "Los Zapaticos de Rosa". En la memoria de todos los cubanos están, al menos, sus primeros versos:

> Hay sol bueno y mar de espuma.
> Y arena fina, y Pilar
> Quiere salir a estrenar
> Su sombrerito de pluma. (94)

Su autor, en el Sumario del número 3 de *La Edad de Oro* en que apareció esta poesía, la calificó como "cuento en verso", en que la anécdota se va deslizando sin fricciones, con luz y música combinados. Con ello Martí reflejó una de las características categóricas más conocidas de la Literatura Infantil: la dualidad genérica cuento-poesía de muchas composiciones, todavía vigente.

Para Herminio Almendros la historia descrita fue real, siendo su personaje principal la niña María Mantilla, hija —si no carnal, al menos espiritual—, de Martí:

> Claro; como que Pilar, la niña del cuento, era la misma María Mantilla, y lo que se cuenta en verso es lo que le ocurrió a María una tarde en las arenas de ¿Bath Beach? (140)

Fryda Schultz de Mantovani también se inclina a aceptar la igualdad de María y Pilar (230), que es la versión tradicional cubana. Sin embargo, según Leopoldo Barroso —en su edición de la versión al inglés del poema[12]—, el asunto

> parece derivar en último término de la tradicional anécdota de San Martín, que dividió su capa en dos para compartirla con un pobre; y es sumamente probable que este modelo haya influido en el poeta debido a la lectura de la novela "Los Miserables" de Víctor Hugo, ídolo literario de Martí desde su juventud. Esa novela se publicó en 1862, y en ella se compara con San Martín el jovenzuelo Gavroche, que una fría tarde de la primavera parisiense, para cubrir los hombros amoratados de una niña pordiosera, se desprendió del chal de lana que usaba como bufanda. (14)

Oscar Fernández de la Vega (1989), por otra parte, se refiere a la raíz temática del poema en los siguientes términos:

> Nadie, hasta ahora, pudo "descubrir" un hecho *real* como base del conflicto humano que constituye lo más interesante y válido del poema... Cualquiera, en cambio, puede admitir que Martí lo inventó. Tal vez, ni lo uno ni lo otro: el poeta pudo evocar "algo" presenciado —vivo o dibujado o pintado o contado— por otro individuo y haberlo retrotraído a su situación personal y social en aquel momento. Creado o re-creado, nadie sabe. (30)

---

[12] José Martí, *Los Zapaticos de Rosa*, Versión al Inglés, Introducción y Notas de Leopoldo Barroso (New York: Senda Nueva de Ediciones, 1990).

Suponiendo real (o evocada) la anécdota descrita, hay varias opiniones con relación al lugar en que hubo de desarrollarse el desprendimiento caritativo de María-Pilar. Fina García Marruz (303) considera probable su ubicación en la playa de Coney Island. Carlos Ripoll (1982) realizó un trabajo de investigación sumamente minucioso que, aunque no comprobó la historicidad de la anécdota, lo llevó a identificar la casa de Bath Beach donde, en el verano de 1889, vivieron Martí y la familia Mantilla. Además, el propio Ripoll comprobó la presencia en el lugar de casas de recreo para niños pobres, con lo que queda confirmada la existencia de una "barranca de todos" en el Bath Beach de 1889[13]. En carta a Eugenio Florit en 1961, la misma María Mantilla da otra pista, al aseverar que Martí escribió la poesía en Newport, Rhode Island[14]; sin embargo, una década antes, durante una entrevista que hizo Félix Lizaso durante la visita de María Mantilla a Cuba con motivo del Centenario del Natalicio de Martí, no dijo nada al respecto[15]. Leopoldo Barroso, en su traducción ya citada, llama la atención (33 y 54) sobre la coincidencia de las descripciones martianas y dos trabajos del pintor norteamericano Winslow Homer: el cuadro *Long Branch, New Jersey* (1869) y el grabado *On the Beach at Long Branch. The Children's Hour* (1874)[16] con lo que de hecho señala el posible uso del recurso retórico conocido como *bildgedicht*, y la conexión entre "Los Zapaticos de Rosa" y la *ékfrasis* del 'illustrated journalism', como en los casos de las crónicas ya analizadas. El mismo Barroso, para justificar la presencia del "monte dorado" y "la calle del laurel" imposibles de identificar en ninguna de las playas que a la sazón podía haber visitado Martí, conjetura acerca de otra playa mucho más distante en tiempo y espacio: Cojímar, cerca de Guanabacoa (en las

---

[13] Carlos Ripoll, "La Playa de 'Los Zapaticos de Rosa'," *Diario Las Américas* 9 mayo 1982: 8B-9B.

[14] José Martí, *Versos*, ed. Eugenio Florit (New York: Las Américas Publishing, 1962) 285. Una reproducción facsimilar de la carta puede encontrarse en Luis G. Villaverde y Alacalá Galiano, comps. *Pensamientos y versos de José Martí* (New York: Senda Nueva de Ediciones, 1991) 110-11.

[15] Felix Lizaso, "María Mantilla en el Centenario de Martí," *Bohemia* 1 de feb. 1953: 68-70.

[16] El cuadro se encuentra actualmente en la Colección Hayden del Museum of Fine Arts, de Boston, y puede verse reproducido en el libro de Kate F. Jennings, *Winslow Homer* (New York: Crescent, 1990) 28-29. El grabado fue publicado originalmente en el *Harper's Weekly* (15 Aug. 1874): 672.

inmediaciones de La Habana), estableciendo, aunque de manera indirecta, cierta relación entre el hijo ausente de Martí y su supuesta hija presente. Fernández de la Vega se inclina más a la información testimonial de María Mantilla, desde el punto de vista geográfico, y a Long Branch o Bath Beach desde el punto de vista anecdótico. Sus investigaciones lo llevaron a identificar una famosa mansión en el Newport de la época que "parece más propicia a la inspiración martiana" (9), así como "la procesión" y las modas de la época.

De lo anterior se desprende que, hasta ahora, no ha podido comprobarse la veracidad de la anécdota ni, en caso de ser Pilar la misma María Mantilla, el sitio exacto en que tuvo lugar su acción de caridad. Pero, real o no la historia narrada, utilizando como escenario la playa de Coney Island propiamente dicha o su vecina Bath Beach u otra de Rhode Island o New Jersey, lo cierto es que la niña de "Los Zapaticos de Rosa" y el lugar en que Martí 'ubica' su historia, son una niña y una playa particulares de Martí, creadas (o re-creadas) por el genio poético martiano en conjunción con sus vivencias y acumulación cultural, incluyendo (y de manera destacada) la 'conexión plástica'. De ahí que tenga razón Ripoll al concluir que la verdadera playa y la anécdota real de "Los Zapaticos de Rosa" hay que buscarlas, simplemente, en la propia poesía (1982, 9B). Donde primero, y siempre, han estado.

"Los Zapaticos de Rosa" está formada por 36 redondillas (que numero siguiendo el método de Barroso) sumamente ágiles. Está dedicada "A Mademoiselle Marie", quien no era otra que María Mantilla, entonces niña. Herminio Almendros considera que Martí la escribió "de una tirada" (142), sugiriendo más adelante cierta falta de acabado en su factura. Y aunque ello es solamente una sugerencia, no hay duda de que Martí dejó algunos 'cabos sueltos' en su redacción, los cuales han propiciado interpretaciones varias. Pero cabe preguntarse: ¿esos 'cabos sueltos' son productos del descuido o, por el contrario, forman parte de las intenciones de su autor? A más de un siglo de distancia resulta imposible responder con exactitud a esa pregunta, por lo que, simplemente, paso a señalar los más destacados.

Ya en la segunda redondilla puede apreciarse el primer elemento que ha propiciado interpretaciones disímiles:

-"¡Vaya la niña divina!"
Dice el padre, y le da un beso:

"Vaya mi pájaro preso
A buscarme arena fina." (94)

En la nota de Leopoldo Barroso a esta redondilla (en la traducción ya citada), señala éste lo siguiente:

En la palabra "buscarme", el verbo buscar tiene el sentido general de *hacer algo para encontrar una cosa*, y no el de *traer*, que ocurre mucho en Cuba, en que el "ir a buscar" substituye, en el uso común, al castizo "ir por". El pronombre enclítico "me" con que termina la palabra indica solamente lo interesado que está el padre en que su hija encuentre arena con que jugar.(28)

Sin embargo, para Fryda Schultz de Mantovani queda claro "el encargo del padre de buscarle arena fina" (230).

Para Fernández de la Vega la imagen de "pájaro preso" tiene profundas conotaciones sicológicas a partir de las supuestas relaciones padre-hija entre Martí y María Mantilla:

Nos parece Pilar (nombre de evocación aragonesa para el poeta) una niña cariñosamente consentida en hogar muy acomodado, pero no un "pájaro preso" en una casa de familia que no sugiere prisión. De tal matáfora resulta una imagen bifronte: Martí está "actualizando" a su hija María, verdadero "pájaro preso" (desde su subjetividad de padre) en el hogar de los Mantilla. (8)

Por el mismo estilo es el análisis de las estrofas V y VI del recién citado crítico:

Pilar, excesivamente ataviada para una mañana de playa, responde, sin embargo, a la frivolidad y vicio de lujos que tanto subrayaron los comentaristas finiseculares en descripciones de Newport. Llama la atención, con tanto perifollo, y por eso "vienen a verlas pasar"; tal vez la madre se ría por complacencia vanidosa: está "en ambiente". Lo difícil es dilucidar el reverso de la antítesis: por qué nadie "quiere verlas ir" y por qué "un viejo se echa a llorar" (¿dónde estaba, o qué hacía por allí ese anciano?). Aquí pudo "colarse", algo violentamente, una "memoria" breve pero angustiosa: a Pepe/Ismaelillo, por cuya indumentaria Martí se preocupaba mucho, lo celebrarían, viéndolo pasar con sus padres, en los alrededores del hogar brooklyniano, años atrás; no olvidemos el equilibrio inestable de aquella convivencia, en que el viejo que llora pudo ser nadie menos que Don Mariano. Quizás esto sea especular demasiado en torno a una imagen que pudo ser únicamente literaria, decorativa, marginal; pero tendría sentido para quien hubiera estudiado acuciosamente la vida de Martí entre el 1882 y el 1884. (21)

En la Estrofa XVII, Barroso identifica otro de los 'cabos sueltos'. Dicen los versos:

> Le llega a los pies la espuma:
> Gritan alegres las dos:
> Y se va, diciendo adiós,
> La del sombrero de pluma. (94)

Señala, en su nota, Barroso:

¿A quién se refiere el "Le llega a los pies la espuma"? Pues entre la frase y la mención de Pilar en el verso primero de la estrofa XV, se interpone un diálogo, en que la madre es la segunda en hablar. Sin embargo, lo último que ella menciona son los zapaticos de rosa, al expresar su preocupación por ellos. De este modo se prepara un contraste con el hecho de que la espuma está a punto de mojarlos.

Con todo, hay alguna posibilidad de que aquí lo que tenemos sea un error de imprenta, y de que el verso haya sido "les llega a los pies la espuma"; lo cual sería más lógico, pues madre e hija están juntas y acto seguido "gritan alegres las dos". (34)

Ya casi al final del poema, en la estrofa XXXII, aparece el más destacado de los elementos polémicos de toda la poesía. Escribió Martí:

> Abrió la madre los brazos:
> Se echó Pilar en su pecho,
> Y sacó el traje deshecho,
> Sin adornos y sin lazos. (96)

En el momento descrito por la redondilla están, junto a Pilar, tanto su propia madre como la mamá de la niña enferma. ¿Cuál de ellas dos abrazó a Pilar con tanta fuerza que le desarregló su vestuario? Barroso (37) presenta dos versiones según sendas traducciones: que Pilar fue abrazada por su propia madre (A. Godoy, 1931) y, por el contrario, que lo fue por la mamá de la niña enferma (E. Randall, 1982), aunque se inclina por la primera. También analiza la razón del "traje deshecho" en términos sumamente interesantes. La larga observación de Barroso a esta estrofa, merece su transcripción íntegra:

> Esta estrofa es ambigua, debido a la economía de palabras que impone la estructura de la redondilla, impidiendo al poeta especificar claramente quién realiza la acción. De antemano debe aclararse que aquí se nos habla de la madre de Pilar, a quien Martí llama siempre en otras estrofas "la madre" o "la señora", mientras que a la madre de la niña enferma sólo la llama "una mujer". Si leyéramos en voz alta la estrofa, marcando la breve pausa de cada final de verso, podría interpretarse el segundo verso de la estrofa como un paréntesis entre el verso anterior y el siguiente, y entonces es la madre la que saca *del cuerpo de su hija* el traje, cuyo desarreglo puede haberse debido a los juegos. Si no se interpreta como un paréntesis, podríamos pensar que o bien Pilar se sacó el traje, deshecho debido a los juegos; o bien que lo sacó *de los brazos de la madre*, estropeado por lo fuerte del abrazo materno. Aunque esto último pueda considerarse una exageración, es eso lo que parece haber tenido Martí en la mente, si nos atenemos a un pasaje del cuento "La muñeca negra", que se publicó en el número siguiente de "La Edad de Oro":
>
> ¡Ay, mamá, no me mates el ramo! ¡mira, ya me mataste mi flor! -¡Con que se enoja mi hija porque le doy un abrazo!
>
> Es posible que éste haya sido el pensamiento de Martí al principio; pero que, habiéndose dado cuenta de lo exagerado del efecto, haya querido rectificar. El hecho es que Martí ha separado el primer verso de la estrofa de los restantes por medio de dos puntos(:), como tratando de aislar a la madre de la acción subsiguiente; y así lo que al parecer ha querido que se entienda es que fue Pilar quien se sacó el traje, estropeado por los juegos. Cuando dos estrofas más allá la madre le dice a su hija: "Sí, Pilar, dáselo", puede ser que la niña haya intentado ofrecérselo también a la enferma. Con eso la protagonista se asemejaría más a San Martín, que regaló parte de su capa y no sus zapatos. (36-8)

Personalmente considero que Pilar fue abrazada por su propia madre, abrazo del que —por la fuerza que la señora diera a éste, debido a su emoción— salió el traje de la niña (recuérdese que estamos hablando de un vestido decimonónico) deshecho.

La última redondilla ha sido, también, motivo de interpretaciones no sólo disímiles, sino de tales contradicciones que ofrecen dos posibles 'cierres' diametralmente opuestos. Escribió Martí:

> Y dice una mariposa
> Que vio desde su rosal
> Guardados en un cristal
> Los zapaticos de rosa. (96)

Para Oscar Fernández de la Vega éste es un final triste. Según su interpretación, Martí sugirió, aunque con extrema delicadeza, la muerte de la niña enferma. Sin embargo, para Barroso tal final es de signo totalmente contrario:

> Creemos que la intención de Martí en esta apoteosis de la caridad de Pilar es coronar su cuento con un final feliz. Como no se define nada, nos permite imaginar que esta familia con recursos se haya hecho cargo de la atención médica, y que el padre de Pilar, procurando calzado *ad hoc* para la pobrecita, haya rescatado el precioso recuerdo, a la manera como el novio en las bodas antiguas indemnizaba al monaguillo, a fin de recobrar sus arras de plata. (38)

Personalmente me inclino a la interpretación de Fernández de la Vega. Siguiendo ésta, es posible entrever en la expresión "guardados en un cristal" cierta sutilísima referencia a un ataúd. En efecto, recuérdese que tanto en Cuba como en otros países de Hispanoamérica —a diferencia de los EEUU—, no se acostumbraba —ni se acostumbra— a exponer el cadáver durante el velatorio con el sarcófago abierto, sino completamente cerrado excepto en la parte correspondiente al torso, que queda así expuesto bajo un cristal. Por ello, la última imagen que se tiene en Cuba de quienes fallecen es, precisamente, como "guardados en un cristal" que es la que utiliza Martí para referirse a los zapaticos de rosa en su estrofa conclusiva, en cuyo caso estaríamos en presencia de una metonimia de delicadeza extrema. El hecho de que Martí utilizara el mismo recurso retórico en la estrofa XX, aporta cierta validez (o, al menos, contribuye a la verosimilitud) de esta interpretación, cuyo tono ya venía anunciando la estrofa XXXV. Reconozco la subjetividad de esta conclusión; pero no creo que resulte más acentuada que la presente en la cita anterior de Barroso.

El tema general de la poesía también ha sido objeto de más de una interpretación. La crítica castrista ha señalado en este cuento en verso algo así como una lucha de clases. Jesús Sabourin habla, incluso, de una condición que "sólo puede conducir finalmente a la violencia" (55) y, a fin de dar a su versión cierta solidez, cambia o altera el orden de las estrofas finales señalando intrínsicamente como conclusiva la XXXV (a la que da una interpretación del todo 'traída por los pelos') en vez de la XXXVI y última (54). Una lectura atenta de la poesía, junto al conocimiento del pensamiento martiano, desechan por completo semejante malabarismo ideológico. "Los Zapaticos de Rosa" es, simplemente, una "apoteosis de la caridad" —según las palabras de Barroso ya citadas— o el "culto al sentimiento humano de la caridad" —en expresión de Ripoll (1982, 8B)— de clara raíz victoriana. Con ello Martí no hacía más que representar las condiciones objetivas de su medio, en que la caridad de los más pudientes estaba directamente relacionada con las posibilidades de veraneo en la playa de los pobres, y en especial de los niños[17].

---

[17] En el *Harper's Weekly* del 27 de julio de 1889, acompañando al grabado "A Group of Sea-Nymps. Drawn by Otto Bacher" (608), aparece la crónica anónima "A Frolic with the Sea" (610) donde se señala que

among the many charities for which New York is famous, one of the noblest and best is the stablishment of so many sea-side homes where the poor may go and enjoy a week of fresh air and sea bathing. At one of these institutions on Coney Island, there are accommodations for 250 mothers with their infants, and in case of emergency 300 can be entertained. There is another at Bath Beach, the books of which show that during last year were 4,457 children benefited. This is one of the charities in which Mrs. W.H. Vanderbilt specially interested herself. Nothing than money can do toward procuring comfort and well-being has been spared. In the "Vanderbilt Cottage", as it is called, at Coney Island, there is a large pleasant sitting room for the mothers of the little folk, a doctor's office where medical advice can be had at any moment, a lawn supplied with merry-go-rounds, croquet sets, and every other kind of out-door games. Here, the children of the great city come, exchanging the hot fetid atmosphere, the miserable surroundings of their wretched homes, for the broad sandy beach, the great wide ocean, and the comfort, and to them luxury, of a clean, well-ordered home. (610)

La misma ubicación de la poesía apunta en esa dirección: después de la crónica "El Padre Las Casas". En efecto, Pilar desarrolló con la niña enferma la solidaridad humana que el sacerdote —a otros niveles, como es lógico— había preconizado para con los indios, con lo que Martí pone de esta forma al alcance de los niños la posibilidad de imitar al fraile español dentro de un contexto del todo lógico y plausible. Para las niñas como Pilar-María de 1889, la caridad era su "pelea", venciendo el cándido egoísmo infantil en favor de los más necesitados. En ese sentido, la igualdad indios-niña pobre y enferma resultante del orden editorial, es un ejemplo más del ya señalado recurso de doble (o múltiple) transmisión de un mismo mensaje a través de géneros o modalidades diferentes contiguos utilizado por Martí en los cuatro números de *La Edad de Oro*.

Desde el punto de vista estilístico, todos los críticos coinciden en señalar la tónica impresionista de "Los Zapaticos de Rosa". Pero un impresionismo que, a fuer de ser genuino, va más allá de sus técnicas literarias y desemboca directamente en su fuente plástica original. De ahí que no sorprendan las similitudes que encontró Barroso entre los versos del cubano y los cuadros del norteamericano: Martí pintó —al decir de Fina García Marruz— una "playa impresionista" (302) "de señoras a lo Renoir o a lo Manet" (303) tan genuina como la que aparece en los cuadros de la época, —en los que las damas en las playas y otros sitios de recreo en exteriores, constituían un topoi común—, por lo que resulta del todo lógica la visión de Fryda Schultz de Mantovani de "una vieja postal de playa" (230).

Conviviendo con esa tonalidad impresionista, se destacan diversos elementos simbolistas al parecer lejos del alcance de la comprensión infantil, si no fuera porque en Martí también el símbolo, más allá de sus justificaciones intelectuales, apela al sentimiento. Son sus símbolos (el águila sobre el mar, el sepelio de la muñeca sin brazos, el sueño de la niña enferma, la misma urna de cristal) más para ser sentidos que pensados. Sus mensajes llegan más por el batir de las palabras-ideas combinadas, que por un razonamiento *a posteriori* de sus significados; 'la música' de los significantes, como un todo, es suficiente. Por lo anterior es que, desde el punto de vista simbólico, tiene razón Fernández de la Vega al identificar el final como trágico. Es más, la suma de los símbolos de la poesía toda tiende a una sola dirección: la muerte.

Martí desarrolla esa combinación impresionista-simbolista haciendo uso de recursos tales como metonimias (estrofas XX y XXXVI, esta última polémica), epanadiplosis (XIX), anáforas (XVIII), epanalepsis (XV) y otros que anuncian "el modo paralelístico de los *Versos Sencillos*", al decir de Fina García Marruz (303).

Oscar Fernández de la Vega, en su destacado estudio de esta poesía, concluye (aunque de manera provisional, según confesión propia):

> El tierno drama poético nos deja abiertas, aún, varias puertas: motivado por lo que sobra al rico y falta al pobre, auspicia una solución "laica", que en nada discuerda con una solución religiosa, no importa cuál sea la religión que la propicie. Lo medular se ha perfilado bien, con desenlace sentimental (no exento de cierto romanticismo "puro", a espaldas de un cursi "happy end"). Creado o recordado, cumple, en "La Edad de Oro", una función didáctico-moral trenzando la realidad (inmediata y mediata), la ficción (inventada o restaurada) y la evocación (plástica y topográfica). La interrelación, consciente y subconsciente, de hijo/hija/Pilar resulta actualizante pero sólo en plano mental, y trascendente en plano simbólico (entre lo figurativo y lo metalógico).
>
> En cuanto a topografía, queda claro que "la playa de *Los zapaticos de rosa*" no es una sola, sino que la ubicación abarca por lo menos tres playas: brote en Newport con impresiones recurrentes de las de Long Branch y Bath Beach, con alternativa de estímulos plásticos (dibujos y óleos de Winslow Homer en mayoría) y vivenciales. Si permanecemos expectantes frente a la hipótesis guanabacoísta de Barroso, observamos que la tipografía de la trama, abarcando tres Estados (Rhode Island, New Jersey, New York), se enmarca en el nordeste de Norteamérica, sin perder esencia de hispanismo y existencia de cubanía. (36)

Finalmente, es de destacar cómo "Los zapaticos de rosa" se inserta dentro de una unidad más general que incluye a las otras composiciones menores de *La Edad de Oro* (como las ya analizadas "Dos Milagros" y "La Perla de la Mora") y preludia formas y temas que luego serán identificados como la voz poética martiana definitiva. Ello evidencia la importancia de la poesía infantil de Martí en la formación de lo que serían sus más destacados estilemas, desarrollados en la poesía para adultos. En efecto, los elementos que todos los críticos destacan en los *Versos Sencillos*, tienen su raíz en *La Edad de Oro*, al menos como paso

intermedio entre el *Ismaelillo* (en cierto sentido también poesía infantil)[18]
y sus versos posteriores. Desde el proceso sincrético hasta la sencillez de
los *Versos...*, aparecen ya en *La Edad...*, si no del todo desarrollados,
al menos esbozados. En ese sentido, la incursión martiana en la poesía
infantil (aun cuando se excluya el *Ismaelillo*) no fue, simplemente, una
'concesión' ocasional por parte del ya famoso escritor, sino una
importantísima faceta en su proceso creativo, de donde ambos —el
creador y la categoría literaria en que incursionó— saldrían
tremendamente favorecidos.

---

[18] Cf. Aurora de Albornoz, "José Martí: el mundo de los niños contado en lenguaje infantil,"
Insula 248-249 (1982): 5, y Rosario Rexach, "Reflexiones en torno al *Ismaelillo* de José Martí,"
Estudios sobre Martí (Madrid: Playor, 1985) 128.

CAPÍTULO 5: LOS CUENTOS

El cuento modernista como tal ha sido el género menos estudiado dentro del movimiento. Ello quizás se deba a la imposibilidad de establecer, en muchas ocasiones, una frontera fija entre éste y la prosa poética, por un lado, y la crónica, por el otro, presentes en las obras de casi todos los escritores del período. Y es que, como parte de la reforma modernista, fue prácticamente una norma entre tales reformadores la mezcla genérica en un mismo trabajo, lo cual impide muchas veces, a los efectos del análisis literario contemporáneo, determinar dónde termina un género y comienza otro, o cuál de ellos seleccionar a la postre como prevaleciente en la obra analizada.

No obstante lo anterior, a la publicación de *La Edad de Oro* en 1889, ya habían aparecido obras que pueden ser catalogadas como cuentos cuyos contenidos presentaban los mismos postulados estéticos desarrollados en las crónicas, la poesía y la prosa poética que han 'monopolizado' la atención de la crítica sobre el Modernismo. Pudiera señalarse como la primera muestra de tales obras los *Cuentos frágiles* (1883) de Manuel Gutiérrez Nájera, seguido por los relatos incluidos en *Azul...* (1888) de Rubén Darío, y los cuentos (casi todos editados originalmente en publicaciones periódicas), de Julián del Casal y otros.

Al igual que en los otros géneros con los cuales convive o se mezcla, en el cuento modernista es posible encontrar lo que José Olivio Jiménez y Antonio Radamés de la Campa, en la *Antología crítica de la prosa modernista hispanoamericana* (New York: Eliseo Torres, 1976), identifican como

> un quebrantamiento o crisis de los principios estéticos básicos que hasta entonces lo regían y le obligaban (desde el costumbrismo hasta el realismo) a la más ancilar función de servir como documento o testimonio de la realidad exterior; y, a la vez, una amplitud temática insospechada que abarca el más amplio y a un tiempo sutil registro de motivos. (28)

Sobre ese quebrantamiento estético señalado, construyeron los modernistas una nueva forma de contar que, al igual que en las síncresis resultantes en los otros géneros, incorporó elementos impresionistas, expresionistas y simbolistas de raíz gala, así como una fuerte tendencia exotista oriental, pero 'hispanizados' en grados variables según el creador en cuestión y su exposición y/o adhesión a patrones propios (nacionales) y su 'francofilia'. En todos los casos, la realidad inmediata como fuente documental fue suplantada (o complementada, según el caso) por una nueva realidad interior y personal del escritor, que otorgó a las narraciones como elemento primario la visión del creador de la realidad descrita más que la realidad misma.

Como lógico resultado de lo anterior, el autor pasa a formar parte fundamental de su propio relato. Julio E. Hernández Miyares y Walter Rela, en *Antología del cuento modernista* (Buenos Aires: Editorial Plus Ultra, 1987), señalan que en los cuentos modernistas "los personajes son variaciones del *yo narrador*, que se complace en desdoblarse y participar así desde múltiples ángulos de la creación literaria" (14). Tal inclusión, y pese a todos los posibles desdoblamientos y subterfugios, determina un nada velado tono auto-biográfico en la mayoría de los relatos modernistas, aun cuando representen hechos de una vida más imaginada que vivida por su autor.

Tal tono quedó desarrollado mediante una alta carga lírica que terminaría siendo la característica general del cuento modernista, para lograr la cual sus autores acuden a vocablos y adjetivos asociados hasta entonces con la poesía, pero que en la narración 'se visten' de prosa con toda naturalidad, conviviendo con neologismos o expresiones en otros idiomas que habrían escandalizado a los más liberales gramáticos de la época. Y ello es algo del todo lógico. En definitiva, exceptuando a Vargas Vila, el resto de los narradores más importantes del período son, ante todo, poetas que incursionan en la prosa de ficción estimulados por las posibilidades de extender sus colaboraciones en las siempre hambrientas prensas de la época más allá de los versos (en desproporcionada producción con lo que aceptaban las publicaciones periódicas para las cuales escribían) y las crónicas que exigían cierta raíz 'real' para su confección. Además, los elementos de la 'alquimia' literaria modernista provenían, mayoritariamente, de lenguas extranjeras (en particular la francesa), cuya 'conversión' al español no era siempre posible desde el punto de vista castizo.

Al igual que el léxico, los temas se amplían y universalizan en los cuentos modernistas. Nada de color local se permite que constituya el eje fundamental de la narración. Como resultado, pudiera considerarse la existencia o creación de un nuevo 'país' común a los relatos modernistas, en que los temas regionales típicos del romanticismo se 'exotizan' y 'cosmopolitizan', en la creación de un 'aquí' que es también un 'allá', terminando por ser de ninguna parte y de todas a la vez o, al menos, de 'esa' parte que tienen en común todos los modernistas.

La creación de 'esa parte' (tanto desde el punto de vista temático como estilístico), fue lo que convirtió al cuento modernista en el punto de partida de toda la prosa narrativa hispanoamericana posterior. Al demostrar en la práctica que sí era posible un 'modo' de narrar independiente (y, en algunos casos, superior) a los moldes españoles que hasta entonces habían servido de patrones a los narradores hispanoamericanos, los modernistas abrieron el camino que luego transitaría, con toda naturalidad, el llamado 'realismo mágico' o 'real maravilloso' (para poner sólo un ejemplo). La forzada universalización a modo de ruptura con la dependencia peninsular, condujo al descubrimiento de una América (lo mismo en forma, que en contenido) diferente de su condición de apéndice colonial (ya no tanto en lo político, como en lo cultural) que hasta entonces la había caracterizado. Algunos neologismos y vocablos extranjeros habrían de 'naturalizarse'; otros, desaparecerían. Pero ocuparían sus lugares, a manera de herederos, los inherentes a una nueva forma de narrar en español: la narrativa hispanoamericana tal y como la conocemos hoy[1].

Dentro de la Literatura Infantil en especial, el cuento, como género literario, constituye poco menos que el punto de partida. En efecto, todos los estudiosos de la historia de esta categoría literaria coinciden en que sus más profundas raíces pueden ser identificadas en los cuentos con que las madres de la antigüedad dormían a sus hijos. De ser así, tales raíces podrían suponerse ya existentes en las propias cavernas, al tiempo que los adultos del clan, rodeando la hoguera protectora, daban inicio a lo que luego llamaríamos las raíces de la literatura para adultos. Teniendo

---

[1] Estas consideraciones sobre el cuento modernista quedan en deuda con mis notas de clase del curso sobre el Modernismo que impartía el profesor Antonio R. de la Campa en el City College de la Universidad de la Ciudad de Nueva York. Para más sobre el tema, además de los dos estudios antológicos citados, véanse: Otto Olivera y Alberto M. Vázquez, *La prosa modernista en Hispanoamérica* (Nueva Orleans: Nueva Orleans UP, 1971); Luis Leal, *Historia del cuento hispanoamericano* (México: Andrea, 1966) y Enrique Pupo Walker, "El cuento modernista: su evolución y características," *Historia de la literatura hispanoamericana*. Vol. 2. Madrid: Cátedra, 1987. 515-22.

en cuenta las largas noches de esos tiempos y la dimensión de sus sombras, no creo que resulte conjeturar en exceso suponer que en esa etapa prístina del arte, tales protocuentos viajaran, indiscriminadamente, de las cunas de paja a los corros de las hogueras, y viceversa, entremezclándose y complementándose mutuamente, con toda su carga de mitos y fantasías, sueños y fantasmas. ¿Acaso entonces la humanidad no era, también, niña?

Todavía en tiempos de la aparición y desarrollo de la escritura, la frontera entre los 'cuentos' para niños y los dirigidos a los adultos, era poco menos que desconocida. De ahí que muchas obras de los inicios de todas las culturas sean tenidas tanto para adultos como para niños, ambivalencia que no vino a romperse definitivamente sino en el siglo XVII con la aparición de *Contes de fées ou Histoires ou contes du têmps passé avec des moralités* (1697), de Charles Perrault (1628-1703), y conocido internacionalmente por su subtítulo de *Contes de ma mère l'Oye*. Por primera vez un escritor se dio a la tarea de compilar los cuentos que los niños franceses de su época escuchaban de labios de sus mayores (de fuentes tan disímiles como leyendas célticas o Boccaccio) y publicarlos en un libro. Sin embargo, y por muy paradójico que parezca, Perrault no hizo su compilación originalmente para los niños, sino como pasatiempo para las lujosas damitas de la sofisticada corte de Luis XV, si bien es cierto que las trata —y aconseja en la moraleja que añade a cada cuento— como a niñas.

No obstante lo anterior, los verdaderos niños se 'apropiaron' de inmediato de los 'divertimentos' que Perrault escribió para las cortesanas del Rey Sol. Y el éxito de la compilación fue tal, que el modelo de los *Contes de ma mère l'Oye* fue de inmediato seguido por otros escritores franceses y, en poco tiempo, por sus colegas de otras lenguas y países. Las principales características de ese modelo —que prácticamente se sigue hasta hoy— son la fantasía, la magia, el poder lúdico, la sencillez del lenguaje, el simbolismo, la sutileza en el fin didáctico y el tratamiento de temas folklóricos.

Ya en tiempos de Martí, y gracias al impulso del romanticismo y el abaratamiento de las publicaciones, el cuento infantil constituía un género del todo definido y con cultores famosos. Su principal fuente seguía siendo la literatura tradicional (cuentos folklóricos, fábulas, mitos y leyendas), pero historias originales —específicamente a partir de los cuentos de Hans Christian Andersen (1805-1875)— competían con las tomadas de la 'imaginería' popular. En *La Edad de Oro* aparecerían ejemplos de ambos tipos, de acuerdo a la siguiente dosificación:

Número 1
. "Meñique."
. "Bebé y el Señor Don Pomposo."

Número 2
. "Nené Traviesa."

Número 3
. "El Camarón Encantado."

Número 4
. "La Muñeca Negra."
. "Los Dos Ruiseñores."

Desde el punto de vista cuantitativo (tanto por unidades como por extensión en páginas), los cuentos quedan en desventaja con las crónicas —las cuales terminarían siendo el género más representado en las cuatro entregas publicadas— aunque, en cuanto al número de páginas, triplican a los artículos. Es de destacar que Martí no seleccionó ninguno de sus cuentos para 'abrir' número alguno, reservando ese importante sitial en toda la revista —con la sola excepción del primer número que 'abre' con dos artículos contiguos—, para las crónicas. Con ello el poeta cubano rompe completamente con los moldes entonces establecidos en las publicaciones periódicas infantiles —heredados del romanticismo— que daban a los cuentos un sitio preferencial, mostrándose también en ello *La Edad de Oro* como ente modernista a pesar de su condición de revista infantil.

Como en las poesías, los cuentos de *La Edad de Oro* tienen que ser divididos en dos grupos: propios y ajenos. La existencia de este último grupo es algo que, dado el programa que se trazó Martí, podría llamar la atención de un lector no avezado. En efecto, recuérdese que el redactor único de la revista había anunciado que *La Edad de Oro* aparecería "sin traducciones vanas de trabajos escritos para niños de carácter y de países diversos", lo cual parece haber incumplido con la inclusión de "Meñique", "El Camarón Encantado" y "Los Dos

Ruiseñores". Pero no hay tal contradicción. Como veremos de inmediato, la 'rescritura' martiana y la ubicación de dichos textos como parte del ya analizado recurso de múltiple presentación de un mismo mensaje a través de trabajos contiguos de diferentes géneros, libran a esos cuentos 'extranjeros' de ser "traducciones vanas" y mucho menos de ser válidos solamente "para niños de carácter y países diversos" a Hispanoamérica.

De los tres cuentos 'ajenos', dos corresponden al francés Édouard René Lefebvre de Laboulaye (1811-1883) y uno al danés Hans Christian Andersen (1805-1875). El segundo continúa siendo conocido en todos los países y sus cuentos infantiles no han dejado de aparecer en todos los idiomas, amén de haberse adaptado al cine, la radio, el teatro y la televisión. Algo completamente diferente ha sucedido con Laboulaye, hoy casi del todo desconocido si no fuera por Martí (al menos en español). Sin embargo, en 1889 tanto el uno como el otro se encontraban en la nómina de los escritores más conocidos del mundo. Es más, mientras que Andersen era aclamado únicamente por sus cuentos infantiles (sus obras para adultos, ni entonces ni ahora han sido bien recibidas), Laboulaye lo era como un intelectual integral, lo cual incluía tanto su literatura infantil como sus obras para adultos (de ficción o no) y su oratoria.

En efecto, una simple mirada a las múltiples ediciones de las obras de Laboulaye durante la segunda mitad del XIX, lo colocan como uno de los escritores de más éxito de su tiempo. En la categoría infantil, *Contes blues* (1863), *Nouveaux contes blues* (1866) y *Derniers contes bleus* (1884), tendrían múltiples ediciones en un lapso de menos de dos décadas (del segundo, sólo entre 1866 y 1874, se publicarían 12 ediciones). En ficción para adultos, su obra más universalmente conocida sería la novela satírica *Paris en Amérique* (1863), también con numerosas ediciones y traducciones a otras lenguas (la primera en español saldría tan temprano como 1869). Su producción ensayística es sumamente copiosa, destacándose en ella sus obras dedicadas a las funciones del estado (fue parlamentario) como *L'État et ses limites* (1863), así como otras en que analiza las negativas condiciones de la mujer en la sociedad de su época como en *Recherche sur la condition civile et politique des femmes* (1842), o denuncia la alianza papal con las monarquías y propugna una espiritualidad cristiana libre de dogmas como en *La liberté religieuse* (1858), o desarrolla temas de carácter más general como en *Etudes morales et politiques* (1862). Fue un ferviente analista de (y luchador por) el sufragio universal y la defensa de las libertades individuales frente al estado, luchas que llevó al campo legislativo y que lo convirtieron en uno de los fundadores de la Tercera República.

En los Estados Unidos en particular, Laboulaye era el escritor en lengua extranjera más 'mimado' del público en la segunda mitad del siglo XIX. En ello jugó un papel fundamental su inclinación por el país que le aclamaba y su régimen republicano democrático, lo cual le hizo cerrar filas con los partidarios de la Unión durante la Guerra Civil, dar a conocer las grandezas americanas al público francés en obras tales como *Histoire des États-Unis d'Amérique* (1854), traducir al francés las obras de Benjamin Franklin (1869) y jugar un papel determinante en el proceso de creación de la Estatua de la Libertad. La historiadora norteamericana Mary L. Booth lo calificó como "one of the most ardent friends of our Union in its hour of peril"[2], lo cual incluía, lógicamente, una radical oposición a la esclavitud, la misma que le valió ser nominado Presidente de la importante Conferencia Anti-esclavista desarrollada en París en 1867[3]. La lucha de los independentistas cubanos tampoco fue ajena al político francés, como lo demuestra su prólogo al ensayo de Porfirio Valiente *Réformes dans les Isles de Cuba et Porto Rico* (1869), en que Laboulaye muestra sus simpatías por la independencia de las islas antillanas.

Los cuentos infantiles de Laboulaye eran, en su época, tan o más populares que su oratoria y sus ensayos. Comenta Mary L. Booth en el prefacio ya citado:

Those who remember the publication by Harper & Brothers of that sparkling collection of stories, *Laboulaye's Fairy Book*, know what a *furore* it created, not only among children, who were fascinated with its giants, fairies, and hobgoblins, but still more among their elders, who were

---

[2] Mary L. Booth, "Translator Preface," *Last Fairy Tales by Edouard Laboulaye* (New York: Harper and Brothers, 1884) XIV.

[3] Cf. *Special Report of the Anti-slavery Conference, Held in Paris in The Salle Herz, on the Twenty-sixth and Twenty-seventh August, 1867, Under the Presidency of Mons. Edouard Laboulaye* (London: Committee of the British and Foreign Anti-slavery Society, 1867). Para más consideraciones sobre Laboulaye, véase: Jean-Claude Lamberti, "Laboulaye and the Common Law of Free People," *Liberty. The French-American Statue in Art and History*, eds. Pierre Provoyeur and June Hargrove (Cambridge: Harper & Row, 1986) 20-5.

charmed with the flashing wit and keen satire which leavened every page, and which, to the writer's personal knowledge, beguiled the Vice-President of the United States, as well as the president of one of our largest banking institutions, into sitting up nearly all night to finish the volume. (XIV)

La imagen de que el vice-presidente de los EEUU estuviera casi toda una noche sin poderse despegar de los cuentos infantiles de Laboulaye, arroja una visión sumamente cándida del período. Pero, real o no la anécdota, ésta refleja la popularidad de tales cuentos, formados, según la proloquista citada, por "old tales retold with a bewitching humor that gives them new charm" (XIV).

Tal humor debe haber sido uno de los elementos de los cuentos de Laboulaye que motivaron a Martí a presentárselos a sus pequeños lectores, por cuanto dicha característica los acercaba a la tendencia entonces en progreso dentro de la literatura infantil hispana, particularmente en los llamados *Cuentos de Callejas*. Ese humor, en última instancia, servía para acercar a "Meñique" y "El Camarón Encantado" —más allá de sus facturas y el mensaje elaborado— al carácter de nuestros niños y, en consecuencia, librarlos de ser una "traducción vana".

Andersen, por otra parte, llega a la literatura infantil a los 30 años luego de una carrera de fracasos en las artes escénicas y la literatura para adultos. Necesitado de dinero, escribió 4 cuentos infantiles que publicó en un folleto. Su éxito fue tal, que repitió el intento sucesivas veces, alcanzando en menos de 10 años la fama que tanto había perseguido como escritor para adultos. Pero sus cuentos infantiles rebasaron, con creces, el estrecho ámbito de su entorno cultural. En efecto, Andersen logró universalizar de manera tal sus cuentos infantiles, que en ningún momento podrían haber sido considerados "escritos para niños de carácter y de países diversos" a los infantes hispanos, sino que estaban dirigidos a todos los niños, incluidos los nuestros. La significación simbólica que Andersen añadió a los cuentos folclóricos que le sirvieron de base inicialmente y a los suyos propios después, los lanzó mucho más allá de su frío medio geográfico-cultural, lo que nunca logró con su producción para adultos.

Así, pues, en ninguno de los tres casos de cuentos 'prestados' por Martí para *La Edad de Oro*, pudiera hablarse de traducción vana, mucho menos una vez que se analizan las cargas simbólicas depositadas por éste en los relatos 'adaptados' para los niños hispanos. En ese sentido, estos cuentos 'ajenos' no lo son, en realidad, tanto.

"Meñique" es una rescritura o traducción 'editada' de "Poucinet", de *Contes bleus*. Laboulaye le dio como subtítulo "cuento finlandés"; Martí desecha tal identificación y ubica la anécdota "en un país muy extraño" (7), adicionando entonces uno propio a manera de sumario: "Cuento de magia, donde se relata la historia del sabichoso Meñique, y se ve que el saber vale más que la fuerza" (7). Las diferencias entre el original y la versión martiana son evidentes desde el mismo principio del cuento. Martí, en su trabajo de 'edición', agrega, cambia u omite, según el caso, aunque manteniendo la estructura original, incluyendo la división en siete partes y los mismos personajes, con sus más destacadas características personales. Veamos el siguiente fragmento del original:

> Pour toute richese ici-bas le paysan n'avait que sa famille; c'était fête au logis quand, par hasard, on y entrevoyait d'un sou. Le seigle était cher, la vie rude; aussi, dès que les trois enfants commencèrent à travailler, le bon père les engagea-t-il soir et matin à courir le monde par y chercher fortune.
> -A l'étranger, leur disait-il, le pain n'est pas toujours facile à gagner, mais il y en a; tandis qu'ici, ce qui peut vous arriver de plus heureux, c'est de mourir de faim.[4]

La rescritura martiana del fragmento reproducido, es como sigue:

> El campesino era tan pobre que había fiesta en la casa cuando traía alguno un centavo. El pan costaba mucho, aunque era pan negro; y no tenían como ganarse la vida. En cuanto los tres hijos fueron bastante crecidos, el padre les rogó por su bien que salieran de la choza infeliz, a buscar fortuna por el mundo. Les dolió el corazón de dejar solo a su padre viejo, y decir adiós para siempre a los árboles que habían sembrado, a la casita en que habían nacido, al arroyo donde bebían el agua en la palma de la mano. (7)

Lo primero que llama la atención es que los hijos del original son exhortados a abandonar la casa paterna cuando comenzaron a trabajar;

---

[4] Éduoard de Laboulaye, *Contes Bleus* (Paris: Charpentier, 1906) 129-30. Todas las citas del texto de "Poucinet" serán paginadas de acuerdo a esta edición.

Martí, sabedor de que los niños hispanoamericanos comenzaban a trabajar antes de que pudieran ser capaces de independizarse, lo cambia por cuando "fueron bastante crecidos", dejando a la interpretación de cada cual el momento específico. También es de destacar la omisión de la primera frase y la síntesis parafrástica que hace del parlamento del padre. Éste, en realidad, queda como en las sombras en la rescritura del cubano. Posiblemente, necesitado de espacio, Martí decidió reducir al mínimo la presencia de un personaje que no habría de aparecer más en toda la historia, o entendió como cruel el especificar que su única riqueza (sus hijos), lo abandonaran; sólo pueden hacerse conjeturas al respecto. Pero el más destacado de los cambios es la larga oración final añadida, en que Martí describe el dolor de los que parten. En semejante adición no resulta difícil entrever rastros de elementos autobiográficos, aunque, como sabemos, el partir del joven Martí fue del todo involuntario. Es más, el beber agua con las manos en el arroyo (que, recordemos, a Martí complacía "más que el mar"), de alguna forma, además de poder ser interpretado como autobiográfico, 'tropicaliza' el entorno descrito.

Elementos 'tropicalizadores' como el arriba señalado, los repetiría Martí una y otra vez en su rescritura: como al describir que el gigante "cuando tiene sed al mediodía se bebe un melonar" (12), o al señalar que, ante los ojos de ese gigante sediento al mediodía, Meñique parecía "pequeñito como un pitirre" (12), con lo que lleva su 'tropicalización' a toda una 'cubanización'. Otros cubanismos destacados son "macacuelo" (11) y la expresión *no caber ni un chícharo* (13). Con semejantes 'tropicalizaciones' y 'cubanizaciones', Martí conjuraba lo de "traducciones vanas" que había anunciado evitaría en su revista, haciendo de ese "país muy extraño" que había cambiado por Finlandia, uno mucho más cercano a sus lectores infantiles.

Por lo anterior es que la nominación gentilicia de Laboulaye de los hombres que llegaban al palacio para intentar cumplir los designios del rey ("Aussí de Suède et de Norvège, de Danemark et de Russie, des îles [refiriéndose, supongo, a las islas británicas] et du continent vint-il une foule de robustes ouvriers, la cognée sur l'épaule et la pioche à la main" [102]), Martí la reduce —donde el subrayado es mío— a "así es que empezó a venir *de todas partes* un ejército de hombres forzudos, con el hacha al hombro y el pico al brazo" (8). Del fragmento reproducido es también de señalarse que Martí, al parecer teniendo en cuenta que todos esos hombres quedarían en ridículo, no utilizó el vocablo "obreros" según el original, sino "hombres" en general, quién sabe si por haber considerado irrespetuoso para con los obreros el señalar directamente que eran sus pares quienes serían, a la postre, vencidos y, por lo tanto, reducidos o subestimados, por el diminuto campesino; pero esto último es sólo una conjetura, que conste.

Otros cambios martianos notables son que, mientras que para el francés los hijos abandonan la casa del padre directamente para ir al castillo, para el cubano éstos deciden ir a probar su fortuna en la corte real una vez ya en camino, con lo que omite la aprobación paterna. Es igualmente significativo que mientras en el original Poucinet llama al gigante "esclave" (128), Martí cambia el término por "criado" (15). También son de destacar algunas añadiduras notables, como cuando Martí describe la lacónica "immense cabane" (118) del gigante como "una casa enorme, con una puerta donde cabía un barco de tres palos, y un balcón como un teatro vacío" (12), o cuando la manida expresión original "au milieu d'un profond silence", Martí la omite y coloca en su lugar "después de unos instantes en que se oía correr la luz" (15), creando una metáfora poética sumamente sugestiva.

Las adiciones son de tal calidad y están a veces tan bien entremezcladas con el texto original, que uno quisiera que siempre hubieran estado en él. Véase el siguiente ejemplo, tomado ya casi al final del cuento:

Raconter les noces de la princesse et de Poucinet serait chose inutile; toutes les noces ses ressemblent, il n'y a de différence que dans les lendemains.

Cependant, de la part d'un historien sincère, il serait inexcusable de ne pas dire que la présence du Troll ajouta beaucoup d'agrément à cette fête magnifique. C'est ainsi qu'à la sortie du moustier, dans l'excès de sa joie, le fidèle géant ne trouva rien de mieux à faire que de mettre la voiture de noce sur sa tête et de ramener ainsi les époux au palais. C'est là un de ces incidents qu'il est bon de noter, car on ne les voit pas tous le jours. (129-30)

'Rescribió' Martí:

En el casamiento de la princesa con Meñique no hubo mucho de particular, porque de los casamientos no se puede decir al principio, sino luego, cuando empiezan las penas de la vida, y se ve si los casados se ayudan y quieren bien, o sin son egoístas y cobardes. Pero el que cuenta el cuento tiene que decir que el gigante estaba tan alegre con el matrimonio de su amo que le iba poniendo su sombrero de tres picos a todos los árboles que encontraba, y cuando salió el carruaje de los novios, que era de nácar puro, con cuatro caballos mansos como palomas, se echó el carruaje a la cabeza, con caballos y todo, y salió corriendo y dando vivas, hasta que los dejó a la puerta del palacio, como deja una madre a su niño en la cuna. Esto se debe decir, porque no es cosa que se ve todos los días. (15)

Véase la extensión que del simple "lendemains" original hizo Martí, en cuya nota lúgubre podría entreverse algún rasgo autobiográfico. Igualmente su cambio de "historien" a contador de cuentos y la descripción parnasiana de la carroza nupcial, o el trazo simbolista del gigante depositándola en la puerta de palacio. Nada de ello aparece en el texto de Laboulaye; pero lo necesitaba.

También Martí acentúa en el fragmento citado el humorismo de la escena original, con el gigante cubriendo con su sombrero los árboles que se encontraba a su paso. El francés presenta numerosos toques de humor como ése, los que el antillano mantiene en su totalidad y, en algunos casos, amplía, a veces hasta con una carga de fina ironía como cuando señala que el monarca "como buen rey que era, ya no quería cumplir lo que prometió" (11). Y ello era de esperarse: "Meñique" es una de las muestras de los anunciados "cuentos de risa y novelas de niños, para cuando hayan estudiado mucho, o jugado mucho, y quieran descansar" (2). De ahí este cuento con un gigantón tonto y, a la postre, buenazo; con un juego que uno de los anotadores recomienda se desarrolle en las aulas primarias; con entretenidas e ingeniosas adivinanzas, siempre del deleite infantil. Pero también con poesía y elementos combinados tanto del parnasianismo como del simbolismo.

Y, conviviendo con todo ello, la doctrina "que no parezca que la llevan". Ya ésta asoma en el subtítulo martiano; luego queda desarrollada. Por si eso fuera poco, el "hombre de *La Edad de Oro*" vuelve a ella en el artículo "La Ultima Página" del primer número en que había aparecido el cuento y, luego de destacar la necesidad de la fuerza física "porque la fuerza da salud, y porque se ha de estar presto a pelear, para cuando un pueblo ladrón quiera venir a robarnos nuestro pueblo" (32), señala que "pero para lo demás de la vida, la fuerza está en saber mucho, como dice Meñique" (31), y se queja de que 32 páginas son muy pocas para conversar con quienes "han de ser mañana hábiles como Meñique y valientes como Bolívar" (31).

Esta combinación de las cualidades del personaje histórico con el ficcional que hace Martí, no es nada fortuita. El "cuento de magia" sigue, precisamente, al artículo "Tres Héroes". Los mensajes de ambos terminan formando uno solo o, al menos, se complementan: una extraña y genial combinación de épica y humor, realidad y magia, encaminada a transmitir una doctrina semejante ("que no parezca que la llevan") mediante la sucesión editorial de trabajos de sub-géneros y tónicas diferentes, pero de mensaje implícitamente semejante.

En "El Camarón Encantado" Martí presenta el tema de la codicia castigada a través de la rescritura de un cuento recurrente en el folklore europeo, aunque el personaje 'castigador' varía enormemente de una zona a otra (a veces es un camarón, a veces un pez, otras un árbol, etc.). Por tal razón, ya había sido desarrollado por escritores europeos de la talla de los hermanos Grimm ("El pescador y su mujer") y A. Pushkin ("Cuento sobre el pescador y el pecezuelo"). Pero Martí no lo tomó de ninguno de los ejemplos citados, sino de "L'écrevisse. Conte esthonien", de Laboulaye, aparecido por primera vez en una publicación periódica parisina[5] y recogido en una compilación (editada póstumamente), que es de donde lo tomó el cubano para su rescritura[6].

Mas es el caso que el cuento del francés también era una rescritura. El mismo Laboulaye, en una nota al pie de página en la edición de 1884 de su cuento (13), reconoce que su historia estaba basada en una de Friedrick Reinhold Kreutzwald, pero no en la original ("Vagev vähk ja täitmatu naine", "El cangrejo omnipotente y la mujer voraz"), pues, evidentemente, Laboulaye no podía leer el idioma estonio, sino en su traducción alemana aparecida unos pocos años antes[7]. Boris Lukin llama la atención (312) sobre los otros dos cuentos de Kreutzwald de los cuales tomó Laboulaye los nombres de los protagonistas (Masicas y Loppi) que mantuvo Martí, a quien por carácter transitivo Lukin considera "el

---

[5] E. Laboulaye, "L'écrevisse. Conte esthonien," *Journal des débats* 1er janvier 1883: 1-3.

[6] Édouard Laboulaye, "L'écrevisse. Conte esthonien," *Derniers contes blues* (Paris: Jouvet, 1884) 13-135.

[7] F. R. Kreutzwald, "Der zaubermächtige Krebs und das unersättliche Weib," *Esthnische Mærchen*, trans. F. Loewe (Dorpat: 1881) 23-6.

primer traductor al español de una obra del fundador de la literatura estonia" (313).

Sin embargo, aseverar que "El Camarón Encantado" pudiera interpretarse como una traducción de "Vagev vähk ja täitmatu naine", es una conclusión sumamente simplista[8]. Suponiendo, incluso, que Martí hubiera intentado solamente traducir el cuento de Laboulaye, los pasos intermedios son tales y de tal magnitud (del estonio al alemán, del alemán al francés y, por último, del francés al español) que, más allá de la anécdota, sería poco menos que imposible hallar trazas literales del original estonio en la lejana rescritura castellana. Es más, aun cuando pudiera considerarse la versión de Loewe una fiel traducción, el mismo Lukin señala los cambios que produjo Laboulaye en la suya, de manera tal que Martí no tuvo nunca en sus manos ni siquiera una traducción más o menos fiel del cuento de Kreutzwald, sino una rescritura (y sumamente creativa, como se desprende de los cambios que hizo Laboulaye en la historia original, según el propio Lukin) de una traducción.

Tomando esa rescritura francesa como original, Martí se da a la tarea de redactar la suya propia en español, en la cual hace destacadas adiciones, cambios y omisiones al texto francés. Con ello, al parecer el cubano buscaba subrayar las características humorísticas del original, acercarlo a la comprensión de sus lectores, y aclarar su moraleja. Martí hizo —valga la aclaración— más cambios a "L'écrevisse" que a "Poucinet" —particularmente al final del cuento—, aunque del todo inocente de que con ello 'acercaba' su versión al original estonio. Desde un principio se nota la intención martiana de 'aumentar' el grado de oralidad y humor de "El camarón...", como se desprende de la comparación de los fragmentos de ambos textos que siguen a continuación. Escribió Laboulaye:

> Aux environs de Revel, il y avait une fois un bûcheron qui habitait une méchante cabane, située sur la lisière d'un bois, près d'un chemin abandonné. Loppi (c'était le nom de notre héros) était pauvre comme Job,

---

[8] Sobre la traducción y sus procesos, véanse el número monotemático "Translation Theory and Intercultural Relations" de *Poetics Today* 20.4 (1984); James S. Holmes, ed. *Literature and Translation: New Perspectives in Literary Studies* (Leuven: Acco, 1978); y Gideon Toury, *In Search of a Theory of Translation* (Tel Aviv: Porter Institute for Poetics and Semiotics, 1980).

et patient comme lui. Pour que rien ne manquât à la ressemblance, le ciel, dans sa miséricorde, lui avait octroyé une femme qui eût rendu des points à l'épouse du patriarche. On l'appelait Masicas, ce qui signifie, dit-on, la fraise des bois. Elle n'était pas méchante de nature et ne se fâchait jamais, quand on était de son avis ou qu'on faisait ce qu'elle voulait. Mais, le rest du temps, elle était moins douce. Si elle se taisait du matin au soir, tandis que son mari était au boix ou aux champs, en revanche, elle criait du soir au matin quand son seigneur était au logis. Il est vrai que, suivant un vieux proverbe, *les chevaux se battent quand il n'y a pas de foin au râtelier*, et l'abondance ne régnait pas dans la chaumière du bûcheron. Les araignées n'y filaient guère, car elles ne trouvaient pas une mouche à prendre dans leur toile, et deux souris, entrées par hasard dans ce pauvre logis, y étaient mortes de faim.[9]

Rescribió Martí:

Allá por un pueblo del mar Báltico, del lado de Rusia, vivía el pobre Loppi, en un casuco viejo, sin más compañía que su hacha y su mujer. El hacha ¡bueno!; pero la mujer se llamaba Masicas, que quiere decir "fresa agria." Y era agria Masicas de veras, como la fresa silvestre. ¡Vaya un nombre: Masicas! Ella nunca se enojaba, por supuesto, cuando le hacían el gusto, o no la contradecían; pero si se quedaba sin el capricho, era de irse a los bosques por no oírla. Se estaba callada de la mañana a la noche, preparando el regaño, mientras Loppi andaba afuera con el hacha, corta que corta, buscando el pan: y en cuanto entraba Loppi, no paraba de regañarlo, de la noche a la mañana. Porque estaban muy pobres, y cuando la gente no es buena, la pobreza los pone de mal humor. De veras que era pobre la casa de Loppi: las arañas no hacían telas en sus rincones porque no había allí moscas que cojer, y dos ratones que entraron extraviados, se murieron de hambre. (83)

Llama la atención el poder de síntesis martiano y el mantenimiento de los elementos humorísticos tales como la anécdota de las arañas y los

---

[9] Édouard Laboulaye, *Darniers contes blues* (Paris: Jouvet et Cie., éditeurs, 1884) 98-9. Todas las citas de "L'écrevisse" serán paginadas de acuerdo a esta edición, que todo parece indicar fue la utilizada por Martí.

dos ratones, sobre los cuales Martí intensifica la carga de humor característica de la literatura infantil hispana del período, específicamente en los llamados *Cuentos de Callejas*. Pero también son llamativas las omisiones, como el refrán y la referencia a Job. Esta última omisión señalada no sería más que uno de los múltiples elementos 'secularizadores' que encontraremos en la versión del hispano. Por ejemplo, una vez que Loppi atrapa al camarón, en el cuento original éste le dice al leñador: "N'abuse pas du hasard qui m'a mis dans tes mains. Songe que je suis comme toi une créature du bon Dieu. Aie pitié de moi, si tu veux qu'un jour on ait pitié de toi." (100) Martí fue mucho más lacónico y directo. Dice en su versión el camarón: "Sé bueno conmigo, como tú quieres que sean buenos contigo." (83) Martí también omite la común expresión "Bon Dieu!" (103) y cuando en el colmo de la ambición Masicas pretende ser Dios, Martí 'paganiza' su deseo. Escribió Laboulaye:

—Bonté du ciel! s'écria Loppi, si une couronne ne te suffit pas, que te faut-il donc? Veux-tu, par hasard, être le bon Dieu en personne?
—Pourquoi non? répondit tranquillement Masicas. Le monde en serait-il plus mal gouverné?
En entendant ce blasphème, Loppi regarda sa femme avec stupeur. (127-8)

Rescribió Martí:

—Pero ¿qué quieres entonces, infeliz? ¿Quieres reinar en el cielo donde están los soles y las estrellas, y ser dueña del mundo?
—Que vayas te digo, y le digas a la maga que quiero reinar en el cielo, y ser dueña del mundo. (87)

Tal 'paganización' libra el texto de la "blasphème" del original y permite fácilmente la omisión del "Bonte du ciel!" que, junto al ya señalado "Bon Dieu!" omitido, dejan al Loppi de Martí, a diferencia del de Laboulaye, sin carga religiosa alguna.

Para el camarón según el cubano, Loppi nunca deja de ser "leñador", mientras que para el de Laboulaye éste es "mon frère" hasta el momento de su última petición. Con ello Martí dejaba bien claro que, independientemente del cambio social ocurrido en Loppi como consecuencia de las dádivas mágicas del agradecido camarón encantado, el pobre hombre seguía siendo, realmente, el leñador que a la postre volvería a ser.

No obstante ello, Martí añade algunas descripciones palaciegas del todo incongruentes con la condición de leñador de su morador. Descripciones en las que Martí incorpora a su versión postulados preciosistas de corte típicamente modernista tales como el "vestido de plata" (86) de Masicas, los coches dorados, las medias de seda o la relación exótico-cosmopolita de los animales del castillo, en contraposición con la relación de Laboulaye en que todos eran, simplemente, ingleses. También Martí 'moderniza' el título de nobleza que, originalmente, solicita Masicas, de "une baronne" (123) a "princesa" (86).

El cubano enriquece el texto con símiles y tropos ausentes en el original, como cuando narra que Masicas, contenta por la segunda de las dádivas de la maga, se comportó "como una ardilla, como una paloma, como un cordero" (84), o la hipérbole de "los puños alzados de Masicas, que le parecieron [a Loppi] un ganso cada uno" (85). Boris Lukin identifica algunas metonimias y destaca el agregado martiano de frases coloquiales caribeñas y sutiles cubanismos. Dice el crítico estonio:

> Las comparaciones y epítetos que emplea Martí, son breves, sencillos y expresivos. Con mucha frecuencia, no han sido tomados de Laboulaye, sino del uso coloquial cubano. (325)

Un uso que, debe aclararse, no llega al localismo. El mismo Lukin lo reconoce cuando señala que los "cubanismos" por él identificados son "palabras y expresiones que comprende cualquier latinoamericano o español, *impregnadas solamente del aroma cubano; del carácter y el humor*" (324, el subrayado es de él).

Aunque en menor medida, en "El Camarón..." es posible identificar trazas de la descripción de láminas resultante de la influencia del "illustrated journalism" ya señalada en otros textos. En ese sentido, tiene mucha razón Lukin al relacionar la escena en que Loppi le pide al camarón que le deje besar "la patica izquierda, la que está del lado del corazón" (85), con el grabado "Loppi voulut a toute force baiser la patte de son amie" (117) de la edición del cuento de 1884 que ha servido para todas las citas. No obstante ello, el crítico estonio pasa por alto (o desconoce) la raíz de tal relación, y su conclusión de que "precisamente, estos dibujos de Henri Pilla, por toda apariencia, llevaron a Martí a llamar al cangrejo de río no 'cangrejo' (en Cuba es distinto), sino 'camarón'" (323), carece de sentido. Fue Laboulaye quien interpretó el "Krebs" de la traducción alemana que le sirvió de base como "écrevisse", que en español sí es el camarón de río (también llamado, por algunos, langostino), del cual hay varias especies, ninguna parecida a lo que en castellano llamamos cangrejo. En esto Martí siguió fielmente el texto de Laboulaye, sin cambio alguno.

Donde Martí sí hizo grandes cambios, fue en el final del cuento. En efecto, aunque en la rescritura martiana se mantiene el hilo anecdótico original, se reducen de manera tal las escenas finales, que quedan convertidas en una sola. Laboulaye extiende el cuento, luego de la muerte de Masicas, como justificando la actitud de Loppi por su alto grado de fidelidad a la esposa. Por tal razón lo hace llorar "sa femme comme tout bon mari doit le faire" (134) y vivir hasta el siguiente invierno, en que muere de desesperación por su viudez. A pesar de todo lo sucedido por la codicia ilimitada de Masicas, para Loppi (según Laboulaye) ésta había sido "le charme de sa vie" (135), razón por la cual utiliza sus últimas fuerzas en vida para escribir, en la tumba de Masicas, "A la meilleure des femmes, le plus inconsolable des maris" (135), con el cual el francés cerró su "L'écrevisse".

Martí comprendió que esta 'sub-trama' con que Laboulaye concluyó su cuento, contradecía la moraleja de la historia, además de extenderla inútilmente. Es por eso que hace morir al marido casi inmediatamente después de la mujer, al considerarlo tanto o más culpable que su codiciosa esposa. Ello se desprende del análisis del último parlamento del camarón en ambas versiones. En la del francés, no exento de acritud, exclama la maga:

—Ta femme est à enfermer, et toi à pendre, méchant imbécile! C'est la lâcheté des maris qui fait la folie des femmes. Au chenil, misérable, au chenil! (132)

En la versión martiana la ira de la maga es mucho más drástica y la moraleja queda más desarrollada (y cercana al final) en medio de una ágil construcción epanadiplósica:

—¡A tu rincón, imbécil, a tu rincón! ¡los maridos cobardes hacen a sus mujeres locas! ¡abajo el palacio, abajo el castillo, abajo la corona! ¡A tu casuca con tu mujer, marido cobarde! ¡A tu casuca, con el morral vacío! (87)

Luego de esta escena, Masicas intercepta a Loppi en su retorno a la de nuevo choza, lo ataca, y mueren ambos. Con semejante reducción, Martí no sólo logró agilizar el final del cuento, sino aclarar de alguna forma una moraleja que, en el texto original francés, quedaba como difusa u opacada por el epitafio.

Lo interesante de estos cambios que Martí hizo en su rescritura, es que, según Boris Lukin, acercan su cuento al original de Kreutzwald que el cubano nunca conoció. Según el mencionado crítico, lo omitido por Martí había sido una adición de Laboulaye por lo que "José Martí, sin conocer la variante original del cuento estonio, aproximó intuitivamente a él su traducción, librándola de algunas 'mejoras' del cuentista francés" (321).

Ya aclaré anteriormente la improcedencia del término "traducción" que Lukin usa una y otra vez para referirse a la rescritura martiana. De la cita anterior también habría que aclarar que no hubo intuición alguna en la coincidencia del cubano con el estonio, sino simple sentido común en la creación artística. Las 'mejoras' de Laboulaye al final de su versión, a todas luces sobraban. Martí las omitió (como desechó otras muchas cosas que sí eran originales en otras de sus rescrituras) no porque intuyese que estaban ausentes en la versión estonia, sino para mejorar el producto final de su entrega. Por lo anterior es que, más que de intuición, habría que hablar de voluntad de estilo, en lo cual muy bien podrían haber coincidido el báltico y el caribeño.

"El Camarón Encantado" aparece publicado inmediatamente antes que la crónica "El Padre Las Casas". A la codicia desmedida de Masicas sigue, entonces, la codicia igualmente desmedida de los colonizadores españoles, la cual, por extensión, habrá de recibir igual castigo, en lo que pudiera interpretarse como el mensaje implícito de la combinación intergenérica resultante. Esta nueva muestra del reiterado uso martiano de la sucesión editorial de trabajos de sub-géneros y tónicas diferentes, pero mensaje implícitamente semejante, refuerzan la unidad estilística de *La Edad...* y permite la identificación de una relación bi-direccional tan pronto como se recuerda la ya señalada entre la crónica del defensor de los indios y el poema "Los Zapaticos de Rosa". Así, mientras que en la crónica se repite el aspecto negativo del cuento, en la poesía lo reiterado es el positivo de la crónica. Finalmente, contraponiéndose los puntos extremos del tríptico, aparecen las imágenes de Masicas y Pilar como complementos opuestos. Esta congruencia por oposición es señalada por el mismo Martí en el artículo "La Ultima Página" del número 3 de *La Edad...* en que aparecieron ambos trabajos. Pregunta el redactor único de la revista a sus lectores: "¿Y quién es mejor: Masicas, o Pilar?" (96) En la respuesta —obvia—, reside toda la carga doctrinaria implícita.

"Los Dos Ruiseñores" es el último cuento 'ajeno' que presentó Martí a los niños para quienes escribía. Relatos de ubicación oriental —y en particular cuentos chinos—, eran muy populares en la época[10]. El que Martí seleccionó está basado en el de Hans Christian Andersen "Nattergalen" ("Ruiseñor"), que apareció por primera vez en *Nye Eventyr* (1843). Martí tenía grandes puntos de contacto, más allá de consideraciones artísticas, con los otros autores originales de sus 'rescrituras' (H. Jackson, Smiles, Emerson y Laboulaye), no así con Andersen, de alguna forma permeado del ambiente aristocrático al que pudo llegar dada su fama y medio ambiente. Empero, ello no implica que el gran danés fuera un apasionado monárquico o despreciara al pueblo. La idea de la unidad e igualdad del hombre, prevaleciente en la época en los círculos no-conservadores, también llega a Andersen, aunque éste la circunscriba al espíritu. Ole Vindig, en la 'entrevista' que le hizo a Andersen basado en los diarios del gran cuentista, selecciona para una de sus preguntas el siguiente texto:

> I did stay in different circles and this had a great influence on me, and I found in the prince, in the nobilities, as in the poorest of the people, that noble-minded human nature was related in good; in the best we are alike.[11]

---

[10] Véase, por ejemplo, la serie de cuentos chinos de Adele M. Field publicada por *Harper's Young People* entre 1888 y 1889, entre ellos "The Stolen Garlic" (Vol. X, No. 477, Dec. 18, 1888, p.117-118) o "Two Frugal Men" (Vol. X, No. 490, March 19, 1889, p.340-341).

[11] Ole Vinding, *Sanitale i Elysium med H.C. Andersen/A Conversation in Elysium with Hans Christian Andersen*, intr. H. Topsøe-Jensen (København: Rhodos, 1970) 44. El texto original es el siguiente: "Jeg kom jo til at leve mig ind i forsellige kredse og det fik megen indflydelse på mig, og jeg fandt hos fyrsten, hos adelen, som hos den fattigste i folket det ædle menneskelige beslægtet i det gode. I det bedste ligner vi alle hverandre." (45)

Sin embargo, no se encontrará en ninguno de los escritos de Andersen la decidida postura por los pobres de Martí, de alguna forma compartida por Laboulaye dados sus esfuerzos por democratizar la Francia de su época. Es más, para Andersen la política era un elemento que debía evitar todo poeta. En la 'entrevista' citada, se aprecian estas palabras del danés:

> I have always held the opinion that politics become the greatest of misfortunes for the poet. Politics are not unlike the Sirens luring their victims to disaster. The song of these poets suffer the fate of newspapers: they are seized, read, praises and -forgotten. (42)[12]

El cuento seleccionado por Martí pertenece a la madurez del escritor europeo. Atrás habían quedado los tiempos en que Andersen trabajaba únicamente las historias tomadas del folklore. *Nye Eventyr*, como su nombre lo indica, eran cuentos nuevos, propios, de una inocultable carga simbólica más allá de su supuestamente inocente condición de literatura infantil, como puede apreciarse en el famosísimo "Den Grimme Ællin" ("El patito feo"). Específicamente en "Nattergalen", los críticos han visto alusiones parabólicas que van, de la estética propiamente dicha, a motivos autobiográficos. Así, algunos creen entrever una clara mención al círculo de Heiberg en Copenhagen, por lo que el canto del ruiseñor mecánico simbolizaría "el verso retórico y ornado" contra el cual se pronunció decididamente Martí. Otros creen que la idea se la inspiró a Andersen la soprano de coloratura Jenny Lind (llamada "el ruiseñor sueco"), quien constituyera su último y gran amor imposible[13]. Vinding entresacó de los diarios de Andersen el siguiente fragmento sobre sus relaciones con la entonces afamada artista:

> In the late night hours I wrote: "I love her", but in accordance with her

---

[12] El texto original es como sigue: "Jeg har altid ment at politik er en stor ulykke for digtere. Fru Politika er den Venus, som lokker dem i sit bjerg, hvor de går tilgrunde. Det går med deres sange som med døgnblade, de gribes, læses, opløttes ogglemmes." (45)

[13] Véase, de Erik Dal, "Introduction," *New Tales, 1843* by Hans Christian Andersen (Copenhagen: Host, 1973) y la bibliografía en danés que éste recomienda. También el trabajo de Isabelle Jan, *Andersen et ses contes: essai*, traduits par L. Chesnaie (Paris: Aubier Montaigne, 1977).

wishes it was as a brother, she called me "her good brother" and she taught
me to forget my own self, to follow the holiness that is in art and to
recognize the mission that God imparted me. Nobody had, in a noble sense,
a greatest influence on me as a poet than she... even her singing taught me,
in it reigned truth and nature, all was full of meaning and intelligence. (57-
8)[14]

En todo caso, habiéndose sentido Andersen simplemente "broder" o
algo más de la famosa soprano, lo que recibió —según sus propias
palabras—, de su canto, bien pudo haberse reflejado en su "Ruiseñor".
Pero la 'rescritura' martiana se inclina, como veremos de inmediato,
hacia la alusión estética, entremezclada con claras intenciones sociales.
Mas, antes de iniciar el análisis comparado de ambos cuentos, es de
destacar que, desde un mismo inicio, es de esperarse diferencias mucho
más profundas que en los otros trabajos 'rescritos' hasta ahora analizados
y en los que el cubano dio a otros el crédito. El mismo Martí nos alerta
cuando en el subtítulo de su cuento nos aclara que se trata de una
"versión libre" (121), en contraposición con lo que él llamó "traducción"
(en el caso de Smiles) o simplemente "del francés, de Laboulaye" (7), en
"Meñique", lo cual posiblemente esté relacionado con el hecho de que
el poeta antillano no pudo 'rescribir' su cuento sobre la versión original,
pues desconocía el idioma danés. Ahora bien, ¿qué traducción utilizó
Martí? A fines del XIX los cuentos de Andersen circulaban profusamente
en traducciones tanto al español como al inglés y al francés. Pero, hasta
ahora, no me ha sido posible determinar cuál utilizó el "hombre de *La
Edad de Oro*". Ni siquiera un 'rastreo' de las ilustraciones pudo
ayudarme —como me sucedió con otros textos analizados—, ya que "Los
Dos Ruiseñores" es uno de los pocos trabajos de *La Edad...* que aparece,
en la edición original, sin lámina alguna. Imposibilitado, por tanto, de
comparar el cuento de Martí con el 'original' por él trabajado, acudo a
la traducción inglesa que supongo él tendría más a mano en el Nueva

---

[14] Las palabras originales en danés aparecen en la citada edición bilingüe como sigue: "In en sen
nattetime skrev jeg: "Jeg elsker hende", -men, efter hendes vilje, blev det som en broder, hun kaldte
mig "sin gode broder", og hun lærte mig ligesom at glemme mit eget jeg og føle det hellige i
kunsten, erkende den mission Gud havde givet mig. Ingen har i ædlere betydning end hum haft
større indvirken på mig som digter... også hendes sang lærte mig, i den var sandhed og natur, alt
fik betydning og klarhed." (61)

York de 1889; pero a sabiendas de que muy bien pudo haber sido otra.
No obstante ello, cualquiera que haya sido la versión que sirviera de modelo a Martí, es posible entrever el mismo proceso de cambios, adiciones y omisiones ya identificado en las otras 'rescrituras' analizadas previamente. Sólo que aquí el original aporta muchos más ingredientes, por sí mismo, de los que el antillano unía en su creación modernista. En efecto, aunque el cuento de Andersen puede catalogarse como romántico, es indudable su carga simbolista (cualquiera que sea la interpretación de sus símbolos, según la postura crítica del analista), raíces que Martí aprovecha al máximo para dar a su "versión" una tónica completamente modernista al acumular, con mayor énfasis que en los cuentos de Laboulaye, los elementos impresionistas, parnasianos y simbolistas que, unidos a los simbolistas del original y a su vertiente romántica no 'comercial', prácticamente completan los 'ingredientes' de la alquimia largo tiempo atrás preparada por el cubano. El exotismo oriental, con su palacio de porcelana azul, las sedas y las flores sonoras, ya traían un 'sello' parnasiano fácil de desarrollar en el nuevo texto. Únase a ello las joyas (las del ruiseñor mecánico incluidas), las lámparas doradas y otras alusiones al oro y la plata y se tendrá una idea, al menos cuantitativa, de los elementos ya aportados por Andersen.

Desde el punto de vista temático las diferencias son casi mínimas, pero sumamente significativas. Así, mientras que en el original del danés el ruiseñor vivía en los jardines palaciegos (sin que, sorpresivamente, ni el emperador ni su corte tuvieran noticia de él), en la versión martiana éste habita en un principio en el fondo de "un bosque muy grande y hermoso, que daba al mar azul" (122), donde el ave

les cantaba a los pobres pescadores canciones tan lindas, que se olvidaban de ir a pescar; y se les veía sonreír de gusto, o llorar de contento, y abrir los brazos, y tirar besos al aire, como si estuviesen locos. "¡Es mejor el vino de la canción que el vino de arroz!" decían los pescadores. Y las mujeres estaban contentas, porque cuando el ruiseñor cantaba, sus maridos y sus hijos no bebían tanto vino de arroz. Y se olvidaban del canto los pescadores cuando no lo oían; pero en cuanto lo volvían a oír, decían, abrazándose como hermanos: "¡Qué hermoso es el canto del ruiseñor!" (122)

El fragmento citado es sumamente significativo. De una parte coloca al ruiseñor brindándole su arte a los más pobres y, de la otra, parece reflejar uno de los problemas del Nueva York de su época (donde el alcoholismo, específicamente entre las clases más pobres, constituía un problema social) y dar su solución al mismo: el arte puede sustituir a los vicios y, por lo tanto, debe hacérseles llegar a los más humildes quienes, aunque momentáneamente pueden olvidarlo, son capaces de reconocerlo una vez que se les brinda la oportunidad de tener acceso al mismo. A ello súmese que el personaje positivo de mayor significación —después del ruiseñor— heredado de "Nattergalen", es una humilde asistente de cocina (sobre la cual volveremos después) mientras que toda la carga negativa del cuento recae sobre la nobleza.

Claro que semejante inquietud social no era del todo ajena al original. Andersen, aunque con una carga mucho más leve, parece expresar un mensaje parecido. Comenta Erik Dal en la "Introducción" ya referida:

> An important feature with social implication may perhaps be seen in the fact that the two persons at court with an ear for the song of the real nightingale happen to be the emperor and the kitchen-maid, the two that are, as it were, above and below the pyramid of the artificial court hierarchy. (12)

Los personajes de una y otra versión son, en sentido general, los mismos, y Martí sigue sus trazados originales con bastante fidelidad. Pero a esas características originales él añade otras que los enriquecen o 'acercan' a sus lectores. Así, tanto en Andersen como en Martí, el emperador es presentado con rasgos bastante cercanos al realismo, con su carga de buenas y malas acciones que vienen a perseguirlo hasta su lecho de muerte frustrada. Sin embargo, mientras que para el danés las cualidades positivas del emperador están relacionadas, implícitamente, con su condición de noble, para el cubano la base de su positividad como personaje estriba en actitudes nada comunes a la realeza, según sus puntos de vista anti-colonialistas. Es más, por el solo hecho de no ser China una república, para Martí era "como si fuera una familia que no acabase de crecer, y no se gobiernan por sí, como hacen los pueblos de hombres, sino que tienen de gobernante a un emperador" (121), en donde interpreto "hombres" por "adultos". No obstante ello, de ese emperador escribió Martí, para presentarlo como un personaje positivo, lo siguiente, ausente del todo en su modelo original:

Y muy galán que era aquel emperador del cuento, que se metía de noche la barba larga en una bolsa de seda azul, para que no lo conocieran, y se iba por las casas de los chinos pobres, repartiendo sacos de arroz y pescado seco, y hablando con los viejos y los niños . . . Y abrió escuelas de pintura, y de bordados, y de tallar madera; y mandó poner preso al que gastase mucho en sus vestidos, y daba fiestas donde se entraba sin pagar, a oír las historias de las batallas y los cuentos hermosos de los poetas; y a los viejecitos los saludaba siempre como si fuesen padres suyos; y cuando los tártaros bravos entraron en China y quisieron mandar en la tierra, salió montado a caballo de su palacio de porcelana blanco y azul, y hasta que no echó al último tártaro de su tierra, no se bajó de la silla. Comía a caballo: bebía a caballo su vino de arroz: a caballo dormía. Y mandó por los pueblos unos pregoneros con trompetas muy largas, y detrás unos clérigos vestidos de blanco que iban diciendo así: "¡Cuando no hay libertad en la tierra, todo el mundo debe salir a buscarla a caballo!" (123)

Y aunque seguidamente Martí no oculta que el emperador a veces se emborrachaba, cualquier parecido con los retratos de "Tres Héroes" (en los que Martí tampoco trata de ocultar los defectos de sus apologados, aunque no los menciona tan directamente) no es pura coincidencia. Como tampoco lo es su parecido con el mensaje de "Un Paseo por la Tierra de los Anamitas", y la importancia de la caridad humana como factor ennoblecedor ya desarrollado en "Los Zapaticos de Rosa".

La joven sirvienta que en Andersen es simplemente una pobre muchacha fregona, en Martí se convierte en "una cocinerita de color aceituna y de ojos de almendra" que trabaja "inflando bollos de maíz" (122). El aparentemente injustificado oscurecimiento de la piel de la asiática y el plato citado (¡bollos de maíz en la China imperial!), no hay duda que acercan a la cocinera oriental del cuento original a la imagen de la negra (esclava, en tiempos de la esclavitud, del todo dependiente todavía en 1889) que los lectores de Martí estaban acostumbrados a ver en las cocinas de sus casas, con lo que, a pesar de la diáfana ubicación de la historia en China, Martí 'acercó' el personaje a un nivel de identificación total con sus lectores inmediatos, casi todos 'mimados' por esas ex-esclavas domésticas (y, todavía, no tan 'ex') que cocinaban para los 'amitos' —a veces violando las órdenes de sus dueños o empleadores adultos— sus platos preferidos, entre ellos esos bollos de maíz tan caribeños trasplantados al lejano Oriente.

Martí mantiene la caricaturización de los demás personajes de la corte, particularmente el que él llamó "mandarín mayor", cuya carga humorística aumenta en su versión. Y al ruiseñor mecánico y al maestro de música de la corte les subraya de manera tal las cargas simbólicas que algunos identifican en el original, que las vuelve evidentes, permitiendo a todos asociarlos de inmediato con el decadente arte romántico todavía loado en los círculos aristocráticos europeos (específicamente hispanos) y sus mantenedores. Cuando el ruiseñor de verdad, aprovechando un descuido de sus captores, huyó de nuevo a la libertad (a cantarle a los pobres), exclamó el Maestro de Música siguiendo a su patrón en Andersen:

—Pero mejor mil veces es este pájaro artificial, decía el maestro de música: porque con el pájaro vivo, nunca se sabe cómo va a ser el canto, y con éste, se está seguro de lo que va a ser: con éste todo está en orden, y se le puede explicar al pueblo las reglas de la música. (124)

El ruiseñor natural martiano, por otra parte, presenta también tanto similitudes como diferencias con el original. En Martí, está más cerca de los humildes y su admiración por el emperador (el cual a la postre perdonaría y serviría, aunque de acuerdo con sus propios términos) nace de diferentes fuentes. Así, en la traducción inglesa de Andersen, ya casi al final del cuento, el ruiseñor le dice al emperador: "I love your heart more than your crown, and yet I feel that the crown has a fragrance of something holy about it."[15] Martí omite por completo el pasaje; para él, no había nada divino que el ruiseñor tuviera que destacar de la corona, bastaba el corazón (a pesar de sus aspectos negativos) del (hecho por él) valiente y solidario emperador, para conquistar la fidelidad del ruiseñor. La carga simbólica de éste como el artista y su canto natural en contraposición con el "retórico y ornado" que aplaudía el maestro de música de la corte en el mecánico, es más que evidente.

El poeta cubano enriquece el texto grandemente, en particular a inicios de su versión; luego, ya al final, se asemeja más a una traducción

---

[15] Hans Christian Andersen, *The Complete Fairy Tales & Stories*, trans. Erik Christian Haugaard, intr. Virginia Haviland (Garden City [NY]: Doubleday, 1974) 211. Todas las citas de la versión inglesa de "Nattergalen" serán paginadas de acuerdo a esta edición moderna.

'editada' al estilo de "Meñique". Así, en la introducción de la historia, Martí adiciona una larga descripción del emperador del todo ausente en el texto de Andersen. Gracias a la misma (parcialmente citada más arriba) es que Martí logra hacerlo un personaje positivo y, por lo tanto, merecedor del perdón del ruiseñor desterrado. Los parlamentos que el "hombre de *La Edad de Oro*" pone en boca de la cocinera 'tropicalizada', también superan a los del original. Así, mientras que en la traducción inglesa de Andersen la "little kitchenmaid" cuenta que, al escuchar al ruiseñor desconocido en la corte "I get tears in my eyes from it, as though my mother were kissing me" (205), en Martí, aunque se mantiene la imagen final, el principio del parlamento gana en intensidad y poesía, además de ser cambiado al discurso indirecto, con lo que adquiere, según la redacción de éste en manos del cubano, características impresionistas: "y cuando [la cocinerita] se cansaba al volver, debajo del árbol del ruiseñor descansaba, y era como si le conversasen las estrellas cuando cantaba el ruiseñor, y como si su madre le estuviera dando un beso" (122).

En el enriquecimiento martiano juegan un papel fundamental las adiciones. Como cuando, en la expedición guiada por la cocinerita en busca del ruiseñor, Martí preludia la jocosa escena de las equivocaciones de los cortesanos, con una ampliación de humor visual del todo carente en el original. Así, la simple frase de Andersen "Half the court went to the forest to find the nightingale" (205), encuentra eco en la rescritura martiana de la siguiente manera:

Y detrás de la cocinerita se pusieron a correr los mandarines, con las túnicas de seda cogidas por delante, y la cola del pelo bailándoles por la espalda: y se les iban cayendo los sombreros picudos. (123)

La escena de la muerte sentada sobre el pecho del emperador moribundo y sus buenas y malas acciones clamando por su atención, aunque tomada del original, alcanza en Martí tonalidades vertiginosas (en las acciones: "¿Te acuerdas? ¿Te acuerdas?"; en el emperador: "¡Música! ¡Música!") que es cercenada "cuando de pronto entró por la ventana el son de una dulce música" (125). Luego, en ambas versiones, el ruiseñor y su canto (el artista y su arte natural), vencerían a la muerte misma. Martí sigue a Andersen dejando como escena final del cuento el asombro cortesano ante la recuperación del emperador. Pero mientras que en el original del danés tal asombro es presentado en los más sobrios términos, en la rescritura del cubano éste queda expresado en una corta escena plástica del todo humorística.

Es de presumirse que este cuento haya sido seleccionado por Martí para 'cerrar' el cuarto y último número de la revista (recuérdese que "Cuentos de Elefantes" fue escrito a última hora, en sustitución de la crónica sobre la luz eléctrica). De ser así, tendría un nuevo sentido su carácter sumario de las principales ideas instiladas por Martí en sus lectores durante los diversos trabajos que le precedieron. Martí sabía ya que ése sería el número final de *La Edad de Oro* —aunque aparentemente mantuvo la esperanza de llegar a algún acuerdo con Da Costa— de manera tal que aprovechó su "versión" del cuento de Andersen para concretar un resumen de las ideas expuestas con antelación. Y, conviviendo con tales ideas, su doctrina de que el artista debe reflejar tanto lo bueno como lo malo, de una forma natural, y poner el producto de su arte al servicio de todos, incluyendo (yo diría que preferiblemente) a los más humildes. Por todo lo anterior es que este cuento, dentro del contexto general de toda la revista, tiene mucha más importancia de la que los críticos le han dado hasta ahora.

Lo anterior no implica que los cuentos 'prestados' de Martí hayan sido subestimados por su condición de tales. El siguiente comentario de Fryda Schultz de Mantovani refleja, en pocas palabras, el por qué no había tanto 'préstamo' en tales cuentos de otros:

> Pero es que todo tiene sentido en *La Edad de Oro*: los cuentos adaptados se impregnan del espíritu del que los cuenta, ya que Martí no traduce, sino que trasvasa el vino viejo en odres nuevos, relabora la materia que ya andaba en otras lenguas y otros pueblos, *fija* los personajes conceptuales —que en ellos consiste el nódulo de la nación ficticia—, y el esquema artístico entregado, en el que se encarna la fábula popular, él lo desarrolla, pero no sólo como ampliación sino como fuga sobre el mismo tema, con un *tempo* peculiar de elocución y penetración en las intenciones y el pensamiento. (228)

Completan los cuentos de *La Edad de Oro* otros tres que son del todo de Martí: "Bebé y el Señor Don Pomposo", "Nené Traviesa" y "La Muñeca Negra". En todos ellos los personajes principales son niños: un varón y dos hembritas. Y aunque los tres cuentos tienen características estilísticas muy parecidas, en cada uno de ellos hay elementos que se destacan por sobre los demás, en variaciones que indudablemente responden a los objetivos específicos de cada una de las historias.

En "Bebé y el Señor Don Pomposo" Martí desarrolla el tema de la caridad como eslabón relacionador entre clases sociales diferentes. La anécdota es mínima, pues el objetivo básico (como corresponde a un cuento modernista típico) no es el elemento narrativo, sino la emoción lírica resultante. Su autor lo comienza *in medias res*, rompiendo con la modalidad lineal más asociada con el cuento infantil. Con este uso de la analepsis, el poeta cubano expresa su convencimiento de que los niños eran capaces de comprender, con igual profundidad que los adultos, formas narrativas más complejas que las tradicionalmente asociadas con la literatura infantil.

Las descripciones de los personajes principales son del todo plásticas. Así, el cabello de Bebé es descrito "como en la lámina de los Hijos del Rey Eduardo" y sus ropas como las del "duquesito Fauntleroy", en referencia a las imágenes que de éste aparecían en las ilustraciones de la entonces conocida obra de Frances Hodgson Burnett (1849-1924), *Little Lord Fauntleroy* (1886) o al vestuario presentado en la exitosa puesta en escena en New York de su versión teatral[16]. Esta similitud de ropajes sirve indirectamente a Martí para preludiar, desde un principio, el elemento fundamental de su cuento, al recordar a sus lectores que ese duquesito era "el que no tenía vergüenza de que lo vieran en la calle con los niños pobres" (27), de ahí que resulte del todo congruente que Bebé, a pesar de no ser "un santo, oh no!" (27), "en cuanto ve un niño descalzo le quiere dar todo lo que tiene" (27) y otras muestras solidarias semejantes.

Por lo anterior resulta obvio que Martí escribió este cuento (o, al menos, esta escena) pensando directamente en las posibilidades interpretativas de sus lectores más inmediatos: los niños hispanoamericanos de Nueva York. En efecto, los residentes en

---

[16] Véanse Alan Richardson, "Reluctant Lords and Lame Princes: Engendering the Male Child in Nineteenth-Century Juvenile Fiction," *Children's Literature* 21 (1993): 3-19; y de la misma Frances Hodgson Burnett, "How Fauntleroy Occurred, And a Very Real Little Boy Became an Ideal One," *Piccino and Other Child Stories* (New York: Scribner's, 1987) 157-219. Con relación al éxito de la adaptación escénica, véase: Lucy C. Lillie, "Elsie Leslie (Little Lord Fauntleroy)," *Harper's Young People* 10.483 (Jan. 29, 1889): 217-219.

Hispanoamérica no podían entender el paralelismo entre Bebé y el personaje de Burnett (tanto literario como teatral), para ellos entonces lejano o desconocido. No obstante ello, ya veremos después cómo Martí adicionaría otros elementos que sí fueran de fácil comprensión e identificación por parte de los niños al sur del río Bravo.

En la descripción de Don Pomposo, por otra parte, Martí justifica el tono burlón del nombre que le había elegido según la óptica de Bebé, la cual cubre casi todo el cuento:

> ¡Qué largo, qué largo el tío de mamá, como los palos del telégrafo! ¡Qué leontina tan grande y tan suelta, como la cuerda de saltar! ¡Qué pedrote tan feo, como un pedazo de vidrio, el pedrote de la corbata! (30)

La muerte, aunque indirectamente, también está presente en este cuento: en la orfandad del primo Raúl y en la enfermedad de la madre de Bebé, cuya principal característica es "esa tos mala que a Bebé no le gusta oír: se le aguan los ojos a Bebé en cuanto oye toser a su mamá: y la abraza muy fuerte, muy fuerte, como si quisiera sujetarla" (30), ¿a la vida? Es evidente que la madre de Bebé está tuberculosa, enfermedad entonces mortal y más que conocida por los lectores de Martí, en especial por los neoyorquinos[17].

Precisamente la enfermedad de la madre del protagonista es la justificación del viaje a París, aquí también descrito como meca (como corresponde a todo modernista) pero a través de la visión de Bebé. Viaje al que va, de acompañante, el primo huérfano y pobre. Tales características son las que determinan el poco caso que le hace Don Pomposo a Raúl, lo cual enerva a Bebé y determina que, al final, entregue a su primo el sable que le había regalado el tío, tema central del cuento.

Los elementos preciosistas vienen dados por las vestiduras de Bebé, el viaje a París, el mismo sable, etc. Los personajes están caracterizados con elementos mínimos pero sumamente significativos. Bebé, desde el punto de vista visual, responde a la imagen romántica. Su

---

[17] Véase Barbara Bates, *Bargaining for Life: A Social History of Tuberculosis, 1876-1938* (Philadelphia: U of Pennsylvania P, 1992) y Mark Caldwell, *The Last Crusade: The War on Consumption, 1862-1954* (New York: Atheneum, 1988).

comportamiento, en cambio, lo acerca al realismo, que es la tónica general del primo, personaje tan sólo esbozado. Don Pomposo termina siendo una caricatura censurada y censurable, construida con elementos impresionistas. La mamá de Bebé es un personaje del todo romántico, aunque con rasgos modernistas. Y todos ellos quedan enmarcados en rígidos patrones sociales.

Semejantes patrones muestran dos polos distantes. Indudablemente Bebé y su madre pertenecen a la clase alta, como lo deja Martí más que aclarado, amén de las referencias a la criada francesa, ropas, etc. Don Pomposo representa a una clase media genuflexa y ambiciosa que desprecia al eslabón inmediatamente inferior, representado por Raúl y, en otra dirección, los criados.

El nexo entre la clase alta y la baja queda establecido desde un principio, como en la escena en que Martí "tropicaliza" el cuento al señalar que Bebé "con los criados viejos se está horas y horas, oyéndoles los cuentos de su tierra de Africa, de cuando ellos eran príncipes y reyes, y tenían muchas vacas y muchos elefantes" (29), en clara referencia a los negros esclavos que conoció (y defendió) el niño Martí en su Cuba natal. Con ello iguala Martí a la mamá de Bebé (a quien el tío "hablaba como dicen que le hablan a las reinas", 30) con sus criados. La real nobleza de la primera —más asociada con su actitud, que con su fortuna— queda de esa forma igualada con la perdida nobleza de los negros.

Pero la igualdad final entre las clases dispares polarmente, representadas por Bebé y su primo, es mucho más trágica. Una vez más Martí utilizaría la muerte como elemento unificador de clases sociales lejanas y diferentes: Bebé, como su primo Raúl, será también huérfano. Él, si no lo sabe, al menos lo intuye. Éste no será el primer viaje de su madre a París en busca de una curación que los lectores decimonónicos sabían que no existía. De ahí que se le agüen los ojos a Bebé cada vez que oye toser a su mamá, de ahí ese abrazo, reiteradamente "muy fuerte", con que reacciona ante la tos de la madre.

Mas esa igualdad final queda solamente sugerida; es ambiente y no anécdota o, en otras palabras, simple enunciación modernista. Por el momento, Bebé se ennoblece al nivel de la madre, con su acto de caridad. Desde la óptica infantil, ésta adquiere mayor importancia. Recuérdese que Bebé se desprende de un juguete maravilloso que le hubiera permitido vivir en tiempo presente el futuro luminoso que sueña para "cuando sea grande". Su desprendimiento tiene, desde este punto de vista, mayor valor que el de Pilar: en definitiva la niña tenía, en su casa, más zapatos; Bebé, por el contrario, no tiene más sables, por lo que al renunciar a él, renuncia también a su posibilidad de ser, ya desde ahora, el general que, según sus deseos, será.

La factura del cuento, no por breve, es menos compleja. Elba M. Larrea señala "un constante tironeo entre declaración verbal formativa y su revelación en acto" (211), identificando más adelante "un sugerido contenido impresionista" (212). El cuento parece escrito 'como jugando', espontáneo, simple. Y en ello reside su mayor valor, pues tales supuestas (y visibles) simpleza y espontaneidad lúdica, son el resultado final de un depurado trabajo narrativo del todo modernista.

Se aprecian, en general, dos niveles de narración diferentes —aunque entremezclados—, muy relacionados con el "tironeo" de que hablaba Larrea. Por un lado, un narrador omnisciente, adulto —aunque no libre de la picardía infantil—, que comienza la historia y reaparece al final. Es un adulto cómplice de la niñez, que va de su propia óptica a la del niño sin brusquedad alguna. Por otro lado, está el punto de vista (punto de sentimiento, sería más apropiado) de Bebé, porque "Bebé está pensando", "en todo esto estaba pensando Bebé", como nos recuerda constantemente el autor. Y es el pensamiento de Bebé ese otro nivel narrativo que se entrecruza, salta y complementa el anterior. Y que, en la misma medida en que el narrador adulto se hace un poco niño, nos sorprende a veces con razones 'sentidas' a la manera de un mayor.

En la edición original del cuento, Martí establece una división entre la primera parte introductoria formada por los dos primeros párrafos (en que el narrador omnisciente prevalece) y el pensamiento de Bebé. Conformó tal división (perdida en las ediciones modernas que tengo a mano) por doble espacio y tres estrellas o asteriscos en forma de triángulo (¿masónico?). A partir de ahí, es el pensamiento de Bebé el eje fundamental (aunque no único) de la narración, hasta ya casi al final del cuento en que vuelve a aparecer el narrador inicial para describirnos lo que Bebé hace, el resultado final de todos sus pensamientos.

La conjunción de semejantes cambios generales con los cambios menores particulares dentro de cada parte, crea un movimiento en espiral en que la anécdota va del presente (Bebé acostado, pensando) a diferentes pasados sin menoscabo alguno del hilo conductor. "Bebé está pensando" y Martí nos prepara primero, y nos hace partícipes luego, de ese pensamiento del protagonista con una prosa que, como señaló Larrea, "capta, sigue, expresa todos los movimientos del espíritu infantil con originalidad incomparable" (213). El resultado de ese pensamiento, termina en la alegría ("y ¿qué hace, qué hace Bebé? ¡va riéndose, va riéndose el pícaro!", 31) de la caridad, del placer de dar, incluso lo más preciado, a aquéllos que no tienen nada. Porque somos, sí, iguales. Y, para quienes lo duden, Martí coloca ahí la Muerte para recordárselo.

La asociación de "Bebé..." con "Los Zapaticos de Rosa" por un lado y "Los Dos Príncipes", por otro, es más que evidente. También, de acuerdo al orden de su edición original, con la crónica "Un Juego Nuevo, y Otros Viejos". En efecto, de la lectura sucesiva de ambos emerge un mensaje semejante y complementario: que todos los niños son iguales, aunque fuesen de diferentes razas, épocas o países, y que también lo son aunque sean de diferentes clases sociales, aun dentro del seno de la misma familia. Con el orden en que aparecieron la crónica de los juegos y el cuento de Bebé, logró Martí diversificar un mismo mensaje, de una óptica panorámica y colosal en la crónica, a otra más íntima y personal, en el cuento. Cambió el género y hasta la tónica; permaneció el objetivo instilatorio y la doctrina.

En "Nené Traviesa" la anécdota es aún más breve que en "Bebé...": todo el cuento se circunscribe a narrar cómo la niña destruye un libro sumamente costoso, con lo que el personaje, en vez de adoctrinar con un acto positivo, instila su doctrina por oposición. A resultas de la travesura de Nené, el padre tendrá que trabajar un año entero para pagar el importe del libro y la niña desobediente no podrá ir cuando se muera "a la estrella azul" (49).

Marisa Bortolussi considera que la trama del cuento tiene una raíz ideológica cristiana, aunque no menciona ninguna posible fuente en la literatura infantil de la época, como podrían haber sido los llamados *Sunday School Magazines*. Comenta esta crítica:

> Entre la desobediencia y la ruptura hay una relación de implicación y de consecuencia (causa y efecto). La consecuencia consiste en la inflicción de sufrimiento al padre, el remordimiento de conciencia y la ruptura con el orden cósmico. Es interesante notar las implicaciones cristianas de esa axiología: el bueno entra en el paraíso, el malo no entra, y las consecuencias ultraterrenas de la conducta equivocada, en fin, el pecado.
> La axiología del cuento se erige sobre el eje del deber: mantener la armonía implica querer hacer el deber, romper la armonía implica no querer

cumplir con el deber, o no poder, por la naturaleza imperfecta del ser. En el caso de Nené, es más bien un caso de no poder, lo cual vendría a confirmar la significación cristiana del ser como entidad destinada a pecar. (67-8)

Sin intentar negar la raíz cristiana sugerida por Bortolussi, creo entrever otra de naturaleza mucho más cercana a Martí y al movimiento literario por él iniciado: la tonalidad autobiográfica que permea el relato modernista. Recuérdese que Martí, mientras escribía estos cuentos y desde algunos años antes, vivía en la casa de los Mantilla, progenitores de la ya mencionada María Mantilla (entonces niña), a quien el poeta cubano consideraba hija propia en términos tales que hasta se le ha achacado, literalmente, su paternidad[18]. Como el padre de Nené, Martí siempre traía a María algún libro nuevo y se ponía a escribir de noche. La clase social del padre y Nené es la misma a la que pertenecían Martí y los Mantilla: una clase media baja, de ambiente intelectual.

Pero la coincidencia más sugestiva estriba en un hecho hasta ahora no mencionado por crítico alguno: que, aunque de manera muy sutil, Martí retrata al padre y a Nené como exiliados cubanos. Semejante retrato queda esbozado, de manera muy delicada, por la canción que cantaban el padre del cuento y Nené a la llegada del primero del trabajo: el himno nacional. ¿Al Himno Nacional de qué país se refiere Martí? En la época en que éste escribió "Nené...", el Himno Nacional Cubano, tanto por su simbolismo general como particular, constituía la canción más conocida y entonada por los cubanos fuera de su país. Más que un canto a entonar únicamente en celebraciones patrióticas, era la primera canción que enseñaban los cubanos a sus hijos nacidos en el exilio, un legado musical que, de alguna forma, intentaba 'nacionalizar' a quienes, aunque sin haber estado nunca en la Isla, se consideraban cubanos. Y para los adultos representaba un canto de recuerdo y esperanza, la combinación ideal para todo exiliado. Sólo así se entiende que, al entonar el Himno Nacional junto con su hija, al padre de Nené se le

---

[18]Cf. José Miguel Oviedo, *La niña de New York: una revisión de la vida erótica de José Martí* (México: Fondo de Cultura Económica, 1988). Para otras consideraciones al respecto, véanse los trabajos de Carlos Ripoll, "Martí y César Romero," *Diario Las Américas* 1 de mayo 1988: 10A; "Martí y María Mantilla," *Diario Las Américas* 8 de mayo 1988: 12A; y "Martí, la esposa y la amante," *Diario Las Américas* 15 de mayo 1986: 12A.

desapareciera aquella mirada de "ojos tristes, como si quisiese echarse a llorar" (46) y "enseguida se ponía contento" (46). Fuera de semejante contexto, la escena carecería de significado.

Basado en todo lo anterior, ¿sería mucho conjeturar el suponer una raíz autobiográfica a la anécdota del cuento? El tono autobiográfico está presente en la mayoría de los relatos modernistas, aun cuando representen hechos de una vida más imaginada que vivida por su autor. De ahí que teniendo en cuenta las similitudes entre Martí-María Mantilla y el padre-Nené, no resulte forzado identificar una raíz de índole autobiográfica (según la modalidad modernista) a este cuento. Una raíz que en nada contradice la sugerida por Marisa Bortolussi, sino que convive con ella y hasta podría complementar. El hecho de que Martí haya utilizado varias anécdotas de la vida de la niña María Mantilla como fuente de otros trabajos (incluyendo, según algunos críticos, la que dio vida a la analizada poesía "Los Zapaticos de Rosa"), aporta verosimilitud a esta conjetura interpretativa.

En contra de lo anterior podría aducirse el hecho de que María Mantilla no era huérfana de madre. Mas ello implicaría interpretar lo que llamo una raíz autobiográfica modernista como una autobiografía literal, que son dos conceptos distintos. La orfandad de Nené está íntimamente ligada a la literatura infantil de entonces, específicamente la de raíz romántica, en la cual constituye prácticamente un arquetipo[19].

No obstante lo precedente, Nené no puede ser considerado un personaje romántico. Compárense sus características con, por ejemplo, las otras niñas huérfanas que aparecieron en un cuento publicado en el *Harper's* ese mismo mes de agosto de 1889: Roschen y Minna[20]. Al igual que Bebé, Nené presenta, conviviendo con un físico romántico, un desarrollo muy cercano al realismo, incluyendo el humor. Hasta el padre, ya al final del cuento, también se despoja del halo romántico, mostrándose con fuertes pinceladas impresionistas.

Pero el 'personaje' más importante del cuento es, sin duda alguna, el libro que destruye la niña en su travesura-pecado. Aunque es muy

---

[19] Para más consideraciones al respecto, véase: Anne Scott MacLeod, "From Rational to Romantic: The Children of Children's Literature in Nineteenth Century," *Poetics Today* 13.1 (1992): 5-15.

[20] Thomas A. Janvier, "An Idyl of the East Side," *Harper's Weekly* 3 Aug. 1889: 629-32.

viejo, asombra a Nené el que no tenga barbas, en una animización que Martí llevará hasta el final. Gracias a este personaje, "Nené..." se convierte en el más plástico de todos los cuentos de Martí. En efecto, la larga descripción del libro a través de la óptica de la niña, permite a Martí acumular un sinnúmero de imágenes a algunas de las cuales, como ya había hecho con anterioridad, hasta confiere movimiento. Aquí, la justificación de la visión infantil, aporta más verosimilitud a la escena. Al final, lo que queda en la narración, no son las ilustraciones del libro (que no he podido identificar hasta ahora), sino las impresiones que éstas provocaron en Nené, es decir, prosa impresionista por antonomasia que, no por casualidad, convive, al decir de Silvia A. Barros, con "tímidas figuraciones de índole expresionista" (342).

Otro 'personaje' sumamente importante en la historia, es la muerte. De nuevo Martí la presenta con un tono agridulce a resultas del cual termina provocando en el lector sentimientos ambiguos, si no encontrados. Así, por un lado, es la razón de la tristeza del padre. Pero, por otro, un final feliz que incita en Nené su deseo de no ver llorar a nadie ante su muerte, sino que "toquen música, porque me voy a ir a vivir en la estrella azul" (47). Esta imagen de la estrella azul como sitio ideal de vida después de la muerte (y no como símbolo del amor, según interpretación de Mercedes Santos Moray, 276), determina la lógica de la interpretación cristiana de Bortolussi: el hecho de que al final del cuento Nené crea que ya le será imposible poder ir a la estrella azul por haber roto el libro viejo, arroja sobre la misma una carga simbólica fácilmente asociada con el Paraíso cristiano y, sobre la travesura de la niña, una carga semejante identificable con el pecado.

A los elementos simbolistas anteriormente apuntados, habría que añadir los resultantes de la musicalidad del texto. Una vez más, tal parece que Martí escribía las palabras como si las estuviera escuchando, seleccionándolas de acuerdo a la sonoridad de las mismas. Él, más que escribir la historia, la cuenta o, llevando la impresión sonora referida hasta su extremo, casi que la canta, mediante una muy propia combinación de sonoridad y coloquialismo en que tal parece que una es consecuencia del otro o viceversa. Aporta el 'ritmo' a semejante 'música' una perfectamente delimitada división tripartita identificada por Santos Moray (280-81) en que una primera parte (compuesta por las 857 palabras iniciales del relato) presenta un ritmo rápido, las siguientes 784 uno lento, para terminar con un ritmo muy rápido en las 158 palabras restantes.

Mas el elemento estilístico predominante en "Nené..." es el impresionismo, y no sólo por la conexión de la narración con el "illustrated journalism" en la larga descripción de las láminas del libro según la mirada de la niña, o el retrato final del padre a través de las impresiones gestadas por efecto de la misma óptica. Algunas escenas están construidas sobre la base de esas oraciones breves que tanto remedan las pequeñas pinceladas de los pintores que inician el movimiento, y todo el relato está conformado, más que sobre lo que ocurre de acuerdo con la anécdota, sobre las impresiones, tanto en el personaje como en el narrador, de tales ocurrencias.

El hecho de que "Nené..." comparta su última página con la poesía "La Perla de la Mora", no es nada fortuito. Visualmente, en la edición original sirve de puente entre ambos trabajos una ilustración de la niña sentada en el suelo con el libro destrozado frente a ella y las manos alzadas con restos de páginas rotas. Nené mira hacia arriba, con lo que se da la impresión de que la ilustración recoge el momento en que aparece su padre.

En la poesía, como ya se dijo anteriormente, se narra el dolor de la mora que no supo cuidar la perla que tenía. Tanto en el cuento como en el breve poema, el motivo central es la pérdida de algo de gran valor por irresponsabilidad humana, y su consiguiente castigo. La igualdad libro valioso-gran perla rosada, es más que evidente; el castigo, no menos intenso. Resulta significativo que en ninguno de los dos casos haya, implícito o explícito, perdón alguno para el 'pecado' cometido. Cierto que, al ver a la mora pidiéndole al mar que le devuelva su perla, la gente llora; pero el mar no le devuelve nada. Y aunque es de suponerse que el padre de Nené perdonará a su hija el destrozo del libro, nada de ello aparece (ni tan siquiera se insinúa) en el cuento; la última escena es, antes bien, patética: la niña aterrada ("blanca como un papel", 49) abrazada a las piernas del padre, como si fuera un gigante (¿o un dios?).

Por lo anterior es que, de aceptarse la interpretación religiosa de Bortolussi (extendida hasta la poesía), habría que suponer una raíz cristiana más cercana al Antiguo Testamento que a la variante más benigna (por su tendencia al perdón) del Nuevo Testamento. De ser así, podría interpretarse que Martí sí presentó a sus lectores el "temor de Dios" que le exigió el editor de la revista, pero de una manera tan sutil e indirecta (como corresponde al "espíritu divino" que prefirió el autor) que no fue identificado por Da Costa Gómez.

"La Muñeca Negra" es el último de los cuentos 'propios' de Martí que apareció en *La Edad de Oro*. Presenta la más extendida de las anécdotas (la trama cubre, prácticamente, 24 horas) y la más múltiple de las divisiones: cinco. Éstas aparecen señalizadas en la edición original mediante cuatro triángulos de estrellas o asteriscos (omitidos en las ediciones modernas) que pudieran interpretarse como de raíz masónica o, incluso, como elemento identificativo oculto. El cuento comienza *in medias res* con características propias para cada una de las partes y sigue un patrón temporal en espiral parecido —aunque no semejante— al ya señalado en "Nené..."

Martí inicia el cuento con la escena de los padres de Piedad (el personaje principal) entrando de noche en el cuarto de la niña en vísperas de su octavo cumpleaños. La construcción epanadiplósica (referida a los padres) —"de puntillas, de puntillas", (112)—, aporta un tono lúdico a esa escena inicial y luego aparecerá de nuevo a fin de extender su espíritu a otra escena posterior. Pero esa imagen de los padres "riéndose, como dos muchachos" (112) al entrar furtivamente al cuarto de la niña dormida, es sólo una visión fugaz. De inmediato, en el primer giro de la espiral temporal ya señalado, Martí nos transporta a la oficina del padre donde, como antes había hecho en la crónica sobre las Casas, da vida al acto de la escritura mediante una descripción impresionista-simbolista en que las 'oes' son presentadas como el sol, las 'ges' como sables, las 'eles' como puñales y las 'eses' "caen al fin de la palabra, como una hoja de palma" (112). De igual tónica puede identificarse el ensueño del padre mientras trabaja, en que la niña toma la forma de una nube. Luego, en otro giro temporal, Martí va de la escena general del padre trabajando, a ese día en que no trabajó mucho "porque tuvo que ir a una tienda" (112). A partir de ahí, y hasta el final de la primera parte, mediante el más sutil de los suspensos, Martí introduce la razón de lo especial del día: el cumpleaños de Piedad.

La segunda parte (a partir del tercer párrafo) comienza en el mismo instante en que se inició la primera: con los padres entrando a hurtadillas en el cuarto de la niña. Precisamente la descripción de éste es el motivo central de esta segunda división original conformada por un largo párrafo, descripción del todo preciosista en que los elementos impresionistas conviven con el culto al detalle mínimo de factura pre-rafaelista. Los efectos de la luz sobre los objetos y hasta la misma niña dormida, crean imágenes de una plasticidad sumamente pronunciada. El autor, transitando lentamente de un objeto a otro, no describe una escena 'real', sino su percepción a través de un cuadro 'creado' sobre la 'realidad' descrita. Pero un cuadro que fue 'pintado' no a partir de la óptica de un adulto, sino de un niño, capaz de entender quiénes son las "visitas" y cómo es que "unos papelitos doblados" son, en realidad, libros. Al final de esta segunda parte, Martí introduce por primera vez el motivo central del cuento: "Y en la almohada, durmiendo en su brazo, y con la boca desteñida de los besos, está su muñeca negra" (114), juguete-personaje que Aurora de Albornoz compara con Winne-the-Pooh (4).

Sin embargo, esta segunda parte, y pese a su marcado preciocismo, dista mucho de ser un 'divertimento' estético a la usanza modernista. Refiriéndose a la misma, Linda B. Klein (1969) señala que

la descripción [del cuarto de Piedad] se hace vehículo de una lección práctica y contribuye a la pintura elogiosa del personaje. Piedad, que ha de ser modelo para los lectores jóvenes, es trabajadora; para decirnos eso la descripción del cuarto asume la responsabilidad de caracterizar a la niña. (81)

La tercera parte (también un largo párrafo) comienza con el amanecer, en el cual los elementos sonoros son determinantes, parte del marcado carácter sensorial que emana del cuento todo (Aurora de Albornoz, 5). Le sigue un soliloquio de Piedad que es más bien un diálogo con Leonor, nombre con que Martí bautizó a la muñeca negra y que, dicho sea de paso, era el mismo de su madre. Piedad hace, a la perfección, sus labores de mamá de la muñeca a la vez que introduce, muy sutilmente, el rechazo de los mayores (en este caso, de su propia madre) al juguete viejo. La clara referencia a este rechazo sirve a Martí para presentar, en estadio tan temprano, el mensaje central del cuento: "te quiero mucho, porque no te quieren" (114).

Completa esta tercera parte la procesión celebrante hacia el cuarto de Piedad, la escena del padre en "la sala de los libros" con el tierno (e impresionista) recibimiento de la niña (114) y, finalmente, la introducción de la muñeca nueva (recibida con lógico alborozo), destinada a sustituir la vieja.

La cuarta parte (otro largo párrafo) presenta dos temas centrales construidos como polos antitéticos: las flores y los inútiles intentos de Piedad por identificarse con la muñeca nueva. El primero concluirá representando a Leonor; el segundo servirá a Martí para oponer el juguete nuevo a la muñeca negra desde el punto de vista social. Así, mientras que Leonor queda, tanto por naturaleza como por oposición, enmarcada en la humildad, la sencillez y hasta la pobreza, el juguete nuevo será una "señora muñeca" (115) muda, a tratar de "usted" —una vez animizada— por parte de Piedad, por cuanto "querrá coches, y lacayos" (115), que es decir, distanciada, irremisiblemente, de la niña.

La quinta y última parte comienza con una descripción del todo impresionista del sueño fingido de Piedad; pero el eje central será otro soliloquio de ésta (o 'diálogo' con Leonor) una vez que la niña logra que la lleven a su cuarto a dormir. Como para que no quede duda alguna con relación al mensaje del cuento, Martí lo concluye con su frase fundamental: "¡te quiero, porque no te quieren!"

Algunos críticos han identificado en este cuento una especie de crítica a la 'intromisión' de los adultos en el mundo infantil, con lo que a la clara alegoría social parecen añadir otra paralela de características ¿sicológicas?[21] Y ya que de conjeturas hablamos, ¿no tendrá algún significado específico el hecho de que Martí seleccionase el nombre de su propia madre para la muñeca discriminada? ¿Habría sido rechazada la Leonor 'original' por su medio? Algunos nombres de los personajes martianos responden a objetivos determinados, más allá del azar (la misma Piedad y Don Pomposo son claros ejemplos). ¿Sería este un caso de transferencia autobiográfica a la ficción al estilo modernista? Las características estéticas señaladas apuntan en dirección al movimiento; Howard M. Fraser llega, incluso, a identificar una relación entre este cuento y la "Sonatina" de Darío (226). En todo caso, me parece obvio que el claro mensaje de "¡te quiero, porque no te quieren!" iba dirigido a receptores múltiples, tanto particularizados como en sentido general, algunos de los cuales podrían ser identificados en la temática indianista recurrente en la obra de Martí, o de haber éste terminado trabajos tales como "Mis negros".

---

[21] Cf. Esther Pozo Campos, "La composición en tres cuentos de *La Edad de Oro*," *Universidad de La Habana* 235 (1989): 131-142; y Howard M. Fraser, "*La Edad de Oro* and José Martí's Modernist Ideology for Children," *Revista Interamericana de Bibliografía* 42.2 (1992): 223-232.

Desde el punto de vista geográfico, al igual que en "Bebé..." y "Nené...", la trama de "La Muñeca Negra" está ubicada en los EEUU, y específicamente en su zona norte (Nueva York, por ejemplo). Ello queda evidenciado por la presencia de sendos retratos de Lafayete y Franklin sobre las paredes del cuarto de Piedad (con la consiguiente carga doctrinaria libertadora republicana), y en la referencia a los inicios de la primavera en latitudes mucho más altas a las correspondientes a Hispanoamérica o las zonas sureñas de Norteamérica. Mas, a pesar de tal ubicación geográfica tan lejana de "Nuestra América", queda claro que se trata de una familia hispana, con inequívocos elementos 'tropicalizadores' tales como las eses como hojas de palma y el mosquitero (del todo desconocido, por innecesario, en las zonas norteñas) con que Piedad cuidaba el sueño de su muñequita de trapo.

El mensaje central de "La Muñeca Negra" es semejante al de "Los Zapaticos...", y "Bebé...": la caridad o solidaridad humana para con los pobres, desvalidos y discriminados, enmarcadas en la dicotomía antonímica materialismo-espíritualismo y la unidad e igualdad del género humano. Pilar, Bebé y Piedad son personajes presentados como ejemplos a seguir. Nené, por el contrario, educa por oposición, aunque no por ello su carga doctrinaria es menos directa. Más adelante analizaremos en conjunto otras similitudes sumamente importantes entre éstos y otros personajes.

Los cuentos propios de Martí presentan una factura más madura, desde el punto de vista de los requerimientos modernistas, que los 'prestados'. Pero en todos ellos (tanto originales como 'rescritos') está presente una misma voz —la del "hombre de *La Edad de Oro*"—, un estilo semejante —el modernista—, y una carga temática que se entrelaza con las crónicas, los poemas y los artículos, tal y como se analiza de inmediato.

CAPÍTULO 6: CONTENIDO, ÉTICA Y ESTÉTICA
EN *LA EDAD DE ORO*

Los temas que conforman el contenido de *La Edad de Oro*, ya han sido previamente estudiados por diversos analistas. Sin embargo, desafortunadamente, tales estudios aparecen desarrollados, de manera general, a partir de ópticas extemporáneas respecto a la época de la publicación de la revista, y como parte de intentos ideológicos justificativos encaminados a establecer un forzado nexo entre el pensamiento martiano y la política totalitaria del régimen castrista[1]. Tomando como punto de partida el entorno cultural de la época en que Martí creó la obra analizada, se llega a otras conclusiones, las cuales permiten identificar algunos temas primarios —de los que se desprenden otros colaterales o secundarios—, todos ellos interrelacionados y lógicamente supeditados al precipitado intelectual decimonónico.

Así, un análisis general de los cuatro números publicados, arroja que el tema más desarrollado y recurrente en esta obra martiana es *la unidad e igualdad del género humano*, sin menoscabo de razas, culturas, clases sociales o épocas. Tal concepto no era nada nuevo en 1889, aunque no estaba del todo desarrollado. Precisamente por ese tiempo, antropólogos, viajeros y filósofos de las más variadas nacionalidades y tendencias, construían, partiendo —al menos inicialmente— de las teorías de Darwin y el positivismo, la armazón ideológica que sirviese de soporte a semejante idea, no aceptada del todo todavía en esa novena década del siglo XIX[2].

De la unidad e igualdad del hombre parte Martí para desarrollar otros temas que lo confirman y sustancian mediante la conocida relación de causa y efecto. Entre ellos cabe destacar *la reivindicación del aborigen americano*, tema recurrente en extremo y a través del cual el "hombre de *La Edad de Oro*" objetiviza y acerca tal unidad e igualdad

---

[1] Cf. Mirta Aguirre, "José Martí: *La Edad de Oro*," *Cuba Socialista* 3.20 (1963): 123-29; y Alejandro Herrera Moreno, "Algunos criterios sobre la estrategia pedagógica martiana en *La Edad de Oro*," *Acerca de La Edad de Oro*, ed. Salvador Arias, 2nd ed. (La Habana: Centro de Estudios Martianos, Editorial Letras Cubanas, 1989) 383-96.

[2] Tal idea quedaría años después resumida en la obra ya citada de François Albert du Pouget, Marqués de Nadaillac, *Unité de l'espèce humaine* (París, 1898).

humanas al ambiente más cercano a sus lectores. También íntimamente ligados a este concepto, aunque por oposición, son de señalarse *el anticolonialismo, el antimonarquismo y el anticlericalismo* presentes en diversos trabajos, tanto directa como indirectamente. En efecto, las relaciones determinadas por las impuestas dependencias políticas e ideológicas que sirven de base a los sistemas monárquicos, coloniales y clericales (en tanto que dogmas), eran una negación absoluta de la unidad e igualdad del hombre, por lo que, atacándose tales relaciones, se confirmaba la idea de la semejanza humana. En la presentación de estos temas, es de destacar el desarrollo de las relaciones entre los objetivos políticos y el discurso religioso, tal y como se le conocía en los medios intelectuales y editoriales estadounidenses de ese fin de siglo XIX.

Otro tema consecuente de dicha idea, es el de *la caridad*, desarrollado en varios trabajos. Aquí es de destacar que, para Martí, el problema de la injusta distribución de la riqueza no se solucionaba mediante la supresión de las diferencias entre clases a través de medios forzosos o violentos (ideas ya más que conocidas en 1889), sino propiciando que los más pudientes compartiesen sus riquezas con los menos beneficiados. En este asunto, por otra parte, es donde más clara puede identificarse la influencia temática de la literatura infantil victoriana (con su énfasis en la responsabilidad infantil para con los más pobres y desafortunados) en la obra para niños de Martí.

El ser hispanoamericano, relacionado, lógicamente, con sus raíces europeas, pero ya del todo independiente de las mismas, es otro de las temas primarios de *La Edad...* Para desarrollar este concepto, Martí va del individuo a la sociedad, haciendo hincapié en el amor patrio. Desde nuestro punto de vista actual, tal procedimiento resulta del todo lógico e, incluso, hasta común. Mas si tenemos en cuenta que todavía en 1889 las naciones hispanoamericanas estaban en franco proceso de organización política, se identifica de inmediato una aproximación sumamente singular y novedosa.

Los temas colaterales a la unidad de la especie humana también podrían considerarse tales con relación al ser hispanoamericano, a los cuales se podrían adicionar *el heroísmo, el republicanismo, la honradez, la hermandad* y *la importancia del trabajo*, temas todos desarrollados, implícita o explícitamente, en múltiples trabajos de la revista.

Los dos primeros de ellos están estrechamente ligados a las influencias que revela *La Edad de Oro* de la literatura estadounidense para niños contemporánea (y ligeramente anterior) a la obra martiana, específicamente en su vertiente patriótica. Recuérdese que, conviviendo con la tónica moralizadora socio-religiosa, la literatura infantil norteamericana decimonónica estaba encaminada a la formación de nuevos ciudadanos listos para la continuación del esfuerzo republicano[3]. Martí comprendió que nuestras repúblicas, en un estadio de desarrollo por detrás de los EEUU, estaban más necesitadas aún de formar ciudadanos capaces de completar ese esfuerzo, de ahí su intención de instilar el heroísmo y el republicanismo como características del ser hispanoamericano según su óptica histórica personal.

Los otros temas colaterales del ser hispanoamericano señalados (la honradez, la hermandad y la importancia del trabajo), tienen grandes puntos de contacto con las bases ideológicas masónicas. Martí se había incorporado a la masonería siendo muy joven (durante sus años de estudiante desterrado en España) siguiendo, presumiblemente, las mismas razones que indujeron a la mayoría de los líderes independentistas hispanoamericanos de la generación anterior a abandonar las creencias religiosas católicas y abrazar la espiritualidad fraternal de la masonería: el marcado dogmatismo y la alineación de la Iglesia Católica con la monarquía española, la amplitud de pensamiento que, en el siglo XIX, permitía la masonería con relación a otras sectas, y sus vínculos históricos con los enciclopedistas e ilustrados progresistas.

Coincidiendo con la madurez de Martí, la masonería de los EEUU (precisamente donde él vivía, de manera fundamental) alcanzaría su máximo crecimiento proporcional. Según estadísticas conservadas, entre 1870 y el fin de siglo la membresía de las logias masónicas estadounidenses se duplicó. Sus templos vinieron a servir de refugio a los norteamericanos conscientes de la necesidad de una cofradía que implementara virtudes espirituales, pero que no podían comulgar —dada la intensificación de las influencias puritanas— con los extremos dogmáticos de las denominaciones cristianas tradicionales, y mucho menos con la iglesia católica, vista como una iglesia extranjera y arcaica.

Martí, durante toda su vida, fue orador invitado en las más

---

[3] Cf. Bernard Wishey, *The Child and the Republic* (Philadelphia: U of Pennsylvania P, 1968), y John C. Crandall, "Patriotism and Humanitarian Reform in Children's Literature, 1825-1860," *American Quarterly* 21 (1969): 3-23.

importantes logias de los lugares que visitaba, por lo que aunque no se tienen pruebas documentales del grado que alcanzó dentro de la hermandad, es de presumirse que no debió haber sido muy bajo. En todo caso, la alta prioridad dada por él a la honradez, la fraternidad y el trabajo, constituían puntos fundamentales de la plataforma masónica. Y la selección de tales conceptos como elementos a instilar en el ser hispanoamericano, la mayor prueba del dominio (y la estima) que Martí tenía de tal plataforma[4].

La importancia del trabajo como tema colateral del ser hispanoamericano tuvo, también, otra fuente: Samuel Smiles. En su ensayo *Self-Help* (1859) —rápidamente traducido a las principales lenguas del mundo—, Smiles desarrolló una 'nueva' filosofía de vida: que la perseverancia y el coraje individual siempre conducían al triunfo, con hincapié especial en el trabajo y la honradez. Tales teorías las ampliaría luego en otro libro igualmente exitoso (*Duty*, de 1880) y las completaría finalmente en la obra suya más cercana a *La Edad de Oro*, como ya vimos en el análisis de la crónica "Niños Famosos": *Life and Labour, or Characteristics of Men of Industry, Culture, and Genius* (1887).

Smiles, aunque trabajando con la misma materia prima social que Marx, hizo del centro de sus éxitos potenciales no a 'las masas', sino al individuo, de acuerdo a su espíritu de sacrificio y actitud ante el trabajo. Con ello también dejaba sin efecto los determinismos pesimistas (de nacimiento, de cultura, de país, etc.) que, hasta entonces, habían 'delimitado' las posibilidades de éxito de los seres humanos. Según Smiles, para ascender en la vida (incluyendo la adquisición de la sabiduría) bastaba trabajar con perseverancia, honradez y coraje; el hombre quedaba, de esa forma, dueño de su propio destino.

---

[4] Para más consideraciones sobre el tema, véanse: Ricardo Franco Soto, *El pensamiento masónico de Martí* (La Habana: Imprenta "Modas Magazine", 1953); Camilo Carrancá y Trujillo, *Martí en la Masonería* (La Habana: SI, 1946); José D. Echemendía, *Martí, ideario masónico* (La Habana: Logia Chaparra, 1946); Lynn Dumenil, *Freemasonry in American Culture, 1880-1930* (Princeton: Princeton UP, 1984); Bobby J. Demott, *Freemasonry in American Culture and Society* (Lanham [MD]: UP of America, 1986); José A. Ferrer Benimel, *Masonería, Iglesia e Ilustración: un conflicto ideológico-político-religioso* (Madrid: Fundación Universitaria Española, Seminarios Cisneros, 1977) y J.A. Ferrer Benimeli, comp. *Masonería, política y sociedad* (Zaragoza: Centro de Estudios Históricos de la Masonería Española, 1989).

Este culto al trabajo como llave del éxito individual, entronca fácilmente con la unidad e igualdad del género humano. En efecto, a igual coraje y perseverancia, iguales posibilidades de desarrollo, según el medio específico de cada cual. En ese sentido, las teorías que, en un inicio, fueron creadas basándose únicamente en las condiciones británicas de la segunda mitad del siglo, quedaron extendidas a otras culturas y países, en extensión semejante al marxismo que, a la postre, terminaría opacando primero y eliminando después (espero que de forma temporal) las ideas del hoy olvidado Samuel Smiles. Pero, en ese 1889, resulta clara la inclinación de Martí.

Otro de los temas primarios de *La Edad...* (y no colateral, como concluye Alejandro Herrera Moreno, 388) es *la muerte*. Aunque no existe un trabajo dedicado a ella en especial, está presente en casi todos los publicados en los cuatro números de la revista. La muerte, tanto como fenómeno natural, como también consecuencia de actos humanos, aparece lo mismo en una crónica, que en un poema, en un cuento, como en un artículo. Posiblemente el primero en llamar la atención sobre este tema fundamental de *La Edad...*, haya sido Salvador Arias en su Introducción a *Acerca de La Edad de Oro*. Dijo al respecto ya desde su primera edición —aunque pagino de acuerdo a la segunda—:

> Todavía hoy existen personas que estiman que este [el de la muerte] es un tema vedado para los niños, y que se debe hacer todo lo posible para evitar ponerlos en contacto con él, ya sea de una forma u otra. Sin embargo, ¡qué distinto pensaba Martí! (24)

Según se desprende de la cita, para Arias el "hombre de *La Edad de Oro*" se adelantó a su tiempo al hacer de la muerte un tema fundamental en una revista para niños. Pero todo parece indicar que tal interpretación fue hecha sin la debida investigación del lugar que ocupaba la muerte en la sociedad norteamericana de fines del siglo XIX y en la literatura infantil. A diferencia de lo concluido por el crítico cubano, es *ahora* precisamente (y no *todavía*) cuando existen personas que estiman que el tema de la muerte debe ser vedado a la infancia. En los EEUU de fines del siglo XIX era, en realidad, todo lo contrario, ya que la actitud de la sociedad con relación a la muerte difería grandemente de la que conocemos (y compartimos) hoy.

Tomemos, por ejemplo, una práctica común decimonónica que

consideraríamos de muy mal gusto quienes vivimos en este otro fin de siglo: las fotos de cadáveres colgando de las paredes de las casas o en álbumes familiares. La fotografía mortuoria era una práctica sumamente generalizada en los EEUU de la segunda mitad del siglo XIX. Los cadáveres eran a veces retratados reclinados en su sillón favorito, o acostados en sus camas en poses relajadas —como si durmieran—, o cargados (si eran niños), o en compañía de sus deudos, etc. Dice al respecto Jay Ruby:

> Post-mortem portraiture was a socially acceptable, publicly acknowledged form of photography in Nineteenth-Century America. Professional photographers, like painters before them, were regularly commissioned to portray the dead. They advertised the service in newspapers and held professional discussions in their journals about the best way to accomplish the task. The images were a normal part of the image inventory of many families, and were displayed in wall frames and albums along with other family pictures[5].

Como consecuencia de semejante actitud hacia la muerte, no es de extrañar que, fundamentalmente en las primeras décadas del siglo, las revistas infantiles publicasen, incluso, obituarios "of a detail, and length and solemnity not even achieved by *The Times*"[6]. La literatura infantil de ficción del período presenta, también, una aproximación igualmente mórbida (según nuestra óptica actual) al tema de la muerte. Aunque debe aclararse que la misma no estuvo del todo ausente de la ficción para niños en períodos previos ni, a diferencia de lo que supuso Arias, en los posteriores[7].

---

[5] Jay Ruby, "Portraying the Dead," *Omega. Journal of Death and Dying* 19.1 (1988-89): 1. Una versión inicial de este trabajo puede encontrarse en Jay Ruby, "Post-Mortem Photography in America," *History of Photography* 8.3 (1984): 201-22.

[6] Albert Britt, *Turn of the Century* (Barre [MA]: Barre Publishers, 1966) 10.

[7] Cf. E.S. Ross, "Children's Books Relating to Death: A Discussion," *Explaining Death to Children*, comp. Earl A. Grollman (Boston: Beacon Press, 1967) 132-56; Carol C. Ordal, "Death as Seen in Books Suitable for Young Children," *Omega. Journal of Death and Dying* 14.3 (1983-84): 249-77; Marian S. Pyles, *Death and Dying in Children's and Young People's Literature. A Survey and Bibliography* (London: McFarland, 1988) o el volumen monotemático "Death in Children's Literature," *The Children's Literature Association Quarterly* 16.4 (Winter 1991).

Sin embargo, aunque *La Edad...* fue escrita y publicada en los EEUU, la muerte no aparece supeditada a la versión cristiana de la misma, como era usual en la literatura norteamericana del período. Exceptuando la ya identificada influencia del cristianismo en "Nené...", la muerte según Martí tiene un significado espiritual más cercano a las interpretaciones orientales, entonces muy en boga en los recién creados medios teosóficos y similares que tanta influencia ejercieron sobre el Modernismo. Así, en su descripción de la cultura anamita, señala lo siguiente:

> no les parece [a los anamitas] que la vida es propiedad del hombre, sino préstamo que le hizo la naturaleza, y morir no es más que volver a la naturaleza de donde se vino, y en la que todo es como hermano del hombre; por lo que suele el que muere decir en su testamento que pongan un brazo o una pierna suya a donde lo puedan picar los pájaros, y devorarlo las fieras, y deshacerlo los animales invisibles que vuelan en el viento. (102)

Con anterioridad había declarado que "la muerte no es fea" (32), que puede ser vencida ("Los Dos Ruiseñores"), o ejercerse como castigo ("Meñique", "El Camarón Encantado") y debe verse de cerca (128). Y aunque reconoce la imposibilidad de razonarla, la presenta a los niños en los más benignos y espirituales términos, como cuando asevera que

> la muerte es lo más difícil de entender; pero los viejos que han sido buenos dicen que ellos saben lo que es, y por eso están tranquilos, porque es como cuando va a salir el sol, y todo se pone en el mundo fresco y de unos colores hermosos. (107)

No obstante ello, se pronuncia decididamente contra el suicidio al aclarar que

> nadie debe morirse mientras pueda servir para algo, y la vida es como todas las cosas, que no debe deshacerlas sino el que puede volverlas a hacer. Es como robar, deshacer lo que no se puede volver a hacer. El que se mata, es un ladrón. (64)

Estrechamente relacionada a la muerte, puede identificarse *la espiritualidad*, la cual reconoce una fuerza superior (precisamente, la que puede volver a hacer la vida) fácilmente identificable con Dios, aunque en su acepción más general y libre de todo dogma, como corresponde a un masón. Pero también como era de esperarse de un escritor sumamente influido por Emerson y su Trascendentalismo. En efecto, la concepción de Dios como fuerza impersonalizada constituye una de las características más destacadas del aporte emersoniano a la teología. Gracias a ella es que tanto Emerson, como luego Martí, lograron combinar armoniosamente la aceptación de las ciencias contemporáneas (avanzando, entonces, con botas de siete leguas, en comparación con etapas históricas anteriores), sin abandonar la filosofía idealista con raíces en el calvinismo —para el norteamericano— y en el krausismo —para el cubano— que continuaron ambos pensadores suscribiendo.

También la muerte queda relacionada con el heroísmo de manera recurrente y, en consecuencia, con los otros temas primarios señalados hasta ahora. Y pudiera considerarse una extensión del tratamiento que le dio Martí en otros muchos de sus escritos, tanto en prosa como en verso[8].

El último (last but not least) de los temas primarios a comentar, es *la educación estética modernista*, desarrollada tanto implícita como explícitamente en toda la revista. En la "Circular" con que se anunció la salida de *La Edad de Oro* —y que luego se reproduciría en el reverso de la contraportada de cada número—, Martí señaló, a manera de plataforma estética, que la publicación se proponía enseñar a los niños a

> amar el sentimiento más que lo sentimental, a reemplazar la poesía enfermiza y retórica que está aún en boga, con aquella otra sana y útil que nace del conocimiento del mundo.

Más adelante, en el artículo "La Ultima Página" del primer número, aprovecharía un comentario sobre su crónica *"La Ilíada, de Homero"* *para volver sobre el tema, señalando que*

> lo que ha de hacer el poeta de ahora es aconsejar a los hombres que se

---

[8] Cf. Rosario Rexach, "Significación y premonición de la muerte en José Martí," *Noticias de Arte* 10.5-6 (1987): 4.

quieran bien, y pintar todo lo hermoso del mundo de manera que se vea en los versos como si estuviera pintado con colores... (32)

Pero la educación estética modernista, más que en postulados teóricos, se destaca por la factura de la revista en sí. Incluso trabajos 'prestados' que habían sido confeccionados originalmente siguiendo patrones estéticos diferentes, son 'adaptados' al modernismo durante el proceso de rescritura martiana y, por lo tanto, incorporados a ese adoctrinamiento estético básico y general de los cuatro números de la revista publicados. En efecto, con la excepción de "Cuentos de Elefantes", el resto de los trabajos de *La Edad...* se caracteriza por la más estricta 'voluntad de estilo' del autor según la acepción modernista de la expresión. Martí, con el cuidado extremo de la factura y los resultados sincréticos conscientes desarrollados, instila, en la práctica, nuevos conceptos estéticos. Incluso la prosa no puede sino interpretarse, en la mayoría de los casos, como una prosa poética "sana y útil" (porque "nace del conocimiento del mundo") que se aleja, con fuerza creadora, de la "enfermiza y retórica que está aún en boga". En otras ocasiones, el adoctrinamiento estético aparece en forma de símbolos, como los ya identificados en el cuento "Los Dos Ruiseñores" en que el ruiseñor verdadero representa al "verso natural" y el mecánico al "verso retórico y ornado".

Así, nos encontramos en presencia de un esfuerzo adoctrinador estético que utiliza, como vehículo, canales múltiples y casi siempre ocultos para que "por mucha doctrina que lleven en sí, no parezca que la llevan". Y no hay duda alguna que el recurso fue utilizado con gran maestría.

Y claro que todos estos mensajes identificados responden a la 'militancia' filosófica del autor, de claro anti-positivismo krausista. Martí, aunque vivió durante una época histórica permeada de positivismo, y por razones cronológicas habría podido recibir directamente las influencias de Spencer —y de Sarmiento, en el ámbito criollo—, permanece no sólo al margen del positivismo, sino que lo enfrenta decididamente; un enfrentamiento que rebasa el mismo campo teórico en el que se desarrolla toda polémica filosófica y queda extendido a la vida misma del Apóstol.

De la etapa inicial de la obra martiana, Miguel Jorrín destaca tanto las influencias de Luz y Caballero como las de Varela (15-6), recibidas por el joven Martí a través de su maestro (y formador) el poeta Rafael María de Mendive, quien a su vez había sido discípulo de José de la Luz y Caballero. De este último señala Leopoldo Zea que "enseñó a los cubanos a rechazar todo dogmatismo" (I, 161), pues bien sabía que "de la independencia mental se habría de pasar fácilmente a la independencia política" (I, 164). Tal independencia mental, el rechazo a todo dogma, sería característica permanente en el pensar y el hacer del cubano. Así, a las muertes de Darwin y Marx —cuyas obras conoce—, Martí escribe respetuosos obituarios, pero siempre dejando aclarada su postura contraria (o, al menos, diferente) a las teorías extremistas preconizadas por el científico inglés y el pensador alemán. A Spencer lo ataca con más furia, exacerbado por la postura racista del filósofo británico. Y en sentido general se autodeclara, en el conocido debate filosófico del Liceo Hidalgo, en el punto equidistante entre las teorías espiritualistas y materialistas entonces en boga. Por tal razón reconoce la existencia de un espíritu independiente de la materia; pero, al mismo tiempo, no pierde de vista las enseñanzas de Luz y Caballero encaminadas a hacer prevalecer la realidad sobre el abstraccionismo idealista.

En sus años de estudiante universitario en España, Martí toma contacto directo con el krausismo vía Julián Sanz del Río, aunque, según Tomás G. Oria,

> Probablemente, Martí tuvo su primer contacto con la filosofía de Krause ya en Cuba, desde donde se seguía con cuidado la evolución de las corrientes intelectuales de la Península. (19)

De ser así, habría que unir a las influencias filosóficas tempranas de Martí a Antonio Bachiller y Morales, quien no solamente desde la cátedra universitaria, sino como escritor, había difundido las ideas krausistas en la Isla desde los años 50. Y ello es algo que no estaría demás intentar probar, pues el propio Apóstol, a la muerte del profesor cubano, tiene más de una palabra de elogio. Pero, de existir una influencia temprana del krausismo en el pensamiento martiano, al parecer no sería Bachiller y Morales la única fuente cubana. Según Marcelino Menéndez y Pelayo tales ideas ya estaban presentes en Luz y Caballero (II, 935), lo cual niega Medardo Vitier (128). En todo caso, y aunque J.I. Jimenes-Grullón trate de clasificar las ideas filosóficas martianas como una especie de simbiosis entre el romanticismo y el positivismo, el propio Martí expresa que tuvo "gran placer cuando hallé en Krause esa filosofía intermedia, secreto de los dos extremos, que yo había pensado en llamar Filosofía de relación." (III, 416)

De la cita anterior podría inferirse (y para Luis Toledo Sande es más que una inferencia, 142), que Martí llega al krausismo por coincidencia de postulados ya anteriormente por él establecidos en una etapa de formación, si no paralela, al menos independiente de las enseñanzas de Sanz del Río y no mediante una formación krausista de dependencia o tutelaje. Tomás G. Oria plantea algo semejante cuando asevera que Martí

> ...fue a España en condiciones muy similares, si no idénticas, a las de Sanz del Río cuando fue a Alemania: ya krausista en los principios y de corazón, pero sin el conocimiento racional del sistema que le llevaría esfuerzo y trabajo adquirir en las aulas de la Universidad Central de Madrid y en las de la Universidad Literaria de Zaragoza, donde bullía en todo su apogeo el krausismo, y en las sesiones del Ateneo, donde era constante tema de discusión, y también con seguridad, por medio de sus asiduas lecturas. (162)

Y, para demostrar la validez de su análisis, Oria señala ejemplos en las obras tempranas de Martí de claras convergencias con la variante hispana de las teorías de Krause. En todo caso, y siempre mediante una sutil adoctrinación "que no parezca" que la lleva, es fácil identificar, en todos los mensajes implícitos y explícitos de La Edad de Oro, ese racionalismo armónico característico del krausismo y de alguna forma común a (o congruente con) las bases ideológicas masónicas y las teorías de Samuel Smiles.[9]

Para hacer llegar a los niños esos múltiples mensajes analizados, el autor abandonó el lenguaje a que tenía acostumbrados a sus lectores adultos y buscó y encontró uno nuevo que, aunque íntimamente relacionado con aquél, alcanzó vida propia. Martí es y no es el mismo al escribir para adultos como para niños. La combinación sincrética y la

---

[9] Para más sobre el tema, además de los autores citados, véanse: Roberto Agramonte, "El krausismo español," Martí y su concepción del mundo (Puerto Rico: Editorial Universitaria, 1971) 216-221; Humberto Piñera Llera, "El krausismo," Panorama de la filosofía cubana (Washington: Unión Panamericana, 1960) 77-79; y José A. Beguez, Martí y el krausismo (La Habana: Cía. Editora de Libros y Folletos, 1944).

voluntad de estilo, son las mismas; la diferencia está en el lenguaje. Un lenguaje que, para ser comprendido por los infantes, imita al de los niños mismos, pero que no cae en los lugares comunes de la repetición pueril. Analiza Fina García Marruz:

> El idioma de *La Edad de Oro*, si bien imita el del niño, en general es sólo sencillo a fuerza de ser sintético. Por momentos, si bien se observa, es oscuro, sólo que no lo parece porque es una oscuridad natural, que proviene de la vida. (298)

De ahí que la misma crítica haya concluido que Martí, "lejos de decirles [a los niños] cosas infantiles con un lenguaje adulto, les copia su pintoresco y gráfico lenguaje para decirles cosas profundas y bellas" (189).

Por todo lo anterior es que puede considerarse el contenido de los cuatro números de *La Edad de Oro*, como una feliz y constante combinación de elementos éticos y estéticos adaptados a los niños, y encaminados —como lo reconoció el mismo Martí en confesión inequívocamente romántica—, a "poner de manera que sea durable y útil lo que a pura sangre me ha ido madurando en el alma" (20:147).

CAPÍTULO 7: *LA EDAD DE ORO* RE-VISTA

A más de un siglo de su aparición, ha quedado demostrado que *La Edad de Oro* sobrepasó con creces la fase de vida vigente asociado a toda publicación periódica. 'Convertida' en obra literaria, su éxito de público y crítica ha sido no sólo constante, sino creciente. No obstante ello, la mayor parte de la crítica acumulada en las últimas décadas sobre esta obra martiana fundamental, ha estado condicionada a intereses políticos extemporáneos, sin que ello haya logrado eliminar del todo esfuerzos más serios encaminados a evaluar, objetivamente, su impacto tanto dentro de la obra total de su autor, como en la Literatura Infantil en general. En mi análisis he tratado de aclarar algunos de los errores más evidentes y/o garrafales de trabajos previos y, sobre la base de los aciertos anteriores, profundizar en las fuentes y los diversos elementos estilísticos combinados tanto como me fue posible dentro de los límites lógicos de un trabajo de esta índole.

Dada la multiplicidad genérica de *La Edad...* y su carácter germinal de todo un movimiento dentro de una categoría literaria en especial, su análisis ha sido sumamente complejo, habiéndonos obligado a establecer comparaciones con obras (y a hacer referencias a movimientos literarios) de otras lenguas que le sirvieron de fuente o ejercieron una influencia determinante en el proceso de creación martiano. En todos los casos, he tratado de llamar la atención sobre la interacción genérica y estilística resultante de la 'alquimia' identificada, así como su adaptación a los postulados de la categoría literaria en que está enmarcada.

El género más recurrente en los cuatro números de *La Edad de Oro* editados, fue la crónica. Su estudio —particularmente importante, por cuanto era el género inherente al modernismo por antonomasia—, demostró la naturaleza modernista de todas ellas. Sin excepción alguna, en cada una fue posible entrever, mezclados, elementos estilísticos franceses de los que todos los críticos han identificado contenidos en la síncresis creadora modernista: parnasianismo, simbolismo, impresionismo. Y, junto a ellos, otros elementos propios de la literatura y la prensa norteamericanas de la época, específicamente los relacionados con el llamado "illustrated journalism" que constituía, entonces, un campo de cultivo común tanto para el periodismo propiamente dicho, como para la literatura y las artes plásticas. En una de las crónicas analizadas, señalamos la posibilidad de una ampliación de la 'alquimia' martiana más allá de la literatura y las artes plásticas, con la síncresis interdisciplinaria del uso del molde de la *ouverture* francesa al estilo de los ballets de Lully. Cambiándose el término religión por mitología, también destacamos la posibilidad de entrever el espíritu de las llamadas "Sunday School Magazines".

Nuestro análisis e investigación identificó las fuentes temáticas de las crónicas como provenientes, mayoritariamente, de la actualidad contemporánea, específicamente de La Exposición Universal de París de ese año, el acontecimiento internacional más importante durante los meses en que se editó *La Edad de Oro*. Directamente de la cobertura periodística de tal evento, Martí extrajo el material y las ilustraciones para cuatro de las crónicas. Otras dos, tal y como señalamos en el apartado correspondiente, tuvieron su origen en lecturas previas de libros específicos (sin que se pueda hablar propiamente de traducción como se había venido haciendo con una de ellas, sino de rescritura) y las restantes en lecturas varias —algunas de las cuales identificamos—, sedimentadas previamente al acto de su redacción y transferidas a los textos martianos. Pero en todos los casos, independientemente de las fuentes originales y la proporción de elementos franceses o norteamericanos identificados, quedó demostrado que Martí insertó la crónica modernista, con estos trabajos, en la literatura infantil. Y con todo éxito. Aún hoy vigente.

Del análisis de los artículos publicados en *La Edad de Oro*, también se desprendió el carácter modernista de todos ellos, aunque en algunos se evidenciaron más que en otros las características del movimiento. Lecturas de libros varios serían, fundamentalmente, las fuentes del género, en cuya confección el escritor cubano mantuvo una *voluntad de estilo* que no mermarían las disparejas longitudes de unos y otros trabajos. En ese sentido es de destacar que Martí redactó, con igual esmero, tanto artículos largos como "Tres Héroes", como los mínimos —"La Ultima Página" del número 2 (64), por ejemplo—. Las combinaciones de elementos simbolistas e impresionistas aparecieron más destacadas en los artículos que en las crónicas, en las que prevalecieron en las diversas combinaciones, cuantitativamente, los parnasianos; mas el efecto sincrético identificado fue semejante, lo que determinó a la postre una marcada unidad de estilo a pesar de las diferencias genéricas. Una unidad de estilo que se continuó apreciando, incluso, al analizarse otro género diferente a la prosa: las poesías publicadas en *La Edad*....

En los poemas analizados, las combinaciones impresionista-simbolistas prevalecieron sobre otras, aunque fue en este género en que Martí se mantuvo más próximo a la literatura española tradicional, como lo demuestra su uso de la redondilla y el romance. Pero esa selección no fue nada fortuita: precisamente el romance constituía, desde siglos atrás, una de las formas más utilizadas por los poetas españoles que escribían para niños. También llama la atención en las poesías de *La Edad...* que el poeta, sin hacer dejación total de los versos de arte menor característicos de la poética infantil, seleccionó otras medidas entonces revolucionarias dentro de la categoría literaria, como la combinación de heptasílabos y endecasílabos, tanto simétrica como asimétrica.

Gracias a la edición facsimilar utilizada, pude comprobar un error común en las ediciones modernas de esta obra: que "La Perla de la Mora" no es una octava, sino dos serventesios de endecasílabos. La diferencia, aunque aparentemente mínima, no lo es tal. Las pérdidas de la pausa correspondiente y la división en dos unidades concebidas originalmente por el autor, de alguna forma desvían la lectura y, lógicamente, su interpretación, de las intenciones martianas. Espero que ediciones futuras tengan esto en cuenta.

Pero lo más importante que pudiera señalarse de los poemas publicados en *La Edad...*, es su carácter germinal de los estilemas que luego aparecerían en los *Versos Sencillos*. Este mínimo grupo de poesías debe ser tenido en cuenta como una unidad con vida propia, interactuando bidireccionalmente con las dos obras para adultos que la antecedieron y siguieron en el tiempo, el *Ismaelillo* y *Versos Sencillos*, respectivamente.

En los cuentos 'prestados' de otros, pudimos apreciar el complejo proceso de rescritura a que los sometió Martí. Gracias, precisamente, a ese proceso, tales cuentos distan mucho de ser meras traducciones, como todavía algunos críticos se empeñan en considerarlos. Sin embargo, como quiera que la mayoría de estas narraciones eran, originalmente, de corte romántico, han quedado —a pesar de los elementos modernistas incorporados por Martí en su rescritura—, como los trabajos de *La Edad...* en que más pueden apreciarse las huellas románticas dentro de las técnicas modernistas.

Los cuentos propios, por otra parte, aparecen construidos mediante una prosa modernista del todo madura que armoniza, fundamentalmente y en proporción variable, elementos impresionistas, simbolistas y expresionistas. La perspectiva narrativa adoptada por Martí en cada uno de ellos, es múltiple y compleja, en combinaciones varias de la focalización interna con la omnisciente y la externa. Pese a sus anécdotas lógicamente diferentes, estos cuentos presentan diversos elementos comunes que, más allá de las características estilísticas apuntadas, coadyuvan a su unidad. Por ejemplo, una lectura continuada de los cuatro (incluyo "Los Zapaticos de Rosa") arroja que las tres niñas actuantes como personajes centrales muestran, independientemente de las diferencias en edad (Nené no había cumplido seis años cuando rompe el valiosísimo libro; Piedad cumplirá ocho años en el cuento; Pilar parece ser la más pequeña de las tres), grandes puntos de contacto. Para quienes conocemos, al menos someramente, la vida personal de Martí, tales características comunes en los tres personajes nos conducen a una cuarta niña, pero real: María Mantilla. La raíz real de esa niña común (aunque en etapas cronológicas diferentes) de los cuentos martianos propios, contrasta con el otro personaje infantil creado por Martí: el niño Bebé. Para conformar este último, el poeta antillano tuvo que echar mano a un personaje ficcional sumamente conocido entonces: Little Lord Fauntleroy. Para las niñas, por el contrario, no tuvo necesidad de buscar como patrón ningún personaje de ficción conocido (y los había, claro); el mejor modelo, según se desprende de su reiterado uso (incluso fuera de *La Edad...*), lo tenía, simplemente, en casa. Y en lo hondo de su corazón.

Cierto que pueden señalarse, igualmente, algunas diferencias. La doctrina en "Nené..." se proyecta por oposición; en Pilar y Piedad, por instilación directa. Nené es huérfana de madre, Pilar y Piedad no (ni tampoco María). Pero resulta sugerente el hecho de que la mamá de Piedad sea el personaje menos trabajado del núcleo familiar descrito. Las relaciones padre-hija y niña-muñecas opacan por completo las de madre-padre e, incluso, madre-hija.

Las semejanzas entre el padre de Nené, el de Piedad y el propio Martí (a pesar de las diferencias físicas), son también sumamente sugerentes: los tres son hispanos que trabajan intelectualmente, escribiendo (y, en el caso de Martí y el padre de Piedad, también traduciendo) tanto en la oficina como en la casa. Aunque pertenecen a una clase media insurgente, deben laborar con tesón a fin de mantener un nivel de vida por encima del de la pobreza. Hay libros y criados tanto en la casa de Nené como en la de Piedad, y ambas niñas constituyen el eje central de la familia (como, evidentemente, lo era Pilar y, en la vida real, lo fuera María Mantilla).

Todo ello nos permite identificar tanto en "La Muñeca..." como en "Nené..." y "Los Zapaticos...", un claro tono autobiográfico a la usanza modernista, en que el narrador se desdobla y participa él mismo de la narración. A través de las 'anécdotas' de María-Pilar-Nené-Piedad en sus diversas etapas de vida infantil, Martí nos presenta su propio entorno de vida (si no vivida, al menos imaginada y/o deseada) correspondiente a su época neoyorquina. De ahí la complejidad de la voz narrativa en todos ellos que va, de la narración directa a la indirecta, del autor a los personajes, y la raíz temática realista que convive con las técnicas estilísticas modernistas.

Esa raíz temática realista (que confundió a Herminio Almendros) distingue los cuentos 'propios' de Martí de los 'prestados'. Estos últimos se acercan, por su inverosimilitud, a la fábula. "Los Zapaticos...", "Bebé...", "Nené..." y "La Muñeca..." tienden, por razones contrarias, a la historia (entendiéndose como tal una narración verosímil y verdadera) o, al menos, a la ficción verosímil[1], independientemente de que no confluyan, en los casos analizados, las congruentes técnicas narrativas de corte realista.

Desde el punto de vista del contenido, fueron identificados cuatro temas fundamentales e inter-relacionados en todos los números de la revista publicados: la unidad e igualdad del género humano, el ser hispanoamericano, la muerte, y la educación estética modernista. Ligados a todos ellos, a manera de estrecho tejido temático, quedaron analizados otros temas colaterales tales como la reivindicación del aborigen americano, el anticolonialismo, el antimonarquismo y el anticlericalismo, así como la caridad, el heroísmo, el republicanismo, la honradez, la hermandad y la importancia del trabajo, todo ello matizado por una constante y profunda espiritualidad. Esos temas —tanto primarios como secundarios— quedaron determinados por el precipitado cultural decimonónico que sirvió de materia prima a Martí, algunos de cuyos

---

[1] Cf. Heinrich Lausberg, *Handbuch der literarischen Rhetorik* (München: Max Hueber Verlag, 1960) 165-67 y Linda B. Klein, "Ficción y magisterio en la narrativa de José Martí: 'La muñeca negra'," *Quaderni Ibero-Americani* 47-48 (1975-76): 372-7 y "El arte de la prosa de José Martí." Diss. Queens College of the City University of New York, 1969.

elementos han sido identificados por primera vez en este trabajo. Y aunque es indudable que en el desarrollo de algunos de esos temas Martí se adelantó a su tiempo, todo nexo directo con versiones o hechos históricos modernos, no puede ser aceptado más que como el resultado de interpretaciones forzadas por anacronismos ideológicos.

Nos llamó la atención, desde un inicio, la reiteración temática presente en toda *La Edad de Oro* mediante la sucesión editorial de trabajos de géneros y tónicas diferentes, pero con mensaje implícitamente semejante. En efecto, una lectura de conjunto de los cuatro números de la revista editados, denuncia un constante regreso a temas ya tratados a fin de presentarlos desde otras ópticas o nuevas modalidades instilatorias.

Dados esos repetidos objetivos adoctrinadores, no es de extrañar un uso continuado del discurso abstracto, "cuyo cuño generalizante se adecúa a sobrepasar las fronteras del texto y a evocar el discurso ideológico en cuyo espacio de maniobra se cierne el mensaje", al decir de Carlos Reis (338). Precisamente esa instilación de la doctrina por evocación, es lo que hizo que tanto los cuentos como los poemas e, incluso, los artículos y las crónicas, terminasen siendo trabajos en los cuales "por mucha doctrina que lleven en sí, no parezca que la llevan", según los confesados designios del poeta antillano. Tal 'ocultamiento' determinó, consecuentemente, el marcado carácter connotativo del lenguaje literario empleado, lo cual, a nivel hermenéutico, ha permitido las forzadas y/o extemporáneas interpretaciones de algunos analistas de esta obra martiana, en detrimento de la objetividad y, a veces, hasta del decoro profesional que debe tener todo crítico literario.

Los elementos estilísticos fundamentales fusionados por Martí en su síncresis artística, quedaron identificados como los correspondientes a los movimientos franceses del parnasianismo, el impresionismo y el simbolismo. A ellos hay que sumar algunos rasgos expresionistas —"visiones expresionistas", al decir de José Olivio Jiménez (1993)—, aunque en menor medida y casi siempre mezclados con elementos impresionistas. También fueron identificadas influencias pre-rafaelistas y la permanencia de rasgos románticos y tradicionalistas.

La pobreza de descripciones de predominio expresionista —en comparación con las asociadas a los movimientos galos e ingleses—, queda plenamente justificada cuando se recuerda que Martí, por lógicas razones cronológicas, lejos de beber directamente en las fuentes europeas para desarrollar sus imágenes expresionistas, las creó paralelamente (si no con antelación) a la gestación del movimiento alemán (Herwarth Walden no fundaría *Der Sturm* sino 11 años después de *La Edad de Oro*). Además, quién sabe si para evitar la inclusión de esas imágenes distorsionadas inherentes al expresionismo en textos para niños, los elementos de este tipo estilístico en la obra del cubano se encuentran desarrollados en escritos más personales, no relacionados con la literatura infantil[2].

Las combinaciones resultantes de la mezcla de todos los elementos anteriormente señalados, varían de un género a otro y, a veces, de uno a otro párrafo dentro de un mismo trabajo. En todo caso, tales combinaciones deben interpretarse como unidades específicas, en las cuales —parafraseando a Allen W. Phillips en sus juicios sobre Antonio Zayas—, sería ejercicio inútil, si no imposible, intentar deslindar con absoluta exactitud lo que cada una le debe a sus fuentes[3].

Todo lo anterior nos permite aseverar que en *La Edad de Oro* convergieron, de manera armoniosa, los postulados estético-ideológicos modernistas y los requerimientos categóricos de la Literatura Infantil decimonónica. Entre los resultados objetivos de tal convergencia, y a manera de resumen, pueden señalarse:

1.- *La utilización de un lenguaje que, aunque determinado por los moldes modernistas, al estar dirigido a los niños se abstuvo de los 'excesos preciosistas' del movimiento.* La presencia de 'excesos preciosistas' en la obra infantil martiana, fue el temor de uno de los críticos contemporáneos de Martí ante la salida de *La Edad de Oro*[4], mas en el lenguaje utilizado por el Apóstol es posible comprobar que, sin dejación alguna de la 'voluntad de estilo' modernista, hay una ausencia absoluta de toda 'hojarasca' preciosista. Ello fue posible gracias a la

---

[2] Véase Graciela García-Marruz, "El expresionismo en la prosa de José Martí," *Estudios críticos sobre la prosa modernista hispanoamericana*, comp. José O. Jiménez (New York: Eliseo Torres & Sons, 1975) 35-56; Enrique Anderson Imbert, "La prosa poética de José Martí. A propósito de *Amistad Funesta*" *Estudios sobre letras hispánicas* (1960; México: Libros de México, 1974) 163-193, etc.

[3] Allen W. Pillips, "Parnasianismo, modernismo y tradicionalismo (a propósito de Antonio Zayas)," *La Torre* 3.10 (1989) 259-279.

[4] Véase: Francisco Sellén, "*La Edad de Oro*," *Acerca de La Edad de Oro*, comp. Salvador Arias (La Habana: Centro de Estudios Martianos, Editorial Letras Cubanas, 1989) 52. El artículo fue publicado originalmente en la revista neoyorquina *La Ofrenda de Oro* de 1889.

'adaptación' martiana de los moldes estéticos modernistas a los requerimientos categóricos de la literatura para niños. Un papel fundamental en tal adaptación lo jugó la permanencia de la oralidad como constante lingüística en los cuatro números de la revista publicados. Un tono oral que convive con el 'acabado' literario gracias, entre otros factores, a la musicalidad de raíz simbolista que interactúa con la oralidad, subrayando la 'música' de las palabras. La práctica de la lectura en voz alta (característica epocal decimonónica y de la literatura para niños como categoría) dentro de los postulados modernistas, sería otro de los factores determinantes de esa 'oralidad estética'.

2.- *El rechazo de la desgastada retórica romántica*. En efecto, aunque manteniendo aquellos aspectos del romanticismo libres de "vocinglería" y los recibidos, de forma indirecta, a través del precipitado categórico, *La Edad de Oro* rompe con las "cursilerías, escritas en pésima prosa y peor poesía" que, como señaló Carmen Bravo-Villasante (101), caracterizó a las publicaciones periódicas infantiles en idioma español de fin de siglo. Tal rechazo, como se indicó, venía anunciado ya desde el mismo aviso de la revista.

3.- *La inter-relación genérico-categórica*. A la salida de *La Edad de Oro*, Martí no era un escritor de literatura infantil 'profesional'. Pero esta productiva incursión en la literatura para niños le permitió adicionar a la inter-acción genérica común a casi todos los modernistas —y, entre otras cosas, como extensión de la misma—, la categórica. Extensión que luego se vería presente en otras obras del propio Martí —y otros modernistas— fuera de la Literatura Infantil propiamente dicha.

4.- *La 'plasticidad móvil' de los textos*. La destacada plasticidad señalada en *La Edad de Oro* llegó a la misma desde dos direcciones fundamentales diferentes: la *ékfrasis* característica de los movimientos europeos no-hispanos que conformaron la síncresis modernista junto a la correspondiente al "illustrated journalism", y el mismo precipitado categórico. Pero una plasticidad que —y como consecuencia de la doble dirección generatriz apuntada—, viene con 'movimiento'. En efecto, las imágenes impresionistas o expresionistas se 'animan' dentro de la atmósfera lúdica inherente a la categoría. El humor, heredado de la categoría infantil, daría a esa plasticidad móvil un tono caricaturesco, por lo que habría que hablar —aunque sólo a nivel receptivo, como es lógico—, de una atmósfera que más tarde lograría, de forma objetiva, el dibujo animado. Los pequeños lectores (u oyentes) 'vieron' las historias

contenidas en *La Edad de Oro* con la misma nitidez y aceptación con que
niños de épocas posteriores verían los dibujos animados.

5.- *El rechazo del realismo conviviendo con el mantenimiento de la
credibilidad en todas las historias contadas*. El nexo entre la obra infantil
martiana y los dibujos animados señalado en el epígrafe anterior, no sería
el único entre ambas expresiones infantiles. Cuenta el dibujante Frank
Thomas (uno de los más cercanos colaboradores de Walt Disney) que
éste repetía una y otra vez a los miembros de su equipo, a manera de
línea directriz, "I do not want realism. I want believability"[5]. *La Edad
de Oro* mantendría la misma distancia del realismo que preconizaba el
'padre' de Mickey Mouse, y sería igualmente fiel a la credibilidad que
éste intentaba alcanzar. Esta última característica pudiera identificarse
como un requerimiento categórico fundamental. En efecto, teniendo en
cuenta el público infantil al que estaba dirigida la revista de Martí, todo
'divertimento' preciosista habría provocado un rechazo de los lectores.
Los niños, carentes de la 'sensibilidad' epocal de los adultos que permitía
que muchos relatos modernistas interesaran más por la factura que por
su credibilidad, habrían rechazado todo intento al respecto como una de
esas "esperanzas frustradas" de que hablaba Juan Carlos Merlo (XI). Las
historias contadas (lo mismo en prosa, que en verso, que en prosa
poética) tenían que ser 'de verdad' (según el amplio concepto infantil de
la expresión) para que los pequeños lectores se identificaran con las
mismas y rompieran —sigo repitiendo las palabras de Merlo— "la
barrera de los signos para hacer suyas las palabras del mensaje" (XI). La
raíz autobiográfica a la usanza modernista de los trabajos analizados,
coadyuvó decisivamente a ese mantenimiento de la credibilidad señalado.

6.- *El adoctrinamiento por instilación*. La intención didáctica
inherente a la Literatura Infantil como categoría literaria, se mantiene a
lo largo de los cuatro números publicados de *La Edad de Oro*. Pero una
adoctrinación que, tal y como se propuso el autor —y anunció en la
promoción publicitaria de su obra—, debía ser tan sutil que no pareciese
que la llevaba. Tal objetivo martiano aparece plenamente alcanzado en
casi todo el contenido de la revista. Uno de los recursos de que se valió
para ello, fue la recurrencia temática en trabajos contiguos de géneros

---

[5] Frank Thomas, en la entrevista de Aljean Harmetz, "Disney's 'Old Men' Savor the Vintage
Years," *The New York Times* 4 Jul. 1993: H9, H18.

diferentes. La sutileza del adoctrinamiento fue tal, que el único vocablo que consideré podía calificar el proceso, tuve que tomarlo fuera del vocabulario característico de la crítica literaria: la instilación. La introducción gota a gota que, referida a la química, éste significa, es lo más semejante a la forma de adoctrinar martiana. De ahí el reiterado uso (casi abuso) que he hecho del término, tendiente a subrayar cómo Martí se dedicó a introducir en la mente de sus lectores, 'gota a gota', todo aquello que le había venido madurando en el alma, según confesión propia.

Todo lo anterior me permite concluir que si *La Edad de Oro* se apartó, destacadamente, de las obras infantiles que a la sazón se producían en español ("escritas en pésima prosa y peor poesía", según palabras de Carmen Bravo Villasante, 101), fue, precisamente, por su carácter modernista. Al romper con el romanticismo decadente en que estaban enfrascados todavía los otros cultores hispanos de la categoría en ese fin de siglo (cuyas obras se han perdido, irremisiblemente, en el tiempo), Martí no sólo 'adaptó' la literatura infantil en español a los requerimientos de la época, sino que abrió un nuevo camino que luego transitarían —también haciéndolo al andar, según la fórmula de Machado—, escritores de la talla de Juan Ramón Jiménez y Horacio Quiroga. En efecto, gracias a *La Edad de Oro* es que *Platero y yo* terminaría siendo, más allá de todos los ismos y las polémicas críticas, una novela infantil modernista que bien podría llamarse "Platero y...*nosotros*", incluyendo todos los *ellos* y *ellas* españoles de todos los mundos que viniesen, por siempre, después. Y, los *Cuentos de la selva para niños*, el viaje modernista a lo exótico por antonomasia, precisamente por no serlo al Asia o a la antigua Grecia, sino al exotismo que lleva nuestra civilización hispanoamericana en su semilla. Porque es el caso que esta revista re-vista, como de título premonitorio, dio inicio —aunque fuera indirectamente— a lo que en este otro fin de siglo no podemos sino calificar como la Edad de Oro de la Literatura Infantil en idioma español.

BIBLIOGRAFÍA

Acosta Montoro, José. *Periodismo y literatura*. Madrid: Ediciones Guadarrama, 1973.

Agramonte, Roberto D. *Martí y su concepción del mundo*. Puerto Rico: Editorial Universitaria, 1971.

Aguirre, Mirta. "*La Edad de Oro* y las ideas martianas sobre educación infantil." *Revista Lyceum* (La Habana) 9 (1953): 33-58.

---. "José Martí: *La Edad de Oro*." *Cuba Socialista* 2.20 (1963): 123-129.

Alazraki, Jaime. "El indigenismo de Martí y el anti-indigenismo de Sarmiento," *Cuadernos americanos* 140.3 (1965): 135-157.

Albornoz, Aurora de. "José Martí: el mundo de los niños contado en el lenguaje infantil." *Insula* 37.249-249 (1982): 4-6. También en: *Acerca de La Edad de Oro*. 1980. Comp. Salvador Arias. La Habana: Centro de Estudios Martianos, Editorial Letras Cubanas, 1989. 354-63

Allegra, Giovanni. "Simbolismo y Modernismo." *Insula* 42.487 (1987): 21-22.

Almendros, Herminio. *A propósito de La Edad de Oro de José Martí. Notas sobre literatura infantil*. 1956. Instituto Cubano del Libro, 1972.

Alonso, Amado, et al. *El Impresionismo en el lenguaje*. 1936. Buenos Aires: Facultad de filosofía y letras, Instituto de Filología de la Universidad de Buenos Aires, 1942.

Alvarez, Ana L. *Martí en el movimiento modernista*. La Habana: Ed. Minerva, 1945.

Anbinder, Tyler. *Nativism and Slavery. The Northern Know Nothing and Politics of the 1850's*. New York: Oxford UP, 1992.

Andersen, Hans Christian. *The Complete Fairy Tales & Stories*. Trans. Erik Christian Haugaard. Intr. Virginia Haviland. Garden City (NY): Doubleday, 1974.

Anderson Imbert, Enrique. "La prosa poética de José Martí. A propósito de *Amistad Funesta*." *Estudios sobre letras hispánicas*. México: Libros de México, 1974. 163-193.

Angel, Marc. *La América: The Sephardic Experience in The United States*. Philadelphia: Jewish Publication Society of America, 1982.

Antología de la poesía española e hispanoamericana. 1934. Intr. Federico de Onís. New York: Las Américas Publishing, 1961.

Arenas, Bibí. "José Martí, ¿escritor para niños?" *José Martí ante la crítica actual*. Comps. Elio Alba-Buffill, Alberto Gutiérrez de la Solana y Esther

Sánchez-Grey Alba. Miami: Círculo de Cultura Panamericano, 1983. 115-23.

Arias, Salvador. "Martí como escritor para niños (a través del análisis de dos textos de *La Edad de Oro*." *Búsqueda y análisis. Ensayos críticos sobre literatura cubana*. La Habana: UNEAC, 1974. 58-88.

---, comp. *Acerca de La Edad de Oro*. 1980. La Habana: Centro de Estudios Martianos, Editorial Letras Cubanas, 1989.

Ayer, N.W., ed. *N.W. Ayer & Son's American Newspaper Annual 1889*. Philadelphia: N.W. Ayer & Son, 1889.

Backes, Jean-Louis. "Une Histoire comparée du symbolism europeen." *Reveu de Litterature Comparée* 58.1 (1984): 105-108.

Balakian, Anna. *The Symbolist Movement; a Critical Appaisal*. New York: NY UP, 1977.

---, ed. *The Symbolist Movement in the Literature of European Languages*. Budapest: Akademiai Kiado, 1982.

Ballón, José Carlos. *Autonomía cultural americana: Emerson y Martí*. Madrid: Pliegos, ¿1992?

Barre, André. *Le symbolisme; essai historique sur le mouvement poétique en France de 1885 à 1900*. 1912. Geneve: Skatine Reprints, 1970.

Barreda, Pedro. "Martí y la lírica de la modernidad: de la angustia de la influencia a la ética de la ruptura." *Anales de Literatura Hispanoamericana* 19 (1990): 67-82.

Barros, Silvia A. "La literatura para niños de José Martí en su época." *Estudios críticos sobre la prosa modernista hispanoamericana*. Comp. José O. Jiménez. New York: Eliseo Torres & Sons, 1975. 107-19.

Barroso, Leopoldo. "El fin de *La Edad de Oro*." *Noticias de Arte* Enero 1990: 10.

---. *Ensayos sencillos. (En torno a la poesía de José Martí*. New York: Senda Nueva de Ediciones, 1992.

---, trad. *Los Zapaticos de Rosa*. De José Martí. New York: Senda Nueva, 1990.

Barthes, Roland, y André Martin. *La Tour Eiffel*. Suisse: Delpire Editeur, 1964.

Bates, Barbara. *Bargaining for Life: A Social History of Tuberculosis, 1876-1938*. Philadelphia: U of Pennsylvania P, 1992.

Bayer, Paul S. *Urban Masses and Moral Order in America, 1820-1920*. Cambridge: Harvard UP, 1978.

Becali, Ramón. "*La Edad de Oro*." *Martí corresponsal*. La Habana: Editorial Orbe, 1956. 185-92.

Becerra de León, Berta. *Bibliografía del padre Bartolomé de las Casas*. La Habana: Sociedad Económica de Amigos del País, 1949.

Beguez, José A. *Martí y el krausismo*. La Habana: Cía. Editora de Libros y Folletos, 1944.

Bennett, James R. *A Bibliography of Stylistics and Related Criticism, 1967-1983*. New York: MLA, 1986.

Bergmann, Emile L. *Art Inscribed: Essays of Ekphrasis in Spanish Golden Age Poetry*. Cambridge: Harvard UP, 1979.

Billington, Ray A. *The Protestant Crusade: A Study of the Origins of American Nativism, 1800-1860*. New York: MacMillan, 1938.

Birmingham, Stephen. *The Grandees; America's Sephardic Elite*. New York: Harper & Row, 1971.

Blanck, Jacob. "A Twentieth Century Look at Nineteenth Century Children's Books." *Bibliophile in the Nursery*. Ed. William Tag. Cleveland: World Publishing Co., 1957. 427-51.

Booth, Mary L. "Translator Preface." *Last Fairy Tales*. By Éduoard de Laboulaye. New York: Harper and Brothers, 1884. XIII-XV.

Boti, Regino. "Martí en Darío." *Cuba Contemporánea* 37 (1925): 112-124.

Bowen, Ezra. "At 100, Still the Champ of Winter's Snowy Olympics." *Smithsonian* March 1988: 70-81.

Braibant, Charles. *Histoire de La Tour Eiffel*. Paris: Plon, 1964.

Bravo-Villasante, Carmen. *Historia de la literatura infantil española*. 1963. Madrid: Doncel, 1969.

Britt, Albert. *Turn of the Century*. Barre (MA): Barre Publishers, 1966.

Brophy, Don, & Edythe Westenhaver. *The Story of Catholics in America*. New York: Paulist Press, 1978.

Brown, Marianna. *The Sunday School Movement in America*. New York: F. Revell, 1901.

Brugger, Ilse M. de. *El expresionismo*. Buenos Aires: Centro Editor de América Latina, 1968.

Burnett, Frances Hodgson. "How Fauntleroy Occurred, And a Very Real Little Boy Became an Ideal One." *Piccino and Other Child Stories*. New York: Scribner's, 1987. 157-219.

Caldwell, Mark. *The Last Crusade: The War on Consumption, 1862-1954*. New York: Atheneum, 1988.

Calvert, Karin. *Children in the House. The Material Culture of Early Childhood, 1600-1900*. Boston: Northeastern UP, 1992.

Campoamor, Fernando G. "*La Edad de Oro* de José Martí, texto de los niños cubanos." *Hispania* 24.2 (1941): 178-9.

Carey, Patrick W. *American Catholic Religious Thought*. New York: Paulist Press, 1987.

---. *"American Catholics and the First Amendment, 1776-1840."* The *Pennsylvania Magazine of History and Biography* 93.3 (1989): 323-46.

---. "Two Episcopal Views of the Lay-Clerical Conflicts, 1785-1860." *Records of the American Catholic Historical Society of Philadelphia* 87 (1976): 85-98.

---. "American Catholic Romanticism, 1830-1888." *The Catholic Historical Review* 74.4 (1988) 590-606.

Carlen, Claudia, comp. *The Papal Encyclicals*. New York: Pierian Press, 1981. 5 vols.

---, comp. *Pastoral Letters of the United States Catholic Bishops*. Washington (DC): National Conference of Catholic Bishops, US Catholic Conference, 1984. 5 vols.

Caro, Rodrigo. *Días geniales o lúdricos*. 1884. Madrid: Espasa-Calpe, 1978.

Carrancá y Trujillo, Camilo. *Martí en la Masonería*. La Habana: SI, 1946.

Castillo, Homero, comp. *Estudios críticos sobre el Modernismo*. Madrid: Gredos, 1968.

Catalán, Diego, y S.G. Armistead, comp. *El Romancero en la tradición oral moderna*. Madrid: Cátedra Seminario Menéndez Pidal, 1972.

"Civilización y Barbarie en pensadores latinoamericanos." *Revista Interamericana de Bibliografía* 41.1 (1991): 33-119.

Crandall, John C. "Patriotism and Humanitarian Reform in Children's Literature, 1825-1860." *American Quarterly* 21 (1969): 3-23.

Cressot, Marcel. *Le Style et ses techniques*. Paris: P.U.F., 1974.

Crume, John B. "Children's Magazines 1826-1857." *Journal of Popular Culture* 6.4 (1973): 698-706.

Cruz, Jacqueline. "'Esclava vencedora': La mujer en la obra literaria de Martí." *Hispania* 75.1 (1992): 30-7.

Cummings, Michael. *The Language of Literature: A Stylistic Introduction to the Study of Literature*. New York: Pergamon Press, 1983.

Curran, Robert Emmett "'The Finger of God is Here': The Advent of the Miraculous in the Nineteenth-Century American Catholic Community." *The Catholic Historical Review* 73.1 (1987): 41-61.

Chacón y Calvo, José María. "La poesía de Martí y lo popular hispano." *Boletín de la Academia Cubana de la Lengua* 8.1-2 (1954): 56-63. También en: *Acerca de La Edad de Oro*. 1980. Comp. Salvador Arias. La Habana:

Centro de Estudios Martianos, Editorial Letras Cubanas, 1989. 172-180.

Charnay, Désiré. *Les anciennes villes du Nouveau Monde: voyages d'explorations au Mexique et dans L'Amerique Centrale 1857-82*. Paris: Hachette, 1885.

---. *Cités et ruines américaines: Mitla, Palenqué, Izamal, Chichen-Itza, Uxmal*. Paris: Gide, 1862-63. 2 vols.

"Children's Literature and Humor." Número monotemático de: *The Children's Literature Association Quarterly* 15.3 (1990).

Dal, Erik. "Introduction." *New Tales, 1843*. By Hans Christian Andersen. Trans. Reginald Spink. Copenhagen: Host, 1973. 5-16.

"Death in Children's Literature." Número monotemático de: *The Children's Literature Association Quarterly* 16.4 (Winter 1991).

Decaunes, Luc. *La poésie parnassienne: de Gautier a Rimbaud*. Paris: Seghers, 1977.

Demott, Bobby J. *Freemasonry in American Culture and Society*. Lanham (MD): UP of America, 1986.

Denomme, Robert T. *The French Parnassian Poets*. Carbondale (IL): Southern Illinois UP, 1972.

Díaz Mas, Paloma. *Los sefardíes, historia, lengua y cultura*. Barcelona: Riopiedras Ed., 1986.

Dicken-García, Hazel. *Journalistic Standards in Nineteenth-Century America*. Madison: U of Wisconsin P, 1889.

Dierick, Augustinus P. *German Expressionist Prose: Theory and Practice*. Toronto: U of Toronto P, 1987.

Dolan, Jay P. *The Immigrant Church: New York's Irish and German Catholics, 1815-1865*. Baltimore: Johns Hopkins UP, 1975.

---. *Catholic Revivalism: The American Experience, 1830-1900*. Notre Dame (IN): U of Notre Dame P, 1978).

---. *The American Catholic Experience: A History from Colonial Times to the Present*. Garden City (NY): Doubleday, 1985.

---, comp. *The American Catholic History from 1850 to the Present*. New York: Paulist Press, 1987. 2 vols.

Du Chaillu, Paul Belloni. *Stories of the Gorilla Country. Narrated for Young People*. New York: Harper and Brothers., 1868.

---. *Lost in the Jungle. Narrated for Young People*. New York: Harper and Brothers., 1870.

---. *Wild Life Under the Equator. Narrated for Young People*. New York: Harper and Brothers., 1870.

---. *Explorations and Adventures in Equatorial Africa*. London: J. Murray, 1861.

Dumenil, Lynn. *Freemasonry in American Culture, 1880-1930* Princeton: Princeton UP, 1984.

Echemendía, José D. *Martí, ideario masónico*. La Habana: Logia Chaparra, 1946.

Egoff, Sheila. *The Republic of Childhood*. Toronto: Oxford UP, 1967.

Elizagaray, Alga Marina. *En torno a la literatura infantil*. La Habana: UNEAC, 1975.

---. *El poder de la literatura para niños y jóvenes*. La Habana: Ed. Letras Cubanas, 1979.

---. "*La Edad de Oro*: el gran clásico infantil de nuestra época." *Bohemia* (La Habana) 67.4 (1975): 10-3.

Elson, Ruth M. *Guardians of Tradition: American Schoolbooks of the Nineteenth Century*. Lincoln (NE): U of Nebraska P, 1964.

Emerson, Ralph Waldo. *Representative Selections*. Ed. Frederic I. Carpenter. New York: American Book Co., 1934.

Entralgo, Elías. "José Martí para los niños." *Archivo José Martí* (La Habana) 2.4 (1943): 252-3.

Ette, Ottmar. "Apuntes para una orestiada americana: José Martí y el diálogo intercultural entre Europa y América Latina." *Revista de Crítica Literaria Latinoamericana* 11.24 (1986): 137-46.

Even-Zohar, Itamar. *Polysystem Studies*, número especial de *Poetics Today* 11.1 (1990).

Falqui, Franco. *Giornalismo e letteratura*. Milano: U. Mursia, 1969.

Faurie, Marie-Joseph. *Le Modernism hispano-américain et ses sources françaises*. París: Centre de Reserches de l'Institut Hispanique, 1966.

Fernández de la Vega, Oscar. *Proyección de Martí*. La Habana: Ed. Selecta, 1953.

---. *En "la barranca de todos" II. Las playas en "Los zapaticos de rosa" de José Martí*. New York: Hunter College of CUNY, 1984.

Ferrer Benimel, José A. *Masonería, Iglesia e Ilustración: un conflicto ideológico-político-religioso*. Madrid: Fundación Universitaria Española, Seminarios Cisneros, 1977.

---., comp. *Masonería, política y sociedad*. Zaragoza: Centro de Estudios Históricos de la Masonería Española, 1989.

Finkelstein, Norma H. *The Other 1492: Jewish Settlement in the New World*. New York: Scribner, 1989.

Fishkin, Shelley Fisher. *From Fact to Fiction: Journalism & Imaginative Writing* in America. Baltimore: Johns Hopkins UP, 1985.

Florit, Eugenio. "Los versos de La Edad de Oro." Revista Hispánica Moderna 18.1-4 (1952): 56-8.

Foley, John Miles. Oral Formulaic-Theory: An Introduction and Annonated Bibliography. New York & London: Garland, 1985.

Franco Soto, Ricardo. El pensamiento masónico de Martí. La Habana: Imprenta "Modas Magazine", 1953.

Fraser, Howard M. "La Edad de Oro and José Martí's Modernist Ideology for Children." Revista Interamericana de Bibliografía 42.2 (1992): 223-232.

Gallego Alonso, Emilia. "Para un estudio comparativo entre las Cartas a Elpidio y La Edad de Oro." Revista de la Universidad de La Habana 235 (1989): 95-108.

---. "Apuntes sobre la presencia de la magia en La Edad de Oro." Revista de la Universidad de La Habana 229 (1987): 165-71.

Gamwell, Franklin I. "Religion and the Public Purpose." The Journal of Religion 62.3 (1982): 272-95.

García Marruz, Fina. "La Edad de Oro." Temas martianos. La Habana: Biblioteca Nacional José Martí. Dept. Colección Cubana, 1969. 293-304.

García Marruz, Graciela. "El expresionismo en la prosa de José Martí." Estudios críticos sobre la prosa modernista hispanoamericana. Comp. José O. Jiménez. New York: Eliseo Torres & Sons, 1975. 35-55.

Gilfoyle, Timothy J. "The Moral Origins of Political Surveillance: The Preventive Society in New York City, 1867-1918." American Quarterly 38.4 (1986): 637-52.

Gilliver, John. "Religious Values and Children's Fiction." Children's Literature in Education 17.4 (1986): 215-225.

González, Manuel Pedro, e Iván Schulman, eds. José Martí. Esquema Ideológico. México: Ed. Cultura, 1961.

González Pérez, Aníbal. La crónica modernista hispanoamericana. Madrid: Porrúa Turanzas, 1983.

Grass. R., and W.R. Risley, comps. Waiting for Pegasus. Studies of the Presence of Symbolism and Decadence in Hispanic Letters. Macomb (IL): Western Illinois UP, 1979.

Guiraud, Pierre, et P. Kuentz. La Stylistique. Paris: Klincksieck, 1970.

Gullón, Ricardo. El Modernismo visto por los modernistas. Barcelona: Guadarrama, 1980.

---. Direcciones del modernismo. Madrid: Alianza, 1990.

Gutiérrez Nájera, Manuel. "*La Edad de Oro* de José Martí." 1889. *Acerca de La Edad de Oro*. 1980. Comp. Salvador Arias. La Habana: Centro de Estudios Martianos, Editorial Letras Cubanas, 1989. 47.

Hamy, Viviane, comp. *La Tour Eiffel*. Paris: Editions de la Différence, 1980.

Handy, Robert T. *A Christian America. Protestant Hopes and Historical Realities*. New York: Oxford UP, 1971.

Harmetz, Aljean. "Disney's 'Old Men' Savor the Vintage Years." *The New York Times* 4 Jul. 1993: H9, H18

Harris, Joseph. *The Tallest Tower. Eiffel and the Belle Epoque*. Boston: Houghton Mifflin, 1975.

Hauser, Rex Brian. "Parnassianism in the theory and literature of Spanish-American and Spanish poets." *Dissertation Abstracts International* 49.5 (1988): 1138A. (University of Michigan).

Hazard, Paul. *Les livres, les enfants, et les hommes*. 1949. Paris: Hatier, 1967.

Henríquez Ureña, Max. *Breve Historia del Modernismo*. 1954. México: Fondo de Cultura Económica, 1978.

Hernández Biosca, Roberto I. "*La Edad de Oro*, un contemporáneo." *Revista de la Universidad de La Habana* 235 (1989): 109-18.

Hernández Miyares, Julio E. "José Martí y los cuentos de *La Edad de Oro*." *La Nuez* 3 (1989): 17-19.

Hernández Miyares, Julio E., y Walter Rela, comps. *Antología del cuento modernista*. Buenos Aires: Editorial Plus Ultra, 1987.

Herrera Moreno, Alejandro. "Algunos criterios sobre la estrategia pedagógica martiana." *Acerca de La Edad de Oro*. 1980. Comp. Salvador Arias. La Habana: Centro de Estudios Martianos, Editorial Letras Cubanas, 1989. 383-96.

Holder, Charles F. *The Ivory King; A Popular History of the Elephant and Its Allies*. New York: Scribner, 1888.

Holmes, James S., ed. *Literature and Translation: New Perspectives in Literary Studies*. Leuven: Acco, 1978.

Holmes, J. Derek. *The Triumph of the Holy See: A Short History of the Papacy in the Nineteenth Century*. London: Burns & Oates, 1978.

Homenaje a Rubén Darío. Memoria del XIII Congreso Internacional de Literatura Iberoamericana. Los Angeles: Centro Latinoamericano, Universidad de California, 1970.

Huizinga, Johan. *Homo Ludens: A Study of the Play-Element in Culture*. 1944. London: Routledge & Kegan Paul, 1980.

Hunt, Holman. *Pre-Raphaelism and the Pre-Raphaelite Brotherhod*. 1905.

London: Chapman and Hall, 1913. 2 Vols.

Hutchinson, Peter. *Games Authors Play*. London-New York: Methuen, 1983.

Iser, Wolfgang. *The Act of Reading: A Theory of Aesthetic Response*. Baltimore: Johns Hopkins UP, 1978.

Jackson, Helen Hunt. *Verses by H.H.* 1870. Boston: Robert Brothers, 1888.

Jan, Isabelle. *Andersen et ses contes: essai*. Paris: Aubier Montaigne, 1977.

Jiménez, José Olivio, comp. *El Simbolismo*. Madrid: Taurus, 1976.

---. *La raíz y el ala. Aproximaciones críticas a la obra literaria de José Martí*. Valencia (España): Pre-Textos, 1993.

---, comp. *Antología crítica de la poesía modernista hispanoamericana*. Madrid: Hiperión, 1985.

---, et al. *Estudios críticos sobre la prosa modernista hispanoamericana*. New York: Eliseo Torres & Sons, 1975.

Jiménez, José O. y Antonio R. de la Campa, comps. *Antología crítica de la prosa modernista hispanoamericana*. New York: Eliseo Torres & Sons, 1976.

Jorge Viera, Elena. "Notas sobre la función en *La Edad de Oro*." *Revista de la Universidad de La Habana* 198-199 (1973): 39-56. También en: *Acerca de La Edad de Oro*. 1980. Comp. Salvador Arias. La Habana: Centro de Estudios Martianos, Editorial Letras Cubanas, 1989. 284-305.

Jorrín, Miguel. *Martí y la filosofía*. La Habana: Comisión Nacional Cubana de la UNESCO, 1954.

Jrade, Cathy L. *Rubén Darío and the Romantic Search for Unity: The Modernist Recourse to Esoteric Tradition*. Austin: U of Texas P, 1983.

Kalimán, Ricardo J. "La carne y el mármol: Parnaso y simbolismo en la poética modernista hispanoamericana." *Revista Iberoamericana* 55.146-47 (1989): 17-32.

Kearny, Anthony. "The Missionary Hero in Children's Literature." *Children's Literature in Education* 14.2 (1983): 104-12.

Kern, Stephen. "Explosive Intimacy: Psychodynamics of the Victorian Family." *History of Childhood Quarterly: The Journal of Psychohistory* 1.3 (1974): 437-62.

Kessner, Thomas. *The Golden Door: Italian and Jewish Immigrant Mobility in New York City, 1880-1915*. New York: Oxford UP, 1977.

Klein, Linda B. "Ficción y magisterio en la narrativa de José Martí: 'La muñeca negra'." *Quaderni Ibero-Americani* 47-48 (1975-76): 372-7.

---. "El arte de la prosa de José Martí." Diss. Queens College of the City

University of New York, 1969.

Kranz, Gisbert. *Das Bildgedicht*. Cologne: Bohlau, 1981.

Kreutzwald, F. R. *Esthnische Mærchen*. Trans. F. Loewe. Dorpat, 1881.

Kronegger, Maria E. *Literary Impressionism*. New Haven (CT): New Haven College and UP, 1973.

Laboulaye, Éduoard de. *Contes Bleus*. Paris: Furne, 1864.

---. *Derniers contes blues*. Paris: Jouvet, 1884.

Larrea, Elba M. "José Martí, insigne maestro de la literatura infantil." *Cuadernos Americanos* 168-2 (1969): 238-51. También en: *Acerca de La Edad de Oro*. 1980. Comp. Salvador Arias. La Habana: Centro de Estudios Martianos, Editorial Letras Cubanas, 1989. 202-18.

---. "La prosa de José Martí en *La Edad de Oro*." *Cuadernos del Congreso por la Libertad de la Cultura* 61 (1961): 3-10.

Lausberg, Heinrich. *Handbuch der literarischen Rhetorik*. München: Max Hueber Verlag, 1960.

Lazo, Raimundo. "Un antecedente de *La Edad de Oro* de Martí." *Diario de la Marina* (La Habana) 5 de febrero de 1957: 4-A.

Leal, Luis. *Historia del cuento hispanoamericano*. México: Andrea, 1966.

Les Merveilles de L'exposition de 1889. Histoire, construction, inauguration, description détaillée des palais, des annexes et des parcs. Ouvrage rédigé par des écrivains spéciaux et des ingénieurs. Paris: A la Librairie Illustrée, 1889.

L'Exposition de Paris (1889) publiée avec la collaboration d'écrivains spéciaux. Paris: Librairie Illustré, 1889-90. 2 vols.

List of Awards to United States Exhibitors. Paris: A. Chambers, 1889.

Lizaso, Félix. *Martí, crítico de arte*. La Habana: Cuadernos de Divulgación Cultural, 1957.

---. "Martí y los niños." *Cervantes* (La Habana) 6.4 (1932): 17.

---. "María Mantilla en el Centenario de Martí." *Bohemia* (Cuba) 1 de feb. 1953: 68-70.

López Terrero, Liana. "Notas sobre el estilo martiano en *La Edad de Oro*." *Revista de la Universidad de La Habana* 235 (1989): 131-42.

Loveluck, Juan, comp. *Diez estudios sobre Rubén Darío*. Santiago de Chile: Zig-Zag, 1967.

Lukin, Boris. "Versión martiana de un cuento popular de Estonia." *Acerca de La Edad de Oro*. 1980. Comp. Salvador Arias. La Habana: Centro de Estudios Martianos, Editorial Letras Cubanas, 1989. 284-305.

Llaverías, Joaquín. "*La Edad de Oro*." *Los periódicos de Martí*. La Habana:

Imprenta Pérez Sierra, 1929. 61-70.

MacLeod, Anne S. *A Moral Tale. Children's Fiction and American Culture 1820-1860.* Hamden (CT): Archon Books, 1975.

---. "From Rational to Romantic: The Children of Children's Literature in Nineteenth Century." *Poetics Today* 13.1 (1992): 5-15.

Man, Paul de. "The Double Aspect of Symbolism." *Yale French Studies* 74 (1988): 3-16.

Marban, Jorge. "Evolución y formas en la prosa periodística de José Martí." *Revista Iberoamericana* 55.146-147 (1989): 211-22.

Marinello, Juan. "Tradición y novedad en los versos de *La Edad de Oro.* " 1973. *Acerca de La Edad de Oro.* 1980. Comp. Salvador Arias. La Habana: Centro de Estudios Martianos, Editorial Letras Cubanas, 1989. 181-84.

Marqusee, M., ed. *New York. An Illustrated Anthology.* Topsfield (MA): Salem House Publishers, 1988.

Martí, José. *La Edad de Oro.* La Habana: Centro de Estudios Martianos, Editorial Letras Cubanas, 1979.

---. *Obras Completas.* La Habana: Editorial Nacional de Cuba, 1963-1973.

Martín, Carlos. *América en Rubén Darío: aproximación al concepto de la literatura hispanoamericana.* Madrid: Gredos, 1972.

Martín, José Luis. *Crítica estilística.* Madrid: Gredos, 1973.

Martínez, M. M. "El padre las Casas, promotor de la evangelización de América." *Estudios lascasianos. IV Centenario de la muerte de Fray Bartolomé de las Casas.* Sevilla: Escuela de Estudios Hispano-Americanos, 1966. 91-108.

Martínez, Orlando. *Pasión de la música en Martí.* La Habana: Academia Nacional de Artes y Letras, 1953.

Maslin, Janet. "African Violence in Tale for Children." *The New York Times* 12 March 1993: C15).

McCullough, David G. *The Great Bridge.* New York: Simon and Schuster, 1972.

Meigs, Cornelia, et al. *A Critical History of Children's Literature.* New York: MacMillan, 1953.

Mejía Sánchez, Ernesto, comp. *Estudios sobre Rubén Darío.* México: Fondo de Cultura Económica, 1968).

Meléndez, Concha. *La novela indianista en Hispanoamérica (1832-1889).* San Juan de Puerto Rico: Ed. Cordillera, 1970.

Memoria del Congreso de escritores martianos. La Habana: Comisión Nacional

Organizadora de los Actos y Ediciones del Centenario y del Monumento de Martí, 1953.

Mendès, Catulle. *La légende du "Parnasse Contemporaine"*. 1884. Farnborough: Gregg, 1971.

Menéndez y Pelayo, Marcelino. *Historia de los heterodoxos españoles*. Madrid: Ed. Católica, 1967.

Merlo, Juan Carlos. *La literatura infantil y su problemática*. Buenos Aires: "El Ateneo" Editorial, 1976.

Meyer, Robert, *Novelle und Journal*. Stuttgart: Steiner Verlag Weisbaden, 1987.

Modern, Rodolfo E. *El expresionismo literario*. Buenos Aires: Ed. Universitaria de Buenos Aires, 1972.

Monsiváis, Carlos. *A ustedes les consta. Antología de la crónica en México*. México: Biblioteca Era, 1980.

Moore, R. Lawrence. *Religious Outsiders and the Making of Americans*. New York: Oxford UP, 1986.

Morales, Ernesto. "Martí y *La Edad de Oro*." 1929. *Revista Bimestre Cubana* 41.2 (1938): 224-232.

Mörner, Magnus. "Immigration From the Mid-Nineteenth Century Onwards: A New Latin America." *Cultures* 5.3 (1978): 56-76.

Mott, Frank Luther. *A History of American Magazines*. 1938. Cambridge: Harvard UP, 1957. 4 vols.

Nadaillac, Jean François Albert. *La Amérique préhistorique*. Paris: G. Masson, 1883.

---. *L'ancienneté de l'homme*. Paris: A. Franck, 1870.

---. *L'origin et le développement de la vie sur le globe*. Paris: E. de Soye et Fils, 1888.

---. *Unite de l'espèce humaine prouvée por la similarité des conceptions et des créations de l'homme*. Louvain: Polleunis, 1897.

New York. A Collection from Harper's Magazine. New York: Gallery Books, 1991.

Nimon, Maureen. "From Faith to Good Fellowship: Sunday School Magazines in the Late Nineteenth Century." *Children's Literature in Education* 19.4 (1988): 242-51.

Noel, Charles C. "Missionary Preachers in Spain: Teaching Social Virtue in the Eighteenth Century." *The American Historical Review* 90.4 (1985): 866-92.

Olivera, Otto, y Alberto M. Vázquez. *La prosa modernista en Hispanoamérica*. Nueva Orleans: Nueva Orleans UP, 1971.

Oppel, Frank, comp. *New York. Tales of the Empire State*. Seacaucus (NJ):

Castle, 1988.
"Orality and Children's Literature." Número monotemático de: *The Children's Literature Association Quarterly* 13.1 (1988).
Ordal, Carol C. "Death as Seen in Books Suitable for Young Children." *Omega. Journal of Death and Dying* 14.3 (1983-84): 249-77.
Oria, Tomás G. *Martí y el krausismo.* Boulder (CO): Society of Spanish and Spanish-American Studies, 1987.
Oviedo, José Miguel. *La niña de New York: una revisión de la vida erótica de José Martí.* México: Fondo de Cultura Económica, 1988.
Palacios, Alfredo L. "Civilización y Barbarie. Dualismo simplista inaceptable." *Cuadernos Americanos* 105.4 (1959): 162-202.
Parville, Henri. "L'Exposition Universelle." *Causeries Scientifiques. Découvertes et innovations. Progrès de la science et de l'industrie* 29 (1890).
Pessen, Edward. "A Variety of Panaceas: The 'Social Problem' and Proposed Solutions to It in Mid-Nineteenth Century New York State." *New York History* 59.2 (1978): 198-240.
Piñeiro de Rivera, Flor. *Literatura infantil caribeña: Puerto Rico, República Dominicana y Cuba.* Hato Rey (PR): Borinken Libros, 1983.
Portuondo, José Antonio. "Análisis de la obra poética." *Anuario Martiano* 5 (1974): 89-100.
Poumier Taquechel, María. "'Contra el verso retórico y ornado': Quelques aspects de la poétique martienne." *Cuba: Les Etapes de'une liberation: Hommage à Juan Marinello et Noël Salomon.* Univ. de Toulouse-Le Mirail, 1980. 346-435.
Pozo Campos, Esther. "La composición en tres cuentos de *La Edad de Oro.*" *Revista de la Universidad de La Habana* 235 (1989): 119-30.
Provoyeur, Pierre, and June Hargrove, eds. *Liberty. The French-American Statue in Art and History.* Cambridge: Harper & Row, 1986.
Pupo Walker, Enrique. "El cuento modernista: su evolución y características." *Historia de la literatura hispanoamericana.* Vol. 2. Madrid: Cátedra, 1987. 515-522.
Pyles, Marian S. *Death and Dying in Children's and Young People's Literature. A Survey and Bibliography.* London: McFarland, 1988.
Quesada y Miranda, Gonzalo de. "Mensaje humano de *La Edad de Oro.*" *El Mundo de la Educación* (La Habana) 23 (1960): 2-3.
Rama, Angel. *Rubén Darío y el modernismo.* Caracas: Ediciones de la Biblioteca de la Universidad Central de Venezuela, 1970.

---. "La dialéctica de la modernidad en José Martí." *Estudios Martianos. Memorias del Seminario José Martí.* Puerto Rico: Editorial Universitaria, 1974. 129-97.

---. "José Martí en el eje de la modernización poética: Whitman, Lautreamont, Rimbaud." *Nueva Revista de Filología Hispánica* 32.1 (1983): 96-135.

Ramos, Julio. *Desencuentros de la modernidad en América Latina. Literatura y política en el siglo XIX.* México: Fondo de Cultura Económica, 1989.

Rangel, Carlos. *Del buen salvaje al buen revolucionario.* Caracas: Monte Avila, 1976.

Reis, Carlos. *Fundamentos y técnicas del análisis literario.* Madrid: Gredos, 1981.

Revue de L'Exposition Universelle de 1889.

Rexach, Rosario. *Estudios sobre Martí.* Madrid: Playor, 1985.

---. "Poética de José Martí." Ponencia ante el XXV Congreso del Instituto Internacional de Literatura Iberoamericana (Bonn, Alemania, agosto 11-18 de 1986). Publicada bajo el mismo título en: *Linden Lane* 9.4 (1990): 58-60.

---. "Significación y premonición de la muerte en José Martí." *Noticias de Arte* 10.5-6 (1987): 4.

Reynolds, David S. "Of Me I Sing: Whitman in His Time." *The New York Times Book Review* 4 Oct. 1992: 3, 28.

Richardson, Alan. "Reluctant Lords and Lame Princes: Engendering the Male Child in Nineteenth-Century Juvenile Fiction." *Children's Literature* 21 (1993): 3-19

Ripoll, Carlos. *La falsificación de Martí en Cuba.* 2nd ed. New York: UCE, 1992.

---. "La Playa de 'Los Zapaticos de Rosa'." *Diario las Américas* 9 de mayo de 1982: 8B-9B.

---. *José Martí y la Conquista de América.* New York: UCE, 1992.

---. "La pintura y el pintor en José Martí." *Diario las Américas* 16 de Agosto de 1987: 12A, 13A

---. *Martí y los discípulos americanos de Carlos Marx.* New York: UCE, 1993.

---. "Martí y César Romero." *Diario Las Américas* 1 de mayo 1988: 10A.

---. "Martí y María Mantilla." *Diario Las Américas* 8 de mayo 1988: 12A.

---. "Martí, la esposa y la amante." *Diario Las Américas* 15 de mayo 1986: 12A.

Rischin, Moses. *The Promised City: New York's Jews, 1870-1914.* Cambridge: Harvard UP, 1962.

Roggenbuck, Mary June. "Twenty Years of *Harper's Young People.*" *The Horn Book Magazine* 53.1 (1977): 24-35

Ross, Eulalie S. "Children's Books Relating to Death: A Discussion." *Explaining Death to Children.* Comp. Earl A. Grollman. Boston: Beacon Press, 1967. 132-56

Rotker, Susana R. "Fundación de una nueva escritura: las crónicas de José Martí." *Dissertation Abstracts International* 50.7 (1989): 2074A. (University of Maryland College Park).

Ruby, Jay. "Post-Mortem Photography in America." *History of Photography* 8.3 (1984): 201-22.

Sabourin, Jesús. *Amor y combate (algunas antinomias en José Martí).* La Habana: Casa de las Américas, 1974.

Sacoto, Antonio. *The Indian in the Ecuadorian Novel.* New York: Las Americas Publishing, 1967.

---. "El indio en la obra literaria de Sarmiento y Martí." *Cuadernos Americanos* 156.1 (1968): 137-63.

---. *El indio en el ensayo de la América española.* Cuenca: Casa de la Cultura Ecuatoriana, 1981.

Sanjuan Alvarez, Cristina. "El movimiento pre-rafaelista: de la fidelidad a la naturaleza a una religión del arte." *Cuadernos de Investigación Filológica* 9.1-2 (1983): 171-181.

Sante, Luc. *Low Life. Lures and Snares of Old New York.* New York: Farrar Straus Giroux, 1991.

Santí, Enrico Mario. *Escritura y tradición.* Barcelona: Ed. Laia, 1987.

Santos Moray, Mercedes. "'Nené traviesa' de José Martí." *El Caimán Barbudo* 77 (segunda época) (1974): 11-14.

Scheben, Helmut. "Indigenismo y Modernismo." *Revista de Crítica Literaria Latinoamericana* 5.10 (1979): 115-28.

Schick, Frank L., and Renee Schick, eds. *Statistical Handbook on U.S. Hispanics.* Phoenix: Oryx Press, 1991.

Scholes, Robert. *Element of Poetry.* New York: Oxford UP, 1969.

Schulman, Iván A. *Génesis del modernismo: Martí, Nájera, Silva, Casal.* México: El Colegio de México y Washington UP, 1966.

---. *Símbolo y color en la obra de José Martí.* 2nd ed. Madrid: Ed. Gredos, 1970.

---. "José Martí frente a la modernidad hispanoamericana: los vacíos y las reconstrucciones de la escritura modernista." *Revista Iberoamericana* 55.146-47 (1989): 175-92.

---., et al. *Nuevos asedios al Modernismo*. Madrid: Taurus, 1987.

Schulman, Iván, y Manuel Pedro González. *Martí, Darío y el Modernismo*. Madrid: Gredos, 1969.

Schultz de Mantovani, Fryda. "*La Edad de Oro* de José Martí *Cuadernos Americanos* 67.1 (1953): 217-235.

Sellén, Francisco. "*La Edad de Oro*." 1889. *Acerca de La Edad de Oro*. 1980. Comp. Salvador Arias. La Habana: Centro de Estudios Martianos, Editorial Letras Cubanas, 1989. 52

Shavit, Zohar. *Poetics of Children's Literature*. Athens: U of Georgia P, 1986.

Sizer, Sandra. *Gospel Hymns and Social Religion: The Rhetoric of Nineteenth Century Revivalism*. Philadelphia: Temple UP, 1978.

Smiles, Aileen. *Samuel Smiles and His Surroundings*. London: R. Hale, 1956.

Smiles, Samuel. *Life and Labor, or Characteristics of Men of Industry, Culture, and Genius*. New York: Harper and Brothers., 1888

---. *Self-Help, with Illustrations of Character, Conduct, and Perseverance*. Chicago: Donahue, Henneberry & Co., 1859.

---. *Duties, with Illustrations of Courage, Patience, and Endurance*. New York: Harper and Brothers, 1881.

Smith, John Talbot. *The Catholic Church in New York: A History of the New York Diocese from Its Establishment in 1808 to the Present Time*. New York: Hall & Locke Co., 1905.

Stanley and Africa: Also the Travels, Adventures, and Discoveries of Captain John H. Speke, Captain Richard F. Barton, Captain James W. Grant, Sir Samuel and Lady Baker, and other distinguished explorers. London: W. Scott, ¿1890?

Stanley: A Popular Account of His Rescue of Emin Pasha, His Early Life, His Explorations in Africa, the Finding of Dr. Levington & the Founding of the Congo Free State. London: Nister, 1890.

Steiner, Wendy. *The Colors of Rhetoric: Problems in the Relation between Modern Literature and Painting*. Chicago: U of Chicago P, 1982.

Stowell, H. P. *Literary Impressionism*. Athens (GA): U of Georgia P, 1989.

Taves, Ann. *Household of Faith: Roman Catholic Devotions in Mid-nineteenth Century America*. Notre Dame (IN): U of Notre Dame P, 1986.

---. "Context and Meaning: Roman Catholic Devotion to the Blessed Sacrament in Mid-Nineteenth-Century America." *Church History* 54.4 (1985): 482-95.

Toledo Sande, Luis. *Ideología y práctica en José Martí: seis aproximaciones*. La Habana: Ed. de Ciencias Sociales, 1982.

Toury, Gideon. *In Search of a Theory of Translation*. Tel Aviv: Porter Institute for Poetics and Semiotics, 1980.

"Translation Theory and Intercultural Relations." Número monotemático de: *Poetics Today* 20.4 (1984).

Trigon, Jean de. *Histoire de la Littérature Enfantine. De Ma Mère l'Oye au Roi Babar.* Paris: Hachette, 1950.

Varona, Enrique José. *"La Edad de Oro."* 1889. *Acerca de La Edad de Oro.* 1980. Comp. Salvador Arias. La Habana: Centro de Estudios Martianos, Editorial Letras Cubanas, 1989. 46

Vaucaire, Michel. *Paul Du Chaillu: Gorilla Hunter; Being the Extraordinary Life and Adventures of Paul Chaillu, as Recounted for the House Harper.* New York: Harper & Bross., 1930.

Villaverde, Luis G. "La creación poética según Martí." *Círculo: Revista de Cultura* 22 (1993): 103-10.

Vinding, Ole. *Sanitale i Elysium med H.C. Andersen/A Conversation in Elysium with Hans Christian Andersen.* Intr. H. Topsφe-Jensen. Kφbenhavn: Rhodos, 1970.

Viñas, David. "De los 'gentlemen'-escritores a la profesionalización de la literatura." *Literatura argentina y realidad política.* Buenos Aires: Jorge Alvarez, 1964. 259-308.

Vitier, Medardo. *Las ideas en Cuba.* Miami (FL): Mnemosyne Publishing, 1969.

Vorga, A. Kibédi. "Criteria for Describing Word-and-Image Relations." *Poetics Today* 10.1 (1989): 31-53.

Waugh, Evelyn. *PRB: An Essay on the Pre-Raphaelite Brotherhood (1847-54).* 1926. Werterham, Kent: Dalrymple Press, 1982.

Webber, Ruth House. "Hispanic Oral Literature: Accomplishments and Perspectives." *Oral Tradition* 1.2 (1986): 25-42.

Weber, Frida. "Martí en *La Nación* de Buenos Aires." *Archivo José Martí.* La Habana: Ministerio de Educación, 1953.

Welch, Claude. *Protestant Thought in the Nineteenth Century.* New Haven: Yale UP, 1972.

Wishey, Bernard. *The Child and the Republic.* Philadelphia: U of Pennsylvania P, 1968.

Zea, Leopoldo. *El pensamiento latinoamericano.* México: Ed. Pormaca, 1965.

Zéndegui, Guillermo de. *Ambito de Martí.* La Habana: Ed. Homenaje de la Comisión Nacional Organizadora de los Actos y Ediciones del Centenario y del Monumento de Martí, 1954.

CONTENIDO

LIBROS PUBLICADOS EN LA COLECCIÓN POLYMITA:
(crítica y ensayo)

CARLOS FUENTES Y LA DUALIDAD INTEGRAL MEXICANA, ,Alberto Pamies y Dean Be
CUBA EN EL DESTIERRO DE JUAN J. REMOS, Josefina Inclán
JORGE MAÑACH Y SU GENERACIÓN EN LAS LETRAS CUBANAS, Andrés Valdespin
REALIDAD Y SUPRARREALIDAD EN LOS CUENTOS FANTÁSTICOS DE JORGE LU
BORGES, Alberto C. Pérez
LA NUEVA NOVELA HISPANOAMERICANA Y TRES TRISTES TIGRES , José Sánchez-Bou
EL INFORME SOBRE CIEGOS EN LA NOVELA DE ERNESTO SÁBATO "SOBRE HÉROES
TUMBAS", Silvia Martínez Dacosta
CHARLAS LITERARIAS, Roberto Herrera
PABLO NERUDA Y EL MEMORIAL DE ISLA NEGRA, Luis F. González Cruz
PERSONA, VIDA Y MÁSCARA EN EL TEATRO CUBANO, Matías Montes Huidobro
LUIS G. URBINA: SUS VERSOS [ENSAYO DE CRÍTICA], Gerardo Sáenz
ESTUDIO CRITICO HISTÓRICO DE LAS NOVELAS DE MANUEL GÁLVEZ, Joseph E. Puer
TEATRO EN VERSO DEL SIGLO XX. Manuel Laurentino Suárez
PANORAMA DEL CUENTO CUBANO, Berardo Valdés
AYAPÁ Y OTRAS OTÁN IYEBIYÉ DE LYDIA CABRERA, Josefina Inclán
LA NOVELA Y EL CUENTO PSICOLÓGICO DE MIGUEL DE CARRIÓN , Mirza L. Gonzále
IDEAS ESTÉTICAS Y POESÍA DE FERNANDO DE HERRERA, Violeta Montori de Gutiérr
DOS ENSAYOS LITERARIOS, Silvia Martínez Dacosta
LA POESÍA DE AGUSTÍN ACOSTA, Aldo R. Forés
LA OBRA POÉTICA DE EMILIO BALLAGAS, Rogelio de la Torre
JOSÉ LEZAMA LIMA Y LA CRÍTICA ANAGÓGICA, Luis F. Fernández Sosa
PANORAMA DE LA NOVELA CUBANA DE LA REVOLUCIÓN, Ernesto Méndez Soto
BIBLIOGRAFÍA SOBRE EL PUNDONOR: TEATRO DEL SIGLO DE ORO, José A. Madriga
REALISMO MÁGICO Y LO REAL MARAVILLOSO EN "EL REINO DE ESTE MUNDO" Y "
SIGLO DE LAS LUCES" DE ALEJO CARPENTIER, Juan Barroso VIII
ARTE Y SOCIEDAD EN LAS NOVELAS DE CARLOS LOVEIRA, Sarah Márquez
NUESTRO GUSTAVO ADOLFO BÉCQUER [1870-1970], Grupo Coaybay
LA FLORIDA EN JUAN RAMÓN JIMÉNEZ, Ana Rosa Núñez
BAUDELAIRE [PSICOANÁLISIS E IMPOTENCIA], José Sánchez-Boudy
LA SERENIDAD EN LAS OBRAS DE EUGENIO FLORIT, Orlando E. Saa
TEATRO LÍRICO POPULAR DE CUBA, Edwin T. Tolón
EL MARQUES DE MANTUA, Hortensia Ruiz del Vizo
GUILLERMO CARRERA INFANTE Y TRES TRISTES TIGRES, Reynaldo L.Jiménez
LA POESÍA NEGRA DE JOSÉ SÁNCHEZ-BOUDY, René León
NOVELÍSTICA CUBANA DE LOS AÑOS 60, Gladys Zaldívar
ENRIQUE PIÑEYRO: SU VIDA Y SU OBRA, Gilberto Cancela
CUBA, EL LAUREL Y LA PALMA, Alberto Baeza Flores
LAS ANSIAS DE INFINITO EN LA AVELLANEDA, Florinda Álzaga
EL DESARRAIGO EN LAS NOVELAS DE ÁNGEL MARÍA DE LERA, Ellen Lismore Leede
JORGE MAÑACH, MAESTRO DEL ENSAYO, Amalia de la Torre
LA ÉTICA JUDÍA Y LA CELESTINA COMO ALEGORÍA, Orlando Martínez Miller
DON JUAN EN EL TEATRO ESPAÑOL DEL SIGLO XX, María C. Dominicis
QUEVEDO, HOMBRE Y ESCRITOR EN CONFLICTO CON SU ÉPOCA, Ela Gómez-Quinte
JUEGOS DE VIDA Y MUERTE: EL SUICIDIO EN LA NOVELA GALDOSIANA, Serafín Alem
HOMBRES DE MAÍZ: UNIDAD Y SENTIDO A TRAVÉS DE SUS SÍMBOLOS MITOLÓGICO
Emilio F. García